도쿄재판으로의 길

극동국제군사재판 개정사開廷史

지은이

아와야 겐타로 Awaya Kentaro, 粟屋憲太郎

도쿄대학 문학부 졸업 후 동 대학원 인문과학연구과를 수료했다. 고베대학(神戸大学) 교양학부 강사 및 조교수, 릿쿄대학(立教大学) 문학부 교수를 거쳐 상하이교통대학(上海交通大学) 명예교수를 역임했다. 일본근현대사 전공자이며 주로 도쿄재판에 관한 연구를 진행했다. 대표 논저로는 『昭和の歴史 6 - 昭和の政党』(小学館, 1983; 岩波現代文庫, 2007), 『東京裁判論』(大月書店, 1989), 『未決の戦争責任』(柏書房, 1994), 『東京裁判への道』(講談社学術文庫, 2013) 등이 있다.

옮긴이

유지아 Yoo Ji-a, 柳芝娥

중앙대학교를 졸업하고 일본 릿쿄대학에서 일본사를 전공했으며, 현재 원광대학교 교수이다. 아시아·태평양전쟁과 패전 후 일본의 전후 처리 과정 등을 중심으로 연구를 진행하고 있다. 저서로 『GHQ시대 한일관계의 재조명』(공저, 선인문화사, 2016), 『쟁점 한국사 - 현대편』(공저, 창비, 2017), 『한일 역사문제의 현재(2000~2022)』(공저, 동북아역사재단, 2022) 등이 있다. 역서로는 아메야마 쇼이치의 『점령과 개혁』(어문학사, 2012), 가사하라 히데히코의 『상징천황제와 황위계승』(경인문화사, 2020) 등이 있다.

방광석 Bang Kwang-suk, 方光錫

연세대학교 사학과를 졸업하고 일본 릿쿄대학에서 박사학위를 받았다. 현재 홍익대학교 교양과 교수이다. 저서로 『근대일본의 국가체제 확립과정 - 이토 히로부미와 제국헌법체제』(혜안, 2008), 『근대 동아시아 담론의 역설과 굴절』(공저, 소명출판, 2011), 『이토 히로부미 - 일본의 근대를 이끌다』(살림출판사, 2019), 『일본의 근대, 근대의 일본』(공저, 세창출판사, 2022), 역서로 『특명전권대사 미구회람실기 - 제2권 영국』(소명출판, 2011) 등이 있다.

도쿄재판으로의 길
극동국제군사재판 개정사(開廷史)

초판발행   2024년 7월 30일

지은이   아와야 겐타로
옮긴이   유지아 · 방광석

펴낸이   박성모
펴낸곳   소명출판
출판등록 제1998-000017호
주소   서울시 서초구 사임당로14길 15 서광빌딩 2층
전화   02-585-7840
팩스   02-585-7848
이메일   somyungbooks@daum.net
홈페이지 www.somyong.co.kr

ISBN   979-11-5905-955-1 93910
정가   27,000원

이 저서는 2017년도 대한민국 교육부와 한국연구재단의 지원을 받아 수행된 연구임(NRF-2017S1A6A3A02079082)

도쿄재판으로의

극동국제군사재판 개정사開廷史

길

아와야 겐타로 지음
유지아·방광석 옮김

추천사_ 아와야 겐타로粟屋憲太郎 선생님과 『도쿄재판으로의 길東京裁判への道』

1987년 4월, 릿쿄대학 대학원 박사 전기과정에 진학한 나는 릿쿄대학 6호관 1층 가장 안쪽에 위치한 아와야 연구실에 처음 발을 들였다. 문이 열려 있는 연구실 안에서 아와야 겐타로 선생님은 당시 박사 후기과정에 재학중이던 이코 도시야伊香俊哉 씨와 이야기를 나누고 있었다. 나를 알아본 아와야 선생님은 내게 이코 씨를 소개하고, 계속해서 자신의 몸 상태가 별로 좋지 않다는 이야기를 하기 시작했다.

『도쿄재판으로의 길』은 주간지 『아사히 저널』에서 1984년 10월 12일호부터 1985년 4월 12일호까지 26회에 걸쳐 연재되었다. 아와야 선생님은 이른 아침에 일어나 영문 자료를 읽고 원고를 쓴 후 대학에서 강의를 하는 날을 반년이나 보냈다. 매주 이어지는 마감에 몸과 마음이 모두 소진되어 연재가 종료된 지 2년이 지난 당시에도 컨디션이 완전히 회복되지 않았다고 한다. 두 팔을 가슴 앞에 끼고 담배를 입가에 물며 자못 힘겹게 말하는 아와야 선생님의 모습이 아직도 생생하다.

현대사, 그중에서도 쇼와 초기의 일본 정치사를 중심으로 연구에 착수한 아와야 선생님은 그 성과를 『쇼와의 역사 6-쇼와의 정당』小学館, 1983년으로 정리해 일단락짓고, 몇 년 전부터 연구 테마를 전쟁범죄, 전쟁 재판 연구로 옮기기 시작하고 있었다. 그 계기가 된 것이 『역사학 연구歷史学研究』 제453호1978.2에 발표한 「전쟁범죄 재판과 현대사 연구戦争犯罪裁判と現代史研究」였다. 그다음에 쓴 「전쟁책임론」神田文人 編, 『体系·日本現代史5 - 占領と戦後改革』, 日本評論社, 1979에서는 제1절에 「일본 항복과 전쟁책임 문제」, 제2절에 「극동재판의 과정極東裁判への道程」이라는 제목을 붙였고, 이 제2절의 제목이 이 책 『도쿄재판으로의 길』로 이어지게 된다. 그 후, 아와야 선생님은 도쿄재판에서 소련의 검찰관 레프·니콜라에비치·스미르노프 등 저서의 번역서 해설을 쓰고川上洸·直野敦 訳, 『東京裁判』, 大月書店, 1980, 1983년에는 도쿄에서 개최된 도쿄재판 국제 심포지엄에서 「도쿄재판의 그림자」를 발표하면서 도쿄재판 연구에 본격적으로 임하게 되어, 사료 수집을 위해 미국으로 향했다. 그리고 워싱턴 내셔널 아카이브와 맥아더 기념관에서 국제검찰국IPS 사료와 운명적인 만남을 가졌고, 7,000장이 넘는 복사본을 일본으로 가져오게 되었다. 이러한 사료와의 만남이 아와야 선생님의 인생을 바꾸게 되었다고, 후에 회고하고 있다.「一研究者の回顧」, 『史苑』第71巻 第1号, 2010.12

아와야 선생님은 일본에 귀국한 뒤 이들 사료 독해와 분석에 착수해 첫 성과로 「도쿄재판의 피고는 이렇게 선정됐다」『中央公論』, 1984.2를 발표했다. 그리고 피고 선정 이외에 테마를 확대, 도쿄재판 개정 전사를 해명하려고 한 것이 『아사히저널』에 실린 「도쿄재판으로의 길」이었다. 「도쿄재판으로의 길」에서는 A급 전범을 비롯한 기타 전범 용의자들에 대한 국제검찰국의 신문조서를 주요 분석 대상으로 삼아, 전범 선정을 둘러싼 연합국 간의 힘겨루기와 재판 준비 등 그동안 연구가 부족했던 분야를 조명했다.

『아사히저널』은 일반인을 위한 정치·경제·사회 문제 잡지이기 때문에, 「도쿄재판으로의 길」은 전문적인 역사적 지식이나 용어를 모르는 독자라도 읽을 수 있도록, 읽기 쉽고 짧은 문장으로 썼다. 또 주간지라는 특성상 기본적으로 1회마다 하나의 테마가 완결되도록 고안되어 있었다. 다만 그것을 이유로 학술성을 희생하는 일은 결코 없었다.

아와야 선생님은 「도쿄재판으로의 길」을 연재하는 도중에 역시 미국에서 발굴한 Evidentially Documents의 사료를 이용해, 「전쟁 전 일본에서의 화학 병기 연구·개발에 대해」『近代』제61호, 1985.3를 쓰고, 연재 종료 후에도 「일본 정부가 잊은 것 '일본국과의 평화 조약 제11조'를 생각하다」『思想

の科学』, 1986.2,「도쿄재판과 천황」『法学セミナー増刊 総合特集シリーズ』 제33호, 1986.5를
발표했다. 이와 같이 논문이라는 형태로 연구 성과를 세상에 내놓을 뿐만
아니라, 사료집이라는 형태로 신문조서 중 도쿄재판의 키맨이 된 전내대
신 기도 고이치木戸幸一의 신문조서를 대학원생 등과 함께 출판했다.粟屋憲
太郎·伊香俊哉·小田部雄次·宮崎章 編, 岡田信弘 訳, 『東京裁判資料·木戸幸一尋問調書』, 大月書店, 1987.1
내가 아와야 선생님 밑에서 배우기 시작한 것은 바로 그런 시기였다.

이 정도의 짧은 기간에 고강도의 일을 해냈기 때문에 컨디션이 나빠지
는 것도 어쩔 수 없었다고 할 수 있다. 그러나 아와야 선생님은 얼마 지
나지 않아 컨디션을 회복하고「도쿄재판으로의 길」이외에 그때까지 집
필한 학술 논문을 정리하여『도쿄재판론』大月書店, 1989을 간행했다. 또한,
1990년대에 들어서자 국제검찰국 사료 중 중요한 심문조서를 선별하여
『국제검찰국IPS 심문조서』 전 52권日本図書センター, 1993(吉田裕와 공편)을 편집하
여 도쿄재판 개정에 이르기까지의 관련 사료를 일반인들도 쉽게 이용할
수 있도록 간행해 나갔다. 나도 편집자의 한 사람으로 참가한『도쿄재판
자료·다나카 류키치 심문조서』粟屋憲太郎·安達宏昭·小林元裕共編, 岡田良之助訳, 大月書
店, 1994도 그중 1권이다.

2000년대에 들어서자 이들 사료집과 일본 국내외에서 출판된 도쿄재
판 관계자의 회상록 등을 이용해 국제적 관점에서 분석한 도쿄재판 연구
가 심화되었다. 아와야 선생님의 연구 방법은 자신이 발굴한 사료를 독
차지하여 연구하는 것이 아니라 자신이 지도한 대학원생 및 다른 대학의
연구자들과 공동으로 정리·분석하는 것이 특징이었다. 이러한 방법으로
아와야 선생님이 뿌린 씨앗이 확실하게 결실을 맺은 것이『도쿄재판으로
의 길』이다. 그리고 아와야 선생님은『도쿄재판으로의 길』집필 후에 발
굴된 사료나 새로운 연구 성과를 이용해 수정·증보하여, 2006년 7월에

고단샤신서講談社選書 상·하 2권으로 출판했다. 『아사히저널』연재 이후 무려 20여 년의 세월이 흘렀다. 그 후, 이 책은 2013년에 고단샤 학술문고 1권으로 재편집되어 출판되었고, 현재에도 도쿄재판 연구의 필독서로 널리 읽히고 있다.

아와야 선생님은 2010년 3월에 릿쿄대학을 퇴직 후, 2013년에 중국 상하이자오퉁대학 도쿄재판연구센터東京審判研究中心의 학술 고문이 되어, 동센터의 사료 수집이나 출판, 나아가서는 국제 심포지엄의 개최에 대해 조언하는 등 그 활동을 일본 밖으로도 넓혀 갔다.

한국에서는 도쿄재판 자체의 역사가 잘 알려져 있지 않다고 들었다. 도쿄재판은 일본을 재판하는 쪽에 있던 나라들의 정치 역학이 크게 영향을 주어, 일본의 식민지 지배를 재판하는 시점을 애초에 가지고 있지 않았다. 아와야 선생님은 『도쿄재판으로의 길』을 출간한 후, 도쿄재판 개정 당시 한국에서의 도쿄재판에 대한 국민 여론을 연구하고 싶다고 생각하고 있었다. 또, 도쿄재판 개정 후의 역사를 쓰려고 준비하고 있었다.「―研究者の回顧」, 앞의 책, 2010.12 그러나 그 계획은 2019년 9월에 선생님이 급서하시는 바람에 성사되지 못하고 끝났다. 아와야 선생님이 남긴 장서는 유족이 정리하여 한국의 원광대학교에 기증하였다. 이러한 문헌을 이용하여 아와야 선생님의 구상을 실현하는 도쿄재판 연구가 한국에 나타날 것으로 기대된다. 이 책의 번역 출판이 그 계기가 된다면, 그것이 바로 아와야 선생님의 소망일 것이다.

도카이대학 교수 고바야시 모토히로小林元裕

맥아더의 편지

일본점령사 연구자에게는 매우 익숙할 맥아더 기념관이 미국 버지니아주 노포크에 있다. 여기에 소장되어 있는 다량의 맥아더 관계 자료 속에는 도쿄재판극동국제군사재판의 국제검찰국IPS 국장이자 수석검찰관이었던 J. B. 키난이 연합국최고사령관SCAP인 더글라스 맥아더에게 보낸 서한이 있다.

그 가운데 도쿄재판이 종결되고 1년여 정도가 지난 1950년 4월 21일자의 편지가 있다. 거기에서 키난은 도쿄재판 법정 기록의 공간에 대해 맥아더에게 다음과 같은 의견을 서술하고 있다.

저는 최근 경제적 이유 등으로 도쿄재판의 장대한 기록을 공간公刊하는 것이 현실적이지 못하기 때문에 먼저 판결에서 각 재판관의 의견과 (검찰·변호사 측의) 모두진술만을 간행한다는 결정에 관심을 가졌습니다.

제가 이 결정을 옳지 않다고 생각하는 데는 몇 가지 이유가 있습니다. 저는 기소장, 모두진술, 판결에서 각 재판관의 의견, 그리고 재판 경위의 개요를 간행하는 것은 신중하게 고려해야 한다고 제안하고 싶습니다. 다수 의견 판결은 상세한 법정 증언을 매우 한정적으로밖에 인용하지 않았습니다. 그에 비해 펄 판사의 반대 의견은 재판 자료나 상세한 법정 증언을 풍부하게 인용하고 있다는 사실에 비추어 특별히 이것을 제안하는 것입니다. 이러한 상황에서는 펄 판사의 반대 의견에 나타난 부당한 강조가 부각되어 결국 오해를 불러일으키기 쉽습니다. 이는 재판을 비판하는 사람에게 다수 의견 판결은 인정할 수 없다는 인식을 주어 소추 전체에 대해서도 오해하는 결론을 초래할 수 있겠지요. 그러나 검찰 측이 매우 신중하게 준비한 재판 자료의 상세한 내용이나 법정 증언을 충분하게 인용한 재판의 개요를 첨부한다면 다수 의견 판결의 내용은 적절한 것이 되리라 생각됩니다. 제가 여기에 약술한 계획을 각하가 이해하시고 추천해 주실 것을 마음으로부터 희망합니다.

이 편지에서는 키난이 도쿄재판 피고 전원에 대해 국제법상 무죄를 주장한 R. 펄 판사^{인도}의 소수의견서를 간행하는 일에 강한 경계심을 가지고 있다는 것을 알 수 있다. 또 다수 의견 판결이 검찰 측에 의한 재판 개요를 첨부하면 충분히 설득될 것이라는 문맥에서는 '도쿄재판은 마치 검찰 측이 주도한 것이다'라는 키난의 강한 자부심이 느껴진다. 그리고 그 당시, 연합국총사령부^{GHQ} 안에 도쿄재판의 재판 기록 일부를 간행하자는 움직임이 있었으며, 이것이 워싱턴에서 변호사를 개업한 키난의 귀에 들어갔다는 사실도 알 수 있다.

확실히 재판 기록 공간의 움직임은 몇 번인가 있었다. 그러나 공간비용 문제[1]와 키난이 편지를 보낸 2개월 후에 발발한 한국전쟁으로 간행 계획은 최종적으로 날아가 버렸을 것이다.

공간되지 못한 기록

도쿄재판은 1946년 5월 3일에 개정하여 1948년 11월 12일에 피고 25인에게 형을 선고하고 패정하였다. 장기간에 걸친 재판 과정 속에서 재판의 종말은 개정 전후의 다사다난함에 비하면 간단했다. 오히려 재판 그자체의 당초 목적에서 보면 이해할 수 없는 종결 형태였으며, 재판한 측

1　이외의 재판 기록 공간 움직임은 日暮吉延,「史料の窓」,『法律時報』, 2002.4 참조.

의 상당한 편의주의가 느껴진다. 그때까지 계속 구금되어 있던 기시 노부스케岸信介, 고다마 요시오児玉譽士夫 등 A급 전범용의자 전원의 불기소 석방도 그렇지만, 재판 기록이 공간되지 않았다는 것도 그 일례이다.

재판 기록의 공간에 대해서는 독일의 전쟁 지도자를 재판한 뉘른베르크재판의 경우와는 대조적이다. 뉘른베르크재판은 1945년 11월에 공판을 시작하여, 1946년 10월 중에 피고에게 형을 선고하고 사형 판결자를 처형했다. 재판 종결 후, 뉘른베르크재판의 국제군사재판소 사무국은 바로 방대한 재판 기록의 공간 준비에 착수하여 1947년부터 1949년에 걸쳐 43권이나 되는 재판 기록을 계속 간행했던 것이다.

원래 제2차 세계대전 후 연합국이 독일이나 일본의 전쟁 지도자에 대한 전쟁책임을 추궁하는 데 일부러 분규가 예상되는 국제군사재판 방식을 선택한 이유 중 하나는 재판에 의한 광의의 정치적·교육적 효과를 배려했기 때문이다. 사법수속을 하면 법정에 제출된 증거 자료나 증언으로 나치나 일본군 지도자의 범죄 행위를 검증하는 것이 가능하게 되고, 그로 인해 전범재판의 법리가 널리 민중에게 정착한다는 이유이다.

분명히 뉘른베르크와 도쿄의 재판에서는 재판이 없었다면 결코 햇빛을 보지 못했을 방대한 극비 자료나 관계자의 증언이 제출되어, 세계에 큰 충격을 주었다. 재판의 효과를 일과성으로 끝내지 않기 위해서는 이 재판 기록의 공간·공개가 불가결하였다.

도쿄재판의 법정 기록이 공간되지 못했던 데는 도쿄재판과 뉘른베르크재판의 구성과 운영의 차이가 강하게 영향을 끼치고 있다. 뉘른베르크재판은 미·영·불·소 4대국이 대등한 형태로 실시하였지만, 도쿄재판은 미국이 시종 실질적인 주도권을 쥐고 있었다. 또한 1947년 이후 미소 냉전이 극동에도 긴장감을 조장하게 되자, 도쿄재판 후반부에 미영 양국은 일본의 전쟁책임 추궁이나 전쟁 지도자 처벌에 대해 급속하게 열의를 잃어, A급 전범재판의 조기 종결을 굳혔다. 따라서 도쿄재판의 판결 후인 1948년 12월 29일, 극동국제군사재판소는 재판 기록을 공간하는 일도 없이 서둘러 폐쇄해 버렸다.

원래 이 재판소는 재판에 참가한 연합국 11개국의 협정으로 성립되었던 것이 아니라, 연합국총사령부의 맥아더가 일방적으로 설립을 선고하고 미국이 연합국 각국에 참가를 요청한 것이었다. 이 재판소 성립의 경위에서도 재판소가 폐쇄되어 버리면 재판 기록이 공간될지는 미국과 맥아더의 판단을 기다려야 된다. 도쿄재판은 예상을 훨씬 넘어 장기화되었으며, 그 기록도 방대하였다. 모든 기록을 공간하는 것은 경비면에서 곤란할지도 모르지만, 결국 미국은 기록의 일부조차도 공간하지 않고 관계 자료 공개 조치도 취하지 않았다.

어찌 되었든 유럽과 아시아의 자매재판이었던 뉘른베르크와 도쿄의 전범재판은 그 후에도 항상 전자가 세계의 주목을 받고, 도쿄재판 쪽은 점차 사람들의 기억에서 희미해지고 있다.

'재판하는 자'와 '재판받은 자'를 넘어서

점령당국이 재판 기록을 공간하지 않았지만, 일본 국내에서는 재판 종료 후부터 신문사나 출판사가 관련 다큐멘터리를 발간하였으며, 재판 속기록의 복제도 1968년에 발매되었다. 또한 법정에서의 공판 관계 자료나 검찰·변호 측 증거 자료 등에 대해서도 아사히신문사가 체계적으로 수집한 것을 국회도서관에 기증하여 현재에는 몇 군데 공적기관에서 관람이 가능하게 되었다. 최근에는 국제적으로도 관련 저작이나 자료의 발행이 계속되고 있어서 이후의 성과가 기대된다.[2]

도쿄재판에 대한 관심은 1983년 영화 〈도쿄재판東京裁判〉의 공개와, 그에 앞서 5월 28·29일 이틀간 도쿄·이케부쿠로의 선사인시티스가모형무소사적에서 개최된 '『도쿄재판』 국제 심포지움'이 직접적인 계기가 되어 다시 불이 붙었다.

이 심포지움에는 나도 참가하였는데 내외 논자의 보고나 발표를 들으면서 도쿄재판 연구도 드디어 본격적인 단계를 맞이했다고 실감했다.심포지움 기록은 『国際シンポジウム 東京裁判を問う(국제심포지움 도쿄재판을 묻다)』로 講談社에서 간행 재판이 종결되고 35년 후, '재판하는 자'의 단죄론과 '재판받는 자'의 변호론이 서로 응수하는 전통적인 논쟁의 도장을 일단 탈피하여 객관적인 눈으로 재판의 역사적 실태를 재검토하고 재판의 현대적 의의를 다시 묻는 것이 가능해졌다고 생각했다.

최근 일본점령사 연구의 새로운 동향과도 맞는 것인데, 도쿄재판에 대해서도 그 자체를 세계사의 흐름에서 떼어내어 단독으로 논하지 말고 복안적인 시좌에서 재고해야 한다. 또한 지금까지의 일미관계사를 중심으로 한 시점뿐만 아니라, 15년전쟁의 시기나 전후 세계사의 전개 속에서 아시아에서의 시점이 특히 중시되어야 한다고 생각한다.

그러나 일본 내 도쿄재판 논의는 재판의 전면 부정을 주장하는 전통적인 '승자의 재판'론을 그대로 답습하는 경향도 여전히 적지 않다. '대국' 일본을 역사적으로 정당화하기 위해서라도 도쿄재판이라는 전후 일본

---

2   도쿄재판의 영문 속기록은 Robert John Pritchard·Sonia Magbanua Zaide, and Donald Cameron Watt, comps. and eds. *The Tokyo War Crimes Trial*. New York : Garland 1981~1987에 영인되었으며, 거기에 Index Guide(5권)이 포함되어 있어 유용하다. 이후 도쿄재판 연구에는 일문, 영문의 속기록을 조합할 필요가 있다. 최근까지의 영문 도쿄재판 자료 연구에 대해서는, ジェニー. M. ウエイチ, 高取由紀 訳, 粟屋憲太郎 監修, 『東京裁判－英文文献·研究ガイド』, 現代史料出版, 2005이 매우 유용하다.

의 원점에서 '굴욕'을 불식하고자 하는 정념이 강해져 있기 때문이다. 이러한 '대국의식'에서 거슬러 올라간 역사인식은 현재에도 '도쿄재판사관' 비판이라는 형태로 그대로 반복되고 있다. 도쿄재판 당시 변호 측의 논의 틀에서 벗어나지 않는 이러한 언설은 반대로 역사에 대한 안목을 어둡게 하는 것이 아닐까.

현대의 시점에 서서 도쿄재판의 역사상을 재구성하기 위해서는 전통적인 논의에 안이하게 기대는 것이 아니라, 새로운 시각의 도입이 필요하다. 또한 재판의 역사적 실체에 대해서도 법정 무대에서의 사건은 물론, 무대 뒤의 움직임에 대해서 아직도 불명확한 부분이 많다. 따라서 각광을 받았던 법정에서의 심리나 판정을 재검토하고 새로운 자료를 활용하여 법정의 무대 뒤에서 드러나지 않았던 음지 부분도 해명할 필요가 있다.

새로운 도쿄재판 개정사를 향하여

심포지움이 끝난 후, 나는 미국에 가서 2개월 정도 도쿄재판 관련 자료를 수집했다. 조사의 중점은 워싱턴에 있는 미국립공문서관NA과 메릴랜드주 스트랜드에 있는 워싱턴내셔널레코드센터WNRC 그리고 앞에 서술한 맥아더기념관에 소장되어 있는 문서였다. 그 과정에서 미국립공문서관에서 최대의 수확이 있었다. 도쿄재판 국제검찰국의 방대한 문서를 영구보존문서로 정리하여 공개하고 있었던 것이다. 나는 여기에서 오랫동안 기밀문서를 취급했던 검찰국의 내부 자료를 발견하고, 도쿄재판의 '비사'를 선명하게 할 수 있는 새로운 자료를 입수했다.

미국의 공문서 기밀해제는 25년을 원칙으로 하고 있지만, 국제검찰국의 기밀문서는 1975년에 공개된 것이 많았다. 지금까지 이 검찰국 문서를 부분적으로 이용한 사람을 있어도, 도쿄재판 연구자가 적기 때문에 귀중한 자료의 대부분은 전문가의 손을 타지 않고 잠들어 있었다. 이 내부 자료를 통해 이제까지 구체적인 경위가 불명확했던 피고 28인의 선정을 비롯하여, 도쿄재판의 개정에 이르는 기본적인 경위가 판명되었다. 또 검찰국 문서에는 28인의 피고, 피고가 되지 않은 A급 전범용의자 그리고 증인·참고인에 대한 심문조서가 있었다. 이 조서에는 전쟁 전부터 패전까지 다수의 정치가, 군인, 관료, 재계인 등 각계 엘리트나 우익운동가가 망라되어 있었고, 황족의 조서도 있었다. 각 조서의 응답내용이 다양하고, 이제까지 알려지지 않은 사실에 대한 증언이나 놀라운 발언도 있어서 재판 연구뿐 아니라 일본현대사의 소재로도 널리 활용할 수 있다.

국제검찰국IPS 문서를 수집·분석하면서 미국 내외의 도쿄재판 관계국·지역에서도 자료를 수집했다. 영국, 오스트레일리아, 중국, 대만 등이 대상이었다. 그리고 NHK 취재반과 공동으로 만든 NHK저널『도쿄재판으로의 길』에서는 소련, 대만국민당정권의 새로운 자료를 입수했다.粟屋憲
太郎·NHK取材班,『東京裁判への道(NHKスペシャル)』, NHK出版, 1994 참조

특히 소련의 동향은 이제까지의 도쿄재판 연구에 새로운 해석을 가능하게 하는 자료가 들어 있어서 매우 중요하다. 이러한 상황에서 제2차 세계대전 50주년을 둘러싸고 일본의 전쟁책임·전후책임이 새롭게 논의되기 시작했다. 그리고 나도 해외 심포지움 등에 초청되어 뉘른베르크재판과의 비교를 통한 도쿄재판을 논할 기회가 많아졌다. 어찌 되었든 도쿄재판에 대한 관심이 다시 고조되면서 나도 많은 연구나 자료를 접하게 되었다. 그 결과, 11개 도쿄재판 관계국에서 어떠한 형태로든 재판의 동향에 대해 연구가 진행되고 있다는 사실이 명확해졌다.

이 책의 원저는 내가『아사히 저널』에 1984년 10월 12일호부터 1985년 4월 12일호까지 연재한「도쿄재판으로의 길」이다. 처음으로 주간지에

연재를 하다 보니 모아 놓은 원고가 부족하여 수집자료를 충분하게 활용하지 못해서 바로 단행본을 출판하지 못했다. 이후 여러 가지 사정으로 많은 시간이 걸렸지만, 2006년에 대폭적인 수정을 가하여 고단샤선집으로 간행한 것이 이 문고본이다. 이 작업을 할 수 있었던 것은 앞에 말한 것처럼 도쿄재판을 둘러싼 자료, 연구 상황이 개선되었기 때문이다. 또 장기간 건강이 좋지 않았지만, 지금은 많이 회복되어 집필을 할 수 있게 되었기 때문이다. 이 책에서는 새로운 자료, 새로운 연구를 활용하여 새로운 도쿄재판 개정사를 제시하고자 한다.

무모한 학살전쟁, 아시아 · 태평양전쟁

2024년은 한국이 해방된 지 79주년이 되는 해이다. 바꾸어 말하면 일본이 아시아 · 태평양전쟁을 일으켜 패망한 지 79주년이 되는 해이기도 하다. '아시아 · 태평양전쟁'이라는 용어는 1980년대에 들어서야 사용되기 시작했는데, 그때까지 사용하던 '제2차 세계대전'이 주로 유럽인의 전쟁을 가리킨다면 '아시아 · 태평양전쟁'은 아시아와 태평양지역의 인민이 일본제국주의와 맞서 싸운 전쟁을 규정하기 위해서 역사학자들이 동의하여 만든 용어이다. 일본은 전쟁 당시에 동아시아가 대동단결하여 구미 열강으로부터 독립하기 위한 전쟁을 의미하는 '대동아전쟁'이라는 용어를 강제로 사용하게 하였다. 이는 일본이 대동아공영권을 정당화하기 위해 사용한 용어로, 연합국최고사령부ᴳᴴQ는 일본이 패전한 후 '대동아전쟁'이라는 용어에 대해 사용금지령을 내렸다. 따라서 이후에 일본이 일으킨 전쟁에 대해 '중일전쟁', '태평양전쟁'이라는 용어를 널리 사용하였는데, 이 또한 중국, 미국과의 전쟁 국면만을 보여주는 용어로 아시아 · 태평양지역의 전쟁이었음을 제대로 반영하지 못했다. 이러한 이유로 '아시아 · 태평양전쟁'이라는 명칭을 제창하였다.

아시아 · 태평양전쟁의 근본적인 원인은 일본의 제국주의화와 주변국에 대한 식민지화에서 찾을 수 있다. 이렇게 본다면 아시아 · 태평양전쟁은 페리 제독이 일본에 내항하면서 시작된 근대화와 함께 성장한 일본이 메이지유신 이후 최초로 일으킨 청일전쟁부터 1945년 패전까지 약 50년 동안의 전쟁을 의미한다. 이 오랜 기간에 일본과 전쟁을 치른 아시아 각 지역의 피해는 매우 심각했지만 통계 자료가 남아 있지 않아 확실한 숫자를 알기 어려운 상황이다. 각 국가가 발표한 자료를 기초로 보면, 중국인 사망자는 중일전쟁에서 군인 380만 명, 민간인 1,800만 명, 조선인 20만 명, 필리핀인 111만 명, 타이완인 3만 명, 말레이시아인과 싱가포르인 10만 명 정도이고, 여기에 베트남인을 포함한 동남아시아인의 숫자를 합하면 2,000만 명이 족히 넘을 것으로 추산하고 있다.

학살전쟁을 끝낸 또 다른 학살 '원자폭탄 투하'

아시아의 식민지화를 꿈꿨던 일본은 1941년 12월 8일에 하와이의 진주만에 주둔하고 있는 미군 기지를 공습하여 태평양전쟁을 시작한다. 그러나 연합군의 반격으로 패전의 기운이 감도는 가운데, 1945년 7월 26일에 미·영·중 정상은 일본에 무조건항복을 요구한 포츠담선언을 발표했다. 일본 정부는 이를 묵살했고, 미국의 트루먼 대통령은 일본의 분할 점령을 주장하는 소련을 견제하기 위해 원자폭탄의 사용을 결정했다. 이 결정에 따라 8월 6일 히로시마広島에 이어 8월 9일 나가사키長崎에 원자폭탄이 투하되었다. 히로시마에 원자폭탄이 투하된 후 8월에서 12월 사이의 피폭 사망자는 9만 명 내지 12만 명으로 추정되고 있으며, 나가사키 원폭 투하 시에도 인구 24만 명 중 7만 4천 명이 사망했다고 추산하고 있다. 뿐만 아니라, 이후 방사선 피해 등으로 20만 명 이상의 사망자를 냈다. 그리고 피폭자 중에는 많은 재일조선인과 중국인이 포함되어 있다. 결과적으로 수많은 민간인을 학살한 원자폭탄이 투하되자 소련이 일본에 선전 포고를 했고, 그때서야 일본 정부는 포츠담선언을 받아들였다. 1945년 8월 15일 천황의 라디오 방송으로 전쟁의 패배가 아닌 전쟁의 종결을 알렸고, 이로써 아시아·태평양의 각지를 전쟁터로 만들어 수많은 생명과 재산을 잃게 한 일본제국주의의 무모한 전쟁은 끝이 났다.

전쟁범죄자로 지명된 사람들

연합국이 일본의 전쟁책임 처벌을 처음으로 공식 선언한 것은 모스크바선언 직후인 1943년 11월의 카이로선언이었다. 모스크바선언은 제2차 세계대전이 한창 진행되고 있던 1943년 10월에 전후 처리에 관한 주요 문제를 조정하기 위하여 모스크바에서 개최한 미국·영국·소련 3국 외무장관 회담에서 발표한 선언이다. 그리고 3국의 수뇌는 11월 1일에 '독일의 잔학 행위에 관한 선언'을 발표했다. 이 선언은 범죄가 특정한 지리적 제한을 갖지 않는 '주요범죄인', 이른바 '독일의 전쟁 지도자'에 대해서는 연합국 정부의 공동결의에 의해 처벌한다는 것을 처음으로 규정한 것이다. 이후 모스크바선언은 일본에도 적용되었다. 그리고 1943년 10월 런던에서 17개국 대표가 참가하여 연합국전쟁범죄위원회The United Nations War Crimes Commission, UNWCC를 설치하고 1944년 1월부터 정식으로 발족하여 활동을 개시했다.

그러나 당시 침략전쟁을 개시·수행한 형사 책임을 개인에게 추궁해야 하는가라는 점에 대해 연합국 차원에서 합의를 하지 못했다. 연합국이 독일과 일본의 주요범죄를 국제재판에서 '평화에 반한 죄'와 '인도에 반한 죄'로 심판하는 방침을 확정한 것은 1945년 6월에서 8월 사이에 개최된 런던 회의미·영·불·소 4개국에서였다.

한편, 미국은 아시아·태평양전쟁이 끝나기 거의 1년 전에 국무부·육군부·해군부로 구성된 삼부조정위원회SWNCC를 설립하여 전후 일본에 대한 점령 정책을 준비했다. 그 내용 중 하나가 전쟁범죄자 처벌이었다. 미국의 기본 방침은 포츠담선언에서 제시된 포로 학대를 포함한 통상적 전쟁범죄와 8월 8일 런던협정에서 규정되어 국제군사재판소헌장에 명기된 "평화에 대한 죄"라는 새로운 범죄 개념에 따라 전범 용의자를 체포

한다는 것이다. 1945년 9월 11일, 연합국총사령부GHQ는 진주만 공습을 명령한 도조 히데키東条英機에 대한 체포 명령을 내림과 동시에 43명의 전범 용의자에게 구속 출두를 명령한다. 이른바 '제1차 전범 지명'이다. 그리고 1945년 11월 19일 '제2차 전범 지명'에 근거하여 11명의 체포 명령이 내려지고, 이어 12월 2일 '제3차 전범 지명'에 의해 59명이 체포된다. '제3차 전범 지명'은 정재계에서 황족에까지 체포 명령을 내린 것이 특징이며, 12월 6일에 추가로 9명의 전범 용의자에게 체포 명령을 내리면서 '제4차 전범 지명'이 이루어졌다. 이렇게 전범으로 지명되어 스가모형무소에 체포·구금된 주요 전쟁범죄 용의자는 계산 방법에 따라 약간의 차이가 있지만, 육·해군의 군인·정치인·관료·사업가·우익 등 100여 명에 이른다.

도쿄전범재판 개시와 28명의 전범피고인 기소

전범 지명이 끝나고 12월 8일에 도쿄재판의 준비 및 기소를 목적으로 국제검찰국IPS이 설치되었다. 기이하게도 전범을 재판하기 위한 국제검찰청이 '진주만 공습'과 같은 날에 설치된 것은 맥아더의 의도가 담겨있다고 추측하는 사람도 있다. 1946년 1월 19일 '극동국제군사재판소의 설립에 관한 연합국최고사령관의 특별포고이하, 특별포고'와 '극동국제군사재판소 헌장총17조, 이하 재판소 헌장'에 의해 재판소가 설치되었다.

이 준비 과정에서 전범재판을 시행할 수 있는 이유는, 전쟁이 끝나기 전부터 연합국이 포츠담선언에서 전쟁범죄자를 재판한다고 선언했기 때문에, 일본도 포츠담선언을 수락하여 천황 및 일본 정부가 연합국최고사령관의 지휘 아래 놓이게 되었기 때문이라고 밝혔다. 또한 같은 문서에 이 재판은 침략전쟁을 계획, 실행한 '평화에 반한 죄'를 심판하는 것이라고 명기하고 있다. 도쿄재판소는 1946년 2월 18일에 연합국최고사령관인 맥아더의 명령에 따라 W. F. 웹 재판장오스트레일리아을 비롯한 11명의 재판관미국·영국·프랑스·소련·중국·인도·네덜란드·필리핀·뉴질랜드·캐나다에서 각 1명과 J. B. 키난미국을 수석검찰관으로 하는 30여 명의 검찰관으로 구성되었다. 재판소 헌장 제 5조는 '사람 및 범죄에 관한 관할'이라는 항목으로 도쿄재판소의 관할에 속하는 범죄를 ① 평화에 반한 죄, ② 통상적인 전쟁범죄, ③ 인도人道에 반한 죄로 나누어 설명하고 있다.

이 3개의 죄는 편의상 A급, B급, C급으로 분류된다. 도쿄재판의 피고는 전원 평화에 반한 죄로 소추되었기 때문에 'A급 전범피고'라고 불린다. 일상적으로 A급 전범을 최고책임자로 이해하는 경우가 있는데 이 분류는 경중이 아니라 죄상의 분류에 지나지 않는다. 인도에 반한 죄는 나치의 유대인 학살을 상정한 것으로 일본에서는 해당되는 사례가 없다고 판단하여 통례의 전쟁범죄와 함께 'BC급 전범'이라는 명칭으로 쓰이고 있다. 수석검사 조셉 키난은 1946년 3월 2일에 집행위원회를 설립하여 14회에 걸친 회의를 진행한 후, 천장절天長節, 천황의 생일인 4월 29일에 전범으로 지명된 100여 명 중 28명의 피고를 A급 전범자로 정식 기소했다.

야스쿠니 신사의 신이 된 A급 전쟁범죄자

1946년 4월 29일에 전범으로 지명된 100여 명 중 도조 히데키 등 28명의 피고가 A급 전범자로 정식 기소되어, 같은 해 5월 3일부터 심리審理가 시작되었다. 여기에 히로히토 천황의 이름은 없었다. 미국의 대일전후 처리를 위한 선결과제였던 도쿄재판은 2년이 넘는 재판기간을 거쳐 심리 중에 사망과 정신질환을 앓은 3명을 제외한 25명에 대하여 1948년 11월 12일에 전원 유죄를 인정하고, 교수형 7명, 종신형 16명, 금고 20년

1명, 금고 7년 1명의 형을 선고했다. 즉, 도쿄재판에서 '평화에 반한 죄'로 유죄 판결을 선고받은 자는 피고 25명 기소된 28명 중 재판 과정에서 2명은 사망, 1명은 심리 제외처분 중 24명이다. 그리고 사형이 선고된 피고 7명 중 6명은 '평화에 반한 죄', 나머지 1명은 '통례의 전쟁범죄'에 의해 판결을 받았다.

도쿄재판의 기소 이유에서 만주사변은 미국을 중심으로 한 열강의 이권이 있는 곳이기 때문에 침략전쟁으로 규정했다. 그러나 중일전쟁은 침략이라는 판단 기준을 적용하지 않음으로써 전쟁범죄를 인정하지 않았다. 그리고 제2류 살인에 대한 죄는 '통례의 전쟁범죄'의 소인에서 심판한다는 명목으로 유죄 판결을 내리지 않았으며, '인도에 반한 죄'는 명확한 소인이 아니라는 이유로 판결을 내리지 않아 전 피고인이 무죄 판결을 받았다. 즉 도쿄재판에서는 18년 동안 기소장의 1928년 기준 전쟁을 지속한 중국과 아시아가 빠져 있을 뿐만 아니라, 일본이 아시아 민중에게 자행한 난징대학살을 비롯한 잔학 행위에 대한 심판도 제대로 이루어지지 않았던 것이다.

그리고 같은 해 12월 23일에 7명에 대한 교수형을 집행하고 난 이후 다른 전범재판은 열리지 않았다. 뿐만 아니라 샌프란시스코 강화조약 이후, 일본은 1952년 12월 9일 중의원 본회의에서 "전쟁범죄에 의한 수감자의 석방 등에 관한 결의"를 통과시켰고, 1953년에는 극동국제군사재판에서 전범으로 처형된 사람들을 "공무사公務死"로 인정했다. 이후 1956년 3월 말에는 극동국제군사재판에 의해 수감된 12명을 모두 가석방했다. 더욱이 1978년에는 도조 히데키와 다른 A급 전범들을 야스쿠니 신사에 합사하여 제사를 지내고 있어 한국과 중국 등 아시아 국가들의 반발을 사고 있다.

이처럼 도쿄재판은 미국과 유럽 중심의 식민지보유국이 피해자가 되어 치러진 재판이었기 때문에 일본인들의 역사 인식은 전쟁범죄에 대한 반성보다는 전쟁에 패배했다는 인식으로 정착했다. 때문에 도쿄재판에서는 위안부, 강제 징용과 같은 특정 범주의 피해자가 제외되었고, 천황은 물론 도조 히데키東條英機가 이끈 통제파 이외에 군인·군부와 일체가 되어 전쟁을 추진한 기업인, 정치인·관료, 중국에서 화학전에 종사한 731부대 등의 책임도 묻지 않았다. 그 결과 아시아·태평양전쟁과 관련한 역사 문제는 시대를 넘어 또 다른 역사 갈등을 조장하고 있는 것이다. 그 원인은 도쿄재판이 시종일관 아시아가 부재한 상태에서 '승자勝者의 심판'으로 진행된 데 있다.

도쿄재판은 '승자의 심판'이 되고……

일본에서 도쿄재판을 둘러싼 연구는 아시아·태평양전쟁 종결로부터 79년이라는 시대를 거쳐 보다 다각적인 관점에서 심화되고 있다. 그 가운데는 도쿄재판을 '승자의 심판'이라고 비난하는 시각도 여전히 존재한다. 일부 보수파는 이 '승자의 심판'에 의해 도쿄재판사관이 형성되었고, 도쿄재판사관으로 인해 자학사관이 유래되었다고 말하기도 한다. 도쿄재판사관은 1970년대부터 논단에서 유통되기 시작한 역사관으로 도쿄재판의 판결을 바탕으로 아시아·태평양전쟁은 '일부 군국주의자'들이 '공동모의'하여 일으킨 침략이라고 인식하는 역사관이다. 특히, 이 책의 저자인 아와야 겐타로粟屋憲太郎 교수는 도쿄재판에서 중요한 면책 조항으로 '쇼와 천황의 면책'과 '일본의 식민지 지배', '화학전·생물전의 책임', '너무 빠른 A급 전범 용의자 석방' 등으로 인해 전후처리가 제대로 이루어지지 못했음을 지적했다. 그는 도쿄재판 과정을 고려하면 "중요한 국면에서 '심판'과 '책임'이 미묘하게 교차하고 있다"고 언급하면서, 이 면책

문제가 '일본의 과거 극복'의 저해 요인이 되고 있다고 말하고 있다.^{栗屋憲}
太郎, 『東京裁判論』, 大月書店, 1989

　　한국의 시선에서 볼 때 한일관계는 여전히 과거사와 전후 배상 문제
를 둘러싸고 반목을 거듭하고 있다. 그러나 동북아시아의 시선에서 볼
때 일본과 과거사와 전후 배상 문제를 해결한 국가는 없다. 이는 가장 철
저해야 했던 전쟁범죄자 처벌부터 첫 단추가 잘못 꿰어졌기 때문은 아닐
까? 이는 한일 간의 갈등에서 현상에 나타나는 문제뿐만 아니라 그 배경
이 되는 사안에 대해 관심을 가져야 하는 이유일 것이다. 이러한 관심이
일본만이 아닌 한일 양국 나아가 동북아시아에서 높아진다면 전후 동북
아시아의 역사를 밝히는데 더욱 큰 의의가 있음은 물론 여전히 존재하는
과거사 문제를 풀어갈 단서를 마련하는 데도 도움이 될 것이다. 그리고
패전 후 일본의 전범처리와 전쟁인식을 이해하는 데 본 저서가 큰 도움
이 되리라 기대한다.*

2024년 7월

원광대학교 교수 유지아

---

*　유지아, 「전후 전범재판에서의 난징대학살 심판－아시아 부재론을 중심으로」, 『한일관
　계사학회』 제71호, 397~438쪽을 참조하여 작성함.

차례

제 1 장

일본 패전과
전쟁범죄 문제

1. 연합국의 대응

패전 전부터 시작된 줄다리기

1945년 8월 12일에 오스트레일리아 정부는 런던에 있는 영연방국^{Do-}minion Office에 긴급전보를 보냈다. 일본 정부가 한 가지 조건부로 포츠담선언을 수락한다는 내용이 연합국에 전달된 다음 날이었다. 그 내용은 다음과 같다.

일본 정부에 대한 메시지와 포츠담선언의 조건을 고려할 때, 우리는 천황의 유죄 및 재판은 일본이 항복함에 따라 연합국 당국이 결정해야 하는 문제라고 생각한다. 영국 정부가 이 문제를 긴급 사안으로 확인해 주시길 바란다.[1]

그리고 다음 날인 13일에 오스트레일리아 정부는 극비문서 「일본의 장래」를 보냈다. 이 문서에서 천황에 관한 내용은 "일본의 침략 행위와 전쟁의 모든 죄에 대해서 천황은 책임을 져야 한다. (…중략…) 어떠한 제외도 용인해서는 안 된다"고 기록하고 있다.[2] 이 두 문서가 수록되어 있는 런던의 Public Records Office^{이하 PRO라 약칭[3]}의 FO 371 문서에는 오스트레일리아 전보에 대한 영국의 여러 대응이 나타나 있다. 천황퇴위론이나 지치부노미야^{秩父宮, 쇼와 천황의 동생}즉위론, 섭정론 등도 있다. 결국, 영국 정부는 다음과 같은 문서를 보냈다.

1 　武田清子,『天皇観の相克―1945年前後』, 岩波書店, 1978, 69쪽.
2 　위의 책, 69~70쪽.
3 　**[역주]** 2003년에 PRO에서 The National Archives United Kingdom(TNA)로 개칭.

① 문제의 문장 그 자체가 천황 히로히토의 취급에 관해 편견을 가지고 있는 것은 아니다. 이 문제는 연합국이 고려해야 할 사항이다.

② 그러나 우리는 천황을 전쟁범죄자로 고발하는 것은 중대한 정치적 오류라고 생각한다. 우리는 일본 국민을 지배하기 위해서 천황의 왕좌Imperial Throne를 이용하여 인적자원 및 기타 다양한 자원의 공급을 절약하고자 한다. 따라서 현 천황을 고발하는 일은 우리 의견으로는 가장 이롭지 못한 계책이라고 생각한다.[4]

오스트레일리아는 이런 영국의 태도를 납득할 수 없었다. 이처럼 천황 소추 문제는 도쿄재판의 중대한 문제가 되었지만, 일본의 패전을 앞두고 연합국 각국의 대일 전쟁범죄 처벌 정책이 구체화되면서 대립과 협조가 혼재했다. 이는 다른 문제에 대해서도 마찬가지였다.

제2차 세계대전 중의 대일 전범 정책

여기에서는 패전 후 일본에 대한 정책을 서술하기 전에 먼저 제2차 세계대전 중에 대일 전범 정책이 어디까지 이루어졌는지 개괄해 두자.[5]

먼저, 1942년 1월에는 독일에 국토를 점령당한 망명 정부 9개국이 런던 세인트 제임스 궁전에 모여 전쟁범죄에 관한 연합국 간 국제 회의를 최초로 개최하고, 전쟁범죄 처벌선언을 발표했다. 선언은 "문명국들은 피점령국의 일반 시민에 대한 폭행을 정치범죄라고 이해한다", "조직된 재판 절차에 의한 범죄자 처벌을 주요한 목적에 넣고, 이들 재판과 판결의 집행을 배려한다"고 호소했다. 이 선언은, 전쟁범죄를 구체적으로 제시한

---

4   武田清子, 앞의 책, 70쪽.
5   자세하게는 粟屋憲太郎, 「東京裁判開廷史」, 『東京裁判論』, 大月書店, 1989 참조.

데다 범죄를 재판으로 판결한다는 태도를 표명했다는 점에 역사적 의미가 있다. 후에 소련과 중국 국민 정부가 선언에 동의했다.

그리고 1943년이 되자 유럽과 아시아의 전쟁 국면戰局이 연합국 측에 유리하게 전환되었고 전쟁범죄 정책도 중요한 변화를 맞이했다. 1943년 10월에 개최한 미·영·소 삼국 외상회담 후, 11월 1일에 3국 수뇌의 이름으로 '독일의 잔혹 행위에 관한 선언'모스크바선언을 발표했다. 이 선언은 첫째, 장래 독일에 어떠한 정부가 수립되더라도 그 정부와의 휴전 조건은 포학暴虐, 학살, 처형을 저지른 독일군 장병과 나치당원을 범죄 피해를 입은 나라에 인도하여, 그 나라의 재판에 의해 처벌한다고 규정하고 있다.

이 단계에서 3국을 포함한 연합국 사이에 이미 '통례의 전쟁범죄'를 저지른 협의의 전쟁범죄인에 대한 처우는 일반적으로 전시법상에서 확립한 것이기 때문에, 그 범죄인을 범죄지 국가에 인도한다는 공통이해가 성립되었다. 이 때문에 이후의 협의에서도 전쟁범죄인 처벌에 대해서는 연합국 사이에 원칙적인 대립이 생기지 않았다. 대전 종료 전에 이미 소련 점령지역에서는 군사재판에 의한 처형이 행해졌고, 전후에는 유럽 각지에서 동일한 재판이 이루어졌다. 또 모스크바선언에서 주목해야 할 점은, 그 범죄가 특정한 지리적 제한을 두지 않는 '주요 범죄인', 즉 독일의 전쟁 지도자에 대해서는 연합국 정부의 공동 결정에 의해 처벌할 것을 처음으로 규정했다는 것이다. 이는 일본에도 적용하게 된다.

결국 1943년 10월, 런던에 연합국전쟁범죄위원회United Nations War Crimes Commission, UNWCC가 설치되어 1944년부터 활동을 개시했다.

'공동모의conspiracy' 론

모스크바선언 이후에도 연합국 간에 추축국 지도자 처벌에 대한 구체적인 내용의 합의가 쉽게 이루어지지 않았다. 그러나 1944년 10월부터 런던 회의가 열렸던 1945년 6월 사이에 추축국 지도자의 처우 방식은 즉결 처형이 아닌 국제군사재판 방식에 따라야 한다는 합의가 연합국 사이에서 이루어졌다. 당초 영국은 법적인 번잡함과 국제법상의 곤란함 등을 이유로 재판 방식에 강하게 반대했다. 그러나 추축국 지도자의 즉결 처형에는 소련이 강하게 반대했고, 또 미국에서도 스팀슨Henry Lewis Stimson 등이 재판 방식을 적극적으로 지지하여, 결국 영국도 1945년 5월에 미소가 주장한 재판 방식에 따르게 되었다.

그사이 "재판 방식은 시간이 걸리고 구체적인 범죄 행위의 입증이 곤란하다"는 비판이 나왔다. 이에 스팀슨 등은 증거 제시를 포함한 절차상의 요건을 완화하기 위해 '공동모의conspiracy'죄의 도입을 제안했다. '공동모의'죄란 침략전쟁을 비롯한 전쟁범죄에 대해, "범죄 전체 과정에서 개별적인 범죄 행위에 대한 주관적인 요건을 필요로 하지 않고, 범죄 전체의 계획에 대한 관여가 있으면 그것만으로 범죄 성립을 인정한다"는 일망타진적인 성격을 가진 것이다.[6] 이 '공동모의'론은 이후 런던협정에서 채택되었다.

1945년 6월부터 시작된 런던협정에서는 연합국이 국제재판 방식에 합의한 가운데, 어떤 법적 근거로 재판을 실행할 것인가가 최대의 논쟁이 되었다. 따라서 미·영·프·소 4개국 대표들이 첨예하게 대립하여 회의가 결렬될 위기마저 발생했으나, '통례의 전쟁범죄'에 추가하여 '평화에 반한 죄'와 '인도人道에 반한 죄'가 채택되었다. 이 획기적인 의의에 대해서는 많이 거론되었는데, 당시 반파시즘적인 국제 여론도 이에 대해 전후의 국제 평화를 실현할 수 있는 중대한 성과라고 인정하며 강하게 지지했다.

---

6   大沼保昭, 『戦争責任論序説』, 東京大学出版会, 1975, 342쪽.

혼란했던 전쟁범죄 정책

제2차 세계대전 초기부터 중기까지 연합국의 전쟁범죄 정책에 대한 주요 대상은 나치 독일이었다. 때문에 일본에 대한 전쟁범죄 정책은 1946년 1월에 극동국제군사재판소 헌장을 공표할 때까지 독일에 대한 정책원칙을 따르면서 한 템포 늦게 형성되고 확정되었다. 그 이유에는 당연히 독일이 패배한 후에 아시아전쟁이 종결되었다는 사실도 영향을 끼쳤다.

연합국이 일본의 전쟁책임 처벌에 대해 공식적인 공동성명을 처음으로 발표한 것은 모스크바선언 직후에 공포한 카이로선언1943.11이었다. 미·영·중 3국 수뇌에 의한 카이로선언은, "세 동맹국은 일본국의 침략을 제지하고 또한 이를 벌하기 위해 이번 전쟁을 계속하고 있다"고 밝혔다. 이는 미·영·중 3국의 전쟁 목적이 일본의 침략에 대한 책임을 처벌하는 데 있다는 원칙을 명확하게 표명한 것이다. 그리고 "일본국의 무조건항복을 이끌어내는 데 필요한 중대하고 장기적인 행동을 속행해야 한다"고 결론짓고, 전면승리를 향해 대일전쟁을 완수할 것을 주장했다.

이처럼 카이로회담에서 일본에 대한 전쟁책임 처벌의 기본원칙은 일치했지만, 구체적인 내용에 대해서는 아직도 합의에 도달하지 못했다. 이는 중국 대표가 미국에 공식성명서의 기초 자료로 제공한 각서 중에 "미·영·중 삼국은 전쟁에 책임이 있는 일본 지도자 및 전시 중에 수행한 잔학 행위에 책임이 있는 일본군 장병의 처벌계획모스크바 삼상회의에서 채택된 전쟁범죄인 처벌에 관한 계획과 동일한 것에 합의해야 한다"「패배 후 일본의 처벌」는 부분을 회의에서 논의한 흔적이 없는 것으로도 알 수 있다. 즉, 카이로선언에는 모스크바선언 단계의 원칙조차도 명기되어 있지 않았다.

한편, 1944년 5월에 런던 소재의 연합국전쟁범죄위원회는 중국대사의 제안으로 충칭重慶에 극동·태평양소위원회라는 지국을 설치하기로 결정했다. 이 소위원회의 제1회 회의는 같은 해 11월 29일에 11개국 대표가 참가한 가운데 충칭에서 개최되었다. 극동·태평양소위원회는 다음해인 1945년부터 조직적인 활동을 개시하여 증거 자료의 수집, 법률 문제의 검토를 수행하고, 7월에는 전쟁범죄인의 구체적인 명부를 작성했다.

또한 미국에서도 포괄적인 대일 전후 정책을 본격적으로 작성하였는데, 특히 국부무는 1944년 3월 24일에 전쟁범죄 정책에 대해 극동지역위원회 전후계획위원회를 통해 「일본·점령의 제문제·전쟁범죄인」① 전범의 체포, ② 천황의 보호격리이라는 이름의 문서를 작성했다. 이는 5월에 「일본에 대한 합중국의 전후 목적」이라는 문서로 정리되었지만, 논쟁을 초래할 전범 처벌의 구체적인 방침은 기재되어 있지 않았다. 또 그 밖의 연합국, 각국의 비정부 차원의 여러 단체나 신문, 잡지 등에서도 천황·천황제의 처우를 포함하여 일본의 전쟁책임 문제를 둘러싼 구체적인 논의가 전개되었다.

한 걸음 나아간 포츠담선언

1945년 7월 26일, 포츠담선언이 공표되었다. 포츠담선언은 카이로선언과 비교하면 전쟁책임 문제에 대해 한 걸음 나아가 규정하고 있다. 카이로선언은 제6항에서 "우리들은 무책임한 군국주의가 세계에서 축출되기 전에는 평화·안전 및 정의의 신질서가 생길 수 없다고 주장하는 바이므로, 일본국 국민을 기만하고 세계정복에 나서는 과오를 범한 자의 권력과 세력은 영구히 제거되어야 한다"고 대일 정책의 목표를 밝히고 있다. 그리고 제10항에서는 전쟁범죄 처벌의 원칙에 대해 "우리들은 일본 민족을 노예화하고, 또 국민을 멸망시키려는 의도를 가지고 있지 않지만, 우리들의 포로를 학대한 자를 포함한 모든 전쟁범죄인에 대해서는 엄중한 처벌이 가해질 것이다"라고 직접적으로 명시하고 있다.

물론 이 제10항은 어디까지나 전쟁범죄 처벌의 원칙을 나타낸 것이며, 전쟁범죄인의 범위나 처벌 방법 등 구체적인 내용에 대해서는 명확하지 않다. 그러나 선언이 발표된 7월 26일의 단계에서 같은 시기에 열린 런던 회의의 상황이나 활발해진 연합국과 국제 여론의 동향을 보면, 연합국의 전쟁범죄 정책은 훨씬 구체적인 진척을 보이고 있었다. 거기서는 '통례의 전쟁범죄'뿐만 아니라 추축국 지도자의 고도의 전쟁책임을 처벌한다는 점에서 대부분 일치하고 있다.

그러나 일본의 경우, 독일과 달리 처벌해야 할 전쟁 지도자 가운데 천황을 포함할지의 여부가 일본의 조기항복 실현 문제와도 관련되어 있었기 때문에, 연합국 사이에 의견 대립의 초점이 되었다. 미국과 영국 정부는 천황을 전쟁범죄인으로 지명하자는 움직임에 반대한다는 태도를 취했다. 이에 포츠담선언 제10항에서는 추상적인 원칙만을 들어 대립적인 문제의 해결을 피하였고, 이로 인해 구체적인 문제의 처리에 대해서는 자유재량과 주도권을 확보하려는 미·영, 특히 미국의 방침이 관철되었다.

2. 누가 심판할 것인가

연합국 사이의 대립점

일본의 패전이 목전으로 다가옴에 따라 연합국 사이에서는 일본의 전쟁책임 처벌을 둘러싼 논의가 한층 활발해졌고, 대일 전쟁범죄 정책을 구체화하는 데도 박차를 가했다. 그러나 일본의 주요 전쟁범죄인을 심판할 도쿄재판의 개정은 결과적으로 일본이 패전하고 나서 상당한 날짜가 지난 1946년 5월 3일로 미뤄지게 되었다.

그 사이 독일에서는 1945년 10월 18일에 이미 국제군사재판소 헌장에 기초한 뉘른베르크재판의 기소장이 공표되고, 11월 20일에는 재판이 시작되었다. 이 재판의 판결과 피고에 대한 형의 선고는 1946년 10월 1일이었으며, 사형 판결자의 처벌은 같은 달 10월 16일이었다. 도쿄재판은 개정 후부터 2년 반이나 시일을 소비하고 겨우 1948년 11월에 판결이 내려지기에 이른다. 뉘른베르크재판과 비교하면 명백하게 상당한 시간이 지연되었다. 도쿄재판의 개정이 늦어진 데는 몇 가지 원인이 있지만, 그중 하나는 연합국의 대일관리 체제의 정비가 늦어진 데 있었다. 그리고 도쿄재판의 설치를 둘러싸고 연합국 사이에 중대한 대립이 발생한 것도 하나의 원인이었다. 여기서는 그 문제를 검토해 보도록 하자.

대일 전쟁범죄 정책을 둘러싼 연합국 간의 응수와 대립, 타협 과정은 워싱턴, 런던, 충칭, 도쿄, 그리고 후반에는 모스크바를 무대로 한 지역에서 전개된다는 점을 먼저 확인해 두자.

일본의 전쟁 지도자를 처벌하는 것과 관련해서 첫째, '어떤 전쟁범죄 개념으로 심판할 것인가'에 대해서는 일본이 패전하기 전부터 연합국 사이에서 독일의 경우에 준거한다는 데 일치했다. 따라서 기본적으로 '통례의 전쟁범죄'뿐만 아니라 '평화에 반한 죄', '인도에 반한 죄'를 근거로 처벌한다는 데 대립은 없었다. 마살George Marshall 미 육군참모총장은 이미 1945년 8월 16일에 마닐라에 있는 맥아더 앞으로 독일주재 미군사령관에게 보내는 지령을 전달해 독일의 예를 따르도록 지시했다. 그리고 반즈 Cyrus Roberts Vance 미 국무장관은 8월 26일에 와이난트John Gilbert Winant 주영대사와 맥아더에게 미 국무부·육군부·해군부 삼부조정위원회SWNCC에서 국제군사재판소 헌장 제6조가 규정하는 A급 전범 개념에 따라 일본 주요 전쟁범죄인 리스트를 준비 중이라고 전했다. 이 A급 전범개념에 의한 처벌 방침은 이후에도 순조롭게 진행되었다.

둘째는 '어떠한 방법으로 일본의 전쟁 지도자를 처벌할 것인가'라는 점이다. 연합국은 기본적으로 독일과 같은 전쟁 지도자의 즉결 처형 방식을 배제하고, 국제군사재판 방식을 취한다는 점에서 일치하고 있었다.

미국의 주도

노골적으로 대립한 문제는 어느 나라가 재판을 준비하고 판사나 검사의 임명 등 재판소를 설치하여 재판 운영의 주도권을 장악할 것인가였다. 이 점에 관해 뉘른베르크재판의 중심 인물이었던 잭슨 판사Robert Jackson, 미국 대법관, 뉘른베르크재판 수석 검사는 딘 애치슨Dean Acheson 국무차관에게 의견을 표명했다. 잭슨 판사는 "일본의 재판도 독일 사례의 원칙에 준거하는 것이 바람직하지만, 독일 사례의 경험으로 미루어 보아 다른 나라와의 협조는 상당히 곤란한 측면도 있다. 때문에 재판소의 설치와 시행 규칙, 전쟁범죄 개념의 규정은 연합국 간의 협정에 따르는 것보다 맥아더가 결정하는 편이 신속하게 처리할 수 있다"라고 말했다.[7]

애치슨 차관도 이에 동의하여 1945년 9월 초에는 "재판에서는 통일된 검사단의 활동이 필요하기 때문에, 맥아더가 판사의 임명을 포함한 재판소 설치의 모든 권한을 장악하는 것이 바람직하다"는 의향을 굳혔다. 다른 한편, 9월 7일에는 맥클로이John McCloy 육군차관보 등 육해군부 사무당

---

7   미 국무부에서는 처음에 '연합국협조론'도 있었기 때문에, 독일과는 점령관리의 형태가 다르지만 원칙적으로 국제협정을 체결하여 적어도 연합국 각 정부의 승인을 획득하고, 협조를 유지한다는 정책이 나왔으나 실현되지 않았다. 상세한 내용은 日暮吉延, 「連合国の極東主要戦争犯罪裁判に関する基本政策－SWNCC57-3からFEC007-3へ」, 『日本歴史』 제495호, 1989 참조.

맥아더(공동통신사 제공)

국자가 재판소 설치의 권한을 맥아더가 장악해야 한다고 국무부에 강하게 요청했다. 판사의 임명에 대해서는 관계된 각 국가가 직접 임명하기보다 연합국최고사령관SCAP인 맥아더가 각국에서 지명한 후보자 중에서 임명하는 방식이 유리하다고 여겼다.

나아가 미국 삼부조정위원회SWNCC 극동소위원회는 9월 12일에 B·C급을 포함한 극동지역 전쟁범죄인의 체포·처벌에 관한 기본 방침SWNCC 57-3을 작성했다.[8] 삼부조정위원회는 이 문서를 10월 2일에 열린 제26회 회의에서 일부 수정하여 승인하였다. 이후 트루먼Harry S. Truman 대통령이 이 문서를 승인하자, 통합참모본부JCS는 10월 6일에 맥아더에게 「각종 전쟁범죄재판 외에 대통령의 승인을 거친 일본의 주요 전쟁범죄인의 신변 확인·체포·재판·처벌」이라는 지령으로 전달했다.JCS 1512 SWNCC 57-3은 '평화에 반한 죄'에 관한 국제군사재판 외에 각종 군사재판에 관한 포괄적인 방침을 규정하고 있다. 이는 연합국이 공동으로 재판을 실시한다는 형식을 중시하면서도, 국제군사재판에 관해서는 재판소의 설치나 요원의 임명, 전범의 조사와 체포, 기소, 재판의 권한이 연합국최고사령부에 있다는 것을 시사하는 것으로 미국이 주도권을 장악하고 있다는 것을 확인할 수 있다.

그리고 반즈 국무장관은 10월 18일에 일본의 항복문서에 조인한 영국,

8   SWNCC 57-3에 이르는 경과는 日暮吉延, 『東京裁判の国際関係─国際政治における権力と規範』, 木鐸社, 2002 참조.

중국, 소련, 오스트레일리아, 네덜란드, 캐나다, 프랑스, 뉴질랜드 각국의 워싱턴 주재 외교기관에 SWNCC 57-3 중에서 '극동지역에서 전쟁범죄인의 체포, 처벌에 관한 미국의 정책'을 제시했다. 그리고 맥아더의 의향을 받아들여 국제군사재판소 요원으로 활동할 장교 또는 문관영어를 말할 수 있는 자를 바람의 지명을 요청했다. 각국 요원은 영·중·소가 각 5명, 그 외에는 3명이며, 요원 중에서 연합국최고사령부가 판사 등 적당한 인물을 임명할 계획임을 통고했다. 또한 반즈는 전범의 체포, 처벌 방식은 극동자문위원회FEAC에서 검토하겠지만, 사태의 신속한 처리를 위해 앞서 말한 요원 지명을 서두르도록 각국에 촉구했다.

이상과 같이 미국은 극동지역에서 실시할 국제군사재판이 뉘른베르크재판의 원칙에서 일탈하지 않도록 배려하면서도, 연합국최고사령부가 도쿄재판의 준비, 설치, 운영 권한을 확보하게 하여 실질적으로 주도권을 유지하려고 했다. 그리고 맥아더는 후술하는 바와 같이 9월 11일에 일본 주요 전쟁범죄인에 대해 제1차 체포령을 내리는 등 전범 체포를 우선으로 하여 순조롭게 도쿄재판을 준비했다.

공허한 저항

이와 같은 미국의 선제 행동에 대한 경계와 반발은 런던에 소재한 연합국전쟁범죄위원회UNWCC에서 먼저 발생했다. 연합국전쟁범죄위원회는 미·영 등 '대국'이 위원회의 권한을 전범재판 준비와 조사 활동에 한정시키려는 태도에 대해, '소국'이 연합국 공동으로 전쟁범죄 정책을 구체화하고 재판 운영에도 적극적으로 참여해야 한다고 반발했다. 일본이 패전하자 연합국전쟁범죄위원회에서는 라이트Lord Wright 오스트레일리아 위원장을 비롯하여 대일 전범 정책을 조속히 확정하려는 움직임이 활발해졌다. 그러나 호지슨Joseph V. Hodgson 미국 대표는 일본의 항복 조항이 미정이라는 이유로 연기하고자 했다. 이 위원회는 8월 29일에 '일본의 전쟁 범죄와 잔학 행위에 관한 권고'를 가까스로 채택했다.

이 권고는 전쟁범죄 처벌을 위한 연합국 공동의 중앙기관을 일본에 설치하여 전쟁범죄 조사와 증거 수집, 전범 목록을 작성하게 한다는 내용이다. 이를 통해 연합국전쟁범죄위원회와 연합국 각국 정부가 상호 협동하여 전범 처벌을 적극적으로 추진하고자 한 것이다. 또한 전쟁범죄 기소를 위해 연합국 공동의 중앙검찰기관을 설치한다고 규정하였다. 그리고 가능한 빨리 이 권고를 실현하기 위해 어니스트 베빈Ernest Bevin 영국 외무장관에게 국제 회의를 개최할 것을 요청하였다. 이 권고가 채택되는 과정에서, 미국 대표는 재판소 요원 임명 등 직접 연합국최고사령부의 권한에 저촉되는 문장을 삭제하고, 해석의 폭이 넓은 추상적인 표현으로 고치게 하였다. 영국 정부도 미국 정부와 보조를 맞추어 이 권고를 실시하기 위한 움직임을 전혀 보이지 않았다.

그러나 위원장을 배출한 오스트레일리아 대표는 천황 전범 지명 문제에 강경한 자국 정부의 동향도 반영하면서, 이 권고의 취지를 실현하기 위해 활발한 움직임을 보였다. 9월 25일에는 라이트 위원장이 연합국전쟁범죄위원회의 소위원회를 도쿄에 새로 설치할 것을 제안하였다.^{실현되지 않음} 또 10월 31일에는 오스트레일리아 대표가 중심이 되어 서둘러 8월 29일의 권고를 실시하기 위한 연합국 정부 차원의 회의를 소집하도록 영국 정부에 강력하게 촉구했다.

미·영 정부는 이들 제안에 대해 일관되게 지연 정책으로 회피했으며, 실현을 봉쇄했다. 1946년 초가 되자, 오스트레일리아 대표는 후술하는 바와 같이 전범재판의 핵심이 되는 전범 지명의 최종적인 권한을 연합국

전쟁범죄위원회, 나중에는 극동위원회FEC가 갖게 하자고 제안했으나, 이 것도 미국의 반대로 실현되지 않았다. 그사이, 일본에서는 연합국최고사령부가 전범재판을 위해 일어난 사실들을 순조롭게 수집하고 있었다.

미국의 밀어붙이기

실제로 트루먼은 이미 1945년 11월 29일에 특명으로 조셉 키난Joseph Berry Keenan을 일본 전쟁 지도자에 대한 전쟁범죄 수사, 소추를 위한 법률 고문단의 단장으로 임명해 놓았다. 키난은 12월 6일에 미국 검사단 일행 38명과 함께 도쿄에 도착했고, 맥아더는 12월 8일에 연합국최고사령부 직속의 국제검찰국IPS을 설치하여 키난을 국장으로 임명했다. 그리고 미 국무부는 12월 28일에 전술한 영국, 중국, 오스트레일리아, 캐나다, 프랑스, 네덜란드, 뉴질랜드 각국의 주미외교기관에 다음과 같은 공문서를 송부했다.소련에는 12월 29일 자

- '평화에 반한 죄'에 관한 일본 주요 전범의 재판은 조급히 열릴 필요가 있고, 재판 설치, 시행 규칙 결정, 판·검사 임명은 SCAP의 권한이며, 재판의 규칙은 뉘른베르크 방식으로 하지만 극동의 상황에 적합한 것으로 한다.
- 검찰단 수석에는 이미 SCAP산하 IPS의 국장으로 키난이 임명되었으며, 그 외의 참여검사이하, 간략하게 '검사'라고 기술함는 상기 8개국과 인도, 필리핀에서 지명한 자 중에서 SCAP이 임명한다.
- 판사의 수는 3~9명 정도를 예상하고 있으며, 항복문서에 조인한 9개국에서 지명한 자들 중에 SCAP이 재판장과 함께 임명한다.
- 현재, SCAP은 기소장 신고를 이르면 내년 2월 1일에라도 할 예정이기 때문에, 상기 8개국이 1월 5일까지 판·검사 각 1명을 지명하도록 요청한다.

이것은 이미 진행된 사실에 입각한 미국의 일방적인 통고였다. 미국의 요청에 따라 위의 각국은 연이어 판·검사를 임명했다. 인도는 참여검사뿐만 아니라 판사도 임명할 수 있게 해달라고 강하게 요청했다. 각국이 일방적이라고도 할 수 있는 미국의 요청에 응한 이유는, 미국이 설득하기 위해 쓴 결정적인 카드 즉, '재판 조기 개시의 필요성'에 있었다고 생각된다. 일본이 패전한 후, 너무 늦게 전범재판을 개시하면 국제적인 관심을 모을 수 없게 되어 재판이 의도하는 효과가 반감한다. 이러한 인식은 모든 나라가 공통적이었기 때문이다.

게다가 뉘른베르크재판이 미·영·프·소 4대국만으로 운영된 것에 비해, 도쿄재판은 '대국' 외에 관계 있는 모든 연합국가가 참가할 수 있었다. 그렇기 때문에 이 국가들의 기대가 어느 정도는 충족되었던 것이다. 이는 당시 갈등을 겪고 있던 대일관리기구 문제가 미·영·소 삼국 외상회의^모스크바에서 결정되어, 워싱턴에 극동위원회^{FEC}, 도쿄에 대일이사회^{ACJ}를 설치하게 된 것과도 관계가 있다. 특히 극동위원회는 대일 전범 정책에 대한 기본 방침의 토의와 승인을 담당하게 되었기 때문에, 극동위원회에 참가하는 국가들이 도쿄재판 참가에 거는 기대도 커졌다. 그러나 소련은 '대국'의 입장에서 미국의 일방적인 재판 참가 요청에 강하게 의심을 표명하면서 대표를 도쿄로 쉽게 출발시키지 않았다. 자세한 내용은 다음 장에서 다루겠지만, 결국 소련 대표의 도쿄 도착은 4월 12일까지 연기되었다.[9]

---

9   소련의 도쿄재판 대책은, 粟屋憲太郎, 『東京裁判への道』, NHK出版, 1994; アレクセイ・キリチェンコ, 「戦後地下エーゼェントとしての野坂参三」, 『諸君!』, 1993.3; アレクセイ・キリチェンコ, 「東京裁判へのクレムリン秘密指令」, 『正論』, 2005.7 참조.

제 2 장

국제검찰국의
설립

1. 원치 않았던 도쿄재판

결정적인 미국의 주도 아래

도쿄재판에서는 재판 준비, 개정, 운영, 종결의 전 과정에서 미국이 결정적이라 할 정도로 주도권을 발휘했다. 그렇기 때문에 궁극적으로는 재판 그 자체가 미국의 국가적 이익에 합치되도록 조직, 운영되었다. 이에 먼저 국제검찰국의 설립과 그 활동을 추적하여 미국의 주도성과 문제점을 검토해 보고자 한다.

도쿄재판에서 미국이 주도한 사실은 뉘른베르크재판과 비교하면 명확하다. 뉘른베르크재판은 미·영·프·소 4개국이 1945년 8월 8일에 체결한 '유럽 추축국가들의 주요 전쟁범죄인 소추 및 처벌에 관한 협정런던협정'에 부속된 국제군사재판소 헌장[1]에 기반하여 준비하고, 4개국이 대등한 입장에서 재판의 운영에 임했다. 그러나 도쿄재판은 연합국 간의 협정이 아니라, 맥아더가 연합국최고사령부SCAP 총사령관으로서 단독으로 극동국제군사재판소 헌장을 공포하고, 판·검사를 임명했다. 법정 판결을 최종적으로 심사하고, 감형하는 권한도 맥아더의 손 안에 있었다.

누가 A급 전범을 심판하는가

그러나 기묘하게도, 재판을 명했던 맥아더는 원래 도쿄재판과 같은 국제재판 형식에 그다지 적극적이지 않았다. 이는 도쿄재판의 성립 과정에

---

1 **[역주]** 영어로 'The International Military Tribunal for the Far East Charter'이다. 일본에서는 극동국제군사재판소 조례라고 하는데, 저자는 Charter의 번역어에 대해 Charter의 원래 뜻을 비추어 보았을 때 조례라는 번역어는 적당하지 않고, 헌장이라고 번역해야 한다고 주장했다. 본서에서는 저자의 주장에 따라 Charter를 헌장이라고 표기한다.

도조 내각

미묘한 영향을 미치고 있으며, 앞에서 서술한 바와 같이 재판이 종결된 후에 재판 기록이 간행되지 않은 원인 중 하나라고도 생각된다. 먼저 이러한 사정을 쫓아가 보자.

　미국 정부는 일본의 전쟁 지도자와 전쟁범죄를 처벌할 방침을 독일 사례에 따랐다. 즉, 그들을 '주요 전쟁범죄인A급 전범'으로 삼아 전시국제법에 규정된 '통례의 전쟁범죄'를 적용했다. 여기에 더해 침략전쟁의 계획·준비·수행 등을 범죄로 보는 '평화에 반한 죄', 전쟁 전 또는 전시 중의 일반 주민에 대한 비인도적인 행위를 범죄로 보는 '인도에 반한 죄'라는 전쟁범죄 개념으로 소추하여, 국제재판 방식을 취할 의사를 굳혔다. 이미 준비가 끝난 뉘른베르크재판을 둘러싸고 다른 국가와 절충했던 경험으로부터 일본의 재판도 독일 사례에 따르는 것이 바람직했지만, 동시에 재판소 설치와 시행 규칙 및 전쟁범죄 개념의 규정은 연합국 간의 협정에 의하기보다는 일방적으로 연합국최고사령부SCAP의 맥아더가 일방적으로 결정하는 형태로 해야 한다는 방침도 결정했다.

앞에 서술한 것처럼 워싱턴의 방침은 1945년 10월 2일에 국무·육군·해군 삼부조정위원회SWNCC에서 국가 정책으로 결정되어, 트루먼 대통령의 승인을 받았다. 그리고 통합참모본부JCS는 이를 10월 6일에 맥아더에게 전했다.JCS1512 이 문서는 A급 전범을 취급할 국제군사재판 외에 미군 단독의 'B·C급' 군사재판에 대해서도 포괄적인 방침을 규정하고 있다.[2]

이에 대해 맥아더는 사실상 뉘른베르크재판 형태의 국제재판을 부정하는 의견을 강조했다. 즉, 맥아더는 10월 7일부터 이미 구금된 도조 히데키東條英機와 그 각료들에 대해 선전 포고 없이 진주만을 기습한 책임자로서 국제재판과는 별도로 미국 단독의 군사재판에 즉시 회부하자는 요청을 워싱턴에 집요하게 보냈다. 맥아더는 도조 등을 '통례의 전쟁범죄B급'로 미국의 군사법정에서 심판하고 싶다는 집념을 불태웠다. 그리고 빨리 도조 등의 재판을 실시하지 않는 것은 심리적 효과에서도 중대한 잘못이며, 이 재판이야말로 일본에서 최초로 실시해야 한다고 강조했다.

이에 당황한 워싱턴은 맥클로이 육군차관보를 도쿄에 파견하였다. 그는 진주만 기습 이외의 시기도 심판 대상이며, 미국은 이미 연합국에 국제재판형식을 약속했다고 맥아더를 설득했다. 그러나 맥아더는 조셉 키난을 A급 전범재판의 검찰 측 책임자로 임명하는 데는 동의했으나, 도조 등에 대한 단독재판의 구상은 단념하지 않았다.

---

2   10월 2일에 결정된 「극동에서 전쟁범죄인의 체포, 처벌에 관한 미국의 정책(SWNCC 57-3)」과 이를 기초로 하여 맥아더에게 보낸 「JCS1512」까지 워싱턴의 정책 결정에 대한 상세한 내용은 日暮吉延, 『東京裁判の国際関係—国際政治における権力と規範』의 제 1·2장 참조.

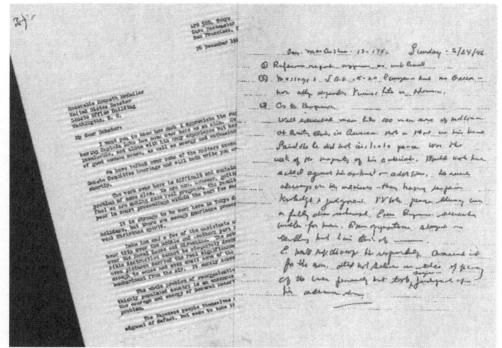

(좌)키난의 천황 면책론 편지, (우)키난과 맥아더의 회담 메모

국제재판인가, 단독재판인가

워싱턴에서는 맥아더의 이러한 태도에 상당히 애를 먹었던 듯하나, 통합참모본부JCS는 결국 1945년 11월 10일에 도조 등을 포함한 A급 전범을 국제재판에서 재판하는 것이 미국 정부의 방침이라고 통보했다. 단, 이 통보에는 맥아더에게 한 걸음 양보하여 국제재판의 판·검사 등 요원 지명을 요청한 연합국이 부당하게 그 지명을 늦추거나 재판 참가를 희망하지 않을 경우, 미국은 맥아더가 요청하는 일국 차원의 재판을 진행할 가능성이 있다는 유보도 포함되어 있었다.

이후에도 맥아더는 단독재판을 고집하였으나, 11월 13일에 패터슨Robert Porter Patterson 미 육군장관은 맥아더에게 도조 등을 국제재판과 미국 단독재판 중 어느 쪽으로 재판할 것인지 여부의 결정권이 키난에게 있으며,

여기에 대통령이나 사법장관도 동의했다고 못을 박았다. 이러한 과정을 거친 후, 키난은 1945년 12월 6일에 미국 법률가, 속기사, 사무직원 38명을 이끌고 아쓰기厚木 비행장에 도착했다.

키난은 바로 다음 날인 7일에 맥아더를 방문했다. 이 회담에서 맥아더는 국제재판 실시에 대해 ① 조속한 재판의 필요성, ② 일본인 전범의 소추 이유를 미국 시민 살인으로 단순화, ③ 사후법의 금지실행 당시 적법했던 행위에 대해, 후에 형사 책임을 묻는 것을 금지하는 원칙. 소급벌의 금지라고도 함 원칙에 저촉되지 않는 재판을 바란다는 세 가지 점을 강조했다. 또한 맥아더는 다른 연합국 판사나 검사에 대해서는 냉담한 태도를 보이면서, 각국에 요원을 요청하는 일에는 노력하겠지만, 바로 임명을 할 수 없다면 미국인 판사로 재판을 진행해야 한다고 말했다. 이 회담 후, 키난은 국제기자단과의 회견에서 "도조 대장의 재판을 처음에 실시한다고 생각해도 좋은가"라는 질문에 "재판은 1월에 개시할 예정인데, 아마도 도조 대장과 그 각료를 포함한 그룹의 재판이 최초로 시행될 것이다. 그러나 동시에 다른 그룹의 재판도 시행될지 모른다"고 답했다.

맥아더에게 불복할 수 없었던 키난

키난의 이 발언은 맥아더의 지론에 눌려 도조 내각 각료들의 국제재판을 제1탄으로 개정한다는 방침을 드러낸 것이다. 이러한 구상은 본국 정부의 지시에는 없었을 것이기에, 키난이 연합국최고사령부SCAP 총사령관인 맥아더의 의향에 굴복한 것으로 보인다. 이처럼 키난이 맥아더에게 굴복하자 담당자 중에서는 맥아더를 향한 그의 종속적인 태도를 불쾌하게 생각하는 인물도 있었다.

그리고 다음 날인 12월 8일에 맥아더는 키난을 GHQ연합국최고사령부의 국제검찰국IPS 국장으로 임명하고, 검찰국을 메이지생명 빌딩에 설치했다. 묘하게도 진주만 공격으로부터 4주년인 날이었다. 이어 12월 10일에 검찰국에서 미국인 법무관에 의한 제1회 담당자 회의가 열렸으나, 여전히 담당자들 사이에서도 국제재판의 구체적인 모습에 대한 논의가 일치하지 않았다.[3] 회의의 모두에서 키난 국장의 집행 보좌관이 된 존 달시John Darsey는 키난의 의향에 따라 두 번째, 세 번째 재판이 동시에 병행하여 열릴 전망이라고 말했다. 그의 의견은 먼저 도조 내각 각료, 관계 산업인, 군인을 소추하고, 이어서 일본의 침략이 시작된 1931년까지 거슬러 올라가며 복수의 재판을 연다는 것이다.

한편, 같은 날 검찰국 내에서 국제재판 헌장의 기초를 담당할 소위원회의 책임자가 된 A. 우드콕Amos W. Woodcock은 키난에게 각서를 제출했다. 그는 워싱턴의 방침에 따라 일본이 포츠담선언을 수락하고 항복문서에 조인했기 때문에, 재판을 시행하는 것은 승자의 재량이라고 밝혔다. 그리고 국제재판은 침략전쟁 혹은 국제법, 국제조약, 국제협정 등을 침범한 전쟁의 계획, 개시, 수행 등을 가리키는 '평화에 반한 죄'의 공동모의conspiracy로 재판해야 한다고 주장했다. 이에 대해 C. 히긴즈Carlisle W. Higgins 보좌관은 국제재판이 포츠담선언에 입각한 것임을 인정하면서도, 12월 7일에 "일본의 패배를 실현한 미·영·중·소 4개국은 각각 독자적으로 재판을 실시할 권한을 가지고 있으며, 진주만 공격을 계획, 실행한 인물에 대해서는 하와이 지방 재판소에서 미국 시민에 대한 살해죄로 재판해야 한다"는 반대 의견을 키난에게 제출했다. 검찰국 내부에서도 맥아더와 마찬가지로 진주만 공격의 책임자만큼은 미국의 단독재판에서 처벌하고 싶

---

3   『IPS文書』 제1권, 269~271쪽.

다는 의견이 다시 일어나고 있었던 것이다.

　도조 내각 관계자들의 재판과 다른 재판을 동시에 진행한다는 검찰국의 당초 구상은 12월 20일에 통합참모본부JCS에서 맥아더 앞으로 보낸 통보에 의해 겨우 사라져 가는 듯했다. 이 통보는 국무부의 견해로 "법정 관할권이 미치는 범위는 맥아더의 승인 아래 검찰진이 명시한 '평화에 반한 죄'의 A급 전범 범주에 있으며, 법정 규칙은 뉘른베르크재판의 조항과 실질적으로 같다"고 재차 지시하고 있다. 이리하여 우드콕을 책임자로 한 6명의 소위원회는 드디어 뉘른베르크재판을 본보기로 하여 극동국제재판 헌장과 법정 규칙의 기초 작업을 본격적으로 진행했다.

승자의 '복수復讐'

　이상과 같이 도조와 그 각료들에게 진주만 기습의 책임을 물어 미국 단독재판에 회부하자는 맥아더의 의견에 대해서는 미국 검찰진 안에서도 동조자들이 나왔지만 결국 실현되지 않았다. 미국의 강력한 주장으로 뉘른베르크재판이라는 선례가 생겼기 때문에, 극동에서도 '평화에 반한 죄'로 국제재판을 열 수밖에 없었던 것이다. 그렇다 해도 미국인 사이에 '진주만'에 대해 복수를 바라는 감정이 얼마나 뿌리 깊었는지 엿볼 수 있었다. 이후, 도쿄재판의 법정에서 미국 검찰진이 미일전쟁의 책임을 가장 중시했던 것은 당연한 결과였다.

　뢰링Bernard Victor Aloysius (Bert) Röling 전 네덜란드 대표 판사는 자신이 1946년 일본에 왔을 때 "맥아더는 내게 현재 생각하는 모습으로 도쿄재판을 할 마음은 털끝만큼도 없다고 확실히 말했다. 그는 맥아더가 선전 포고 없는 진주만 기습에 대해 약식 군법 회의 같은 재판을 희망하고 있었다"고 회상했다.[4] 맥아더가 고집한 미국 단독재판의 실태에 대해서는 태평양전쟁 개전과 패전 시점에 각각 필리핀 방면군사령관이었던 혼마 마사하루本間雅晴 육군준장과 야마시타 도모유키山下奉文 육군대장에 대한 마닐라에서의 미군재판을 고려하면 좋을 것이다. 두 재판에는 미국 극동육군사령관으로 필리핀을 탈출할 수밖에 없었던 맥아더의 집념이 담겨 있다. 따라서 야마시타와 혼마 모두 개정부터 사형 판결까지 2개월 정도밖에 걸리지 않고 재판이 신속히 종결되어 맥아더의 기대를 만족시켰다.

그러나 야마시타와 혼마재판의 실태는 '승자의 복수'라는 성격을 부정할 수 없는 것이었다. 아마 도조와 그 각료들을 '선전 포고'전의 기습 공격에 의한 국제법 위반으로 재판했다면, 도쿄재판의 '평화에 반한 죄'는 사후법 적용이었다는 비난을 받지 않았을지도 모른다. 그러나 재판의 신속함을 무엇보다 중시했던 맥아더의 의도 때문에 마닐라에서 열린 미군의 단독재판이 충분히 심리를 다했는지 여부는 매우 의문이다. 도쿄재판보다 훨씬 축소되었다는 것은 부정할 수 없을 것이다.

키난의 갱스터Gangster 혐오

잠시 도쿄재판에서 단독 수석검사로 GHQ의 국제검찰국 국장을 겸임한 키난의 이면을 소개하고자 한다. 그의 개성 또한 검찰 활동에 미묘한 영향을 미치고 있기 때문이다.

키난은 1888년에 미국 로드아일랜드주 포터컷Pawtucket에서 태어났다. 일본에 도착한 당시 그는 57세였다. 그는 하버드대학 로스쿨 졸업 후 1914년부터 오하이오주 클리블랜드Cleveland에서 변호사로 활동했으며, 제1차 세계대전에서는 야전포병대 장교로 유럽전선에 참가했다. 대전

---

4   『国際シンポジウム 東京裁判を問う』, 200쪽

후, 오하이오주에서 검찰관이 되었고, 1932년에는 민주당 대통령후보 루즈벨트의 선거전을 지원하면서 처음으로 정치 활동에 참가했다. 이후 키난은 당파적으로는 민주당계였다. 루즈벨트 정권이 수립되자 1933년에 연방 정부의 사법장관 특별 보좌관에 임명되어 폭력범죄 방지, 특히 유괴범이나 갱스터를 일소하는 데 힘썼다. 또한 미국 전체의 범죄 증가 상황을 조사하여, 의회 FBI연방수사국의 활동 범위를 확대하는 법적 조치를 요구하는 보고서를 제출했다. 이어 사법부 형사부장으로 연방 정부의 검찰 업무를 지휘하였으며, 사법차관보로 승진하여 1939년에 사법부를 퇴직한 후에 워싱턴에서 변호사로 계속 활동하고 있었다.

키난은 일본에 오면서 일본의 '군벌'과 대결하기 위해서는 사법부에서의 경험을 살려 갱스터를 퇴치하겠다는 다짐을 하고 있었다. 사실, 키난은 도쿄재판 종료 후인 1949년 7월 5일에 맥아더에게 편지를 보냈는데, 그 이유는 전날인 미국독립기념일에 맥아더가 일본 국민은 공산주의에 대한 유력한 방벽이라는 성명을 한 데 감격해서였다. 키난은 그 편지에 자신이 도쿄재판에서 배운 나치와 일본 군벌의 방식이 소련 정치국 '갱스터'의 책동 방식과 동일하다고 썼다. 그리고 이러한 인식하에 "미국 내의 공산주의 위협과도 대결해야 한다"는 의견을 서술하고 있다. 키난의 의식에서는 도쿄재판도 '빨갱이 사냥'도 갱스터 퇴치의 연장선상에 있었던 것이다.

또한 트루먼이 키난을 수석검사로 선택한 것은 그를 오하이오주 선거에서 상원의원 후보로 세워 공화당 우파 거물인 로버트 태프트Robert Taft와 맞대결을 시킬 예정이었기 때문이었다. 이는 힘과 정치력을 키우기 위한 정치인사였다고 이야기되고 있다.

'호랑이 검사'를 향한 반발

키난은 도쿄재판 법정에서 고압적인 태도를 취하여 '호랑이 검사'라는 별명을 얻었으나, 이 태도는 검찰국 내에서도 같았던 것 같다. 수석검사로서의 거만함은 영국 등 다른 연합국 검찰진의 반발을 불러 왔다. 특히, 코민즈 카Arthur Strettell Comyns Carr 영국 검사는 키난보다 연장자로 영국 법조계를 대표하는 인물로서 자긍심이 높았다. 코민즈 카는 "일본에 와보니 검찰국 안은 혼란의 극치였다"고 본국에 써 보내고, "키난은 술꾼으로 흑백도 판별하지 못하는 인물이다"라고 혹평했다. 또 M. 리드Maurice Reed 영국검사보는 "키난은 검찰 활동의 조직화에 무능하고, 기소장 기초는 모두 코민즈 카 검사에게 맡겼다"고 쓰고 있다. 키난과 코민즈 카의 균열은 상당히 심각했다. 이에 한때는 미국 법무관 일부와 다른 연합국 검사들이 맥아더에게 키난에 대한 파면 신청을 할 정도였다.

뉘른베르크재판에서는 미·영·프·소 4개국 사이에서 난항을 겪던 런던협정 체결의 원동력이 된 R. H. 잭슨Robert Houghwout Jackson 미국최고재판소 판사가 미국 수석검사에 취임하여 신망을 얻었으나, 도쿄에서는 연합국 유일의 수석검사가 마찰을 일으키기 쉬운 인물이었던 것이다.

2. 미국 검찰진의 구성

압도적인 '검사' 수

국제검찰국이 설립된 1945년 12월 8일부터 첫번째 영국 검찰진이 일본에 도착한 1946년 2월 2일까지 두 달 동안 검찰국의 활동은 전적으로 미국 검찰진에 의해 진행되었다. 영국 검찰진이 일본에 도착한 시점에 이미 키난을 포함한 33명의 미국인 법률전문가가 검찰국에서 재판개정을 위한 검찰 활동을 본격화하고 있었다.

검찰국 역사과가 작성한 문서작성일자 없음, 1947년 7월까지의 사항 기재에 따르면, 검찰국의 인원은 재판개정 후인 1947년에 최초 인원의 10배 이상인 487명으로 확장했다고 기록하고 있다. 그 가운데 미국인은 육군부 소속 문관 105명, 육군장교 28명, 해군장교 6명, 하사관병 25명이었으며, 이 안에는 통역과 번역을 위해 지원한 일본계 2세도 포함되어 있었다. 이외에 연합국 각국 인원 75명, 그리고 번역 등에 종사한 일본인 220명이 있었다. 이는 변호 측과 비교하면 훨씬 대규모의 인원이었다.

연합국 직원 가운데 미국인이 압도적인 다수였으며, 다른 나라는 대개 2, 3명의 법률가와 여러 명의 사무직원으로 이루어진 팀이었다.[5] 예외는 소련인데 1946년 4월에 47명이 대대적으로 일본에 와서 검찰국 사람들을 놀라게 했다. 검찰국 안에서 검찰 활동의 주역이 된 법률전문가의 수에서도 미국인 법무관이 우세하였다.

1947년 9월 검찰국 문서에서 미국인 '검사법무관'의 리스트에 따르면, 1945년 12월부터 검찰국에 근무한 미국 법무관의 총계는 60명에 달하고 있다. 미국을 정식으로 대표하는 검사는 키난 1명이었으나, 이들 법무관은 소추 준비 과정이나 공판에서도 다른 연합국 검사와 동등한 활동을 하고 있었기 때문에 실제로는 검사와 다르지 않았다. 사실 법정 속기록을 보면 이들 법무관은 피고나 증인에 대한 심문 등에서 '검사'의 직함으로 등장하고 있다.

고학력자들의 대거 참여

60명의 법무관 가운데 이미 41명이 1947년 9월경 미국으로 귀국했다. 단기간에 그만둔 인물이 많은 데에는 검찰 측 입증이 이미 끝난 단계에서 장기화하는 재판에 마지막까지 남아 있기보다는 본국에서의 출세가 매력적이었기 때문일 것이다. 그리고 키난의 지휘 아래에서 일하는 것에 혐오감을 느꼈기 때문일지도 모른다. 검찰국 내부 조직은 영국, 오스트레일리아 등 연합국 각국별 검찰팀에 의한 조직을 제외하면, 관리과, 수사과, 문서과, 언어과 등으로 나뉘어져 있었으며, 그 구성원은 거의 미국인이었다.

미국 검찰진 법률가들의 약력을 보면 매우 다채롭다. 그들은 하나같

---

5 영국 검찰진 가운데는 미얀마 대표인 마운이 참가하여, 일본이 미얀마에서 행한 전쟁범죄를 추궁하는 역할을 했다. 그리고 네덜란드 검찰진에는 인도네시아인이 참가하여 일본이 네덜란드령 동인도(蘭印)에서 행한 전쟁범죄를 추궁했다.

이 대학 졸업 후 각지의 로스쿨을 졸업하여 법학사학위를 취득한 자들로, GHQ의 다른 부국 직원보다 훨씬 고학력이며 본국에서도 요직에 있었다. 일찍이 일본 법조계는 검사가 되면 일생 검찰계에 종사하는 것이 통례였던 것과 달리, 미국은 법률가 자격을 얻은 후에 판사, 변호사, 검사 및 사법부와 같은 연방 정부직원 등을 몇 가지씩 역임한 자가 적지 않다. 대학 법학부 교수나 주의회 의원 경력을 가진 인물도 있다. 민간인은 육군부 문관이라는 형태로 검찰국에 근무하고 있었지만, 군역에 있는 자는 법무총감부나 군법 회의의 법무장교 자리에 있던 자가 많다. 연령도 20대부터 60대까지 폭이 넓었다.

먼저 미국 검찰진 가운데 키난의 직속 보좌관에는 집행 보좌관인 존 대쉬가 있다. 그는 변호사 개업 후 사법부에 들어갔으나, 1945년 가을에 톰 클라크Tom Clark 사법장관이 극동에서 전범 소추를 위한 장관 직속 보좌관으로 임명되어 뉘른베르크에서 전범재판을 경험했다. 그리고 귀국 후, 키난이 최초로 구성원을 조직할 때 제1진으로 일본에 도착했다. 대쉬는 미국 검찰진의 추진력 역할로 촉망받았으나, 공판 개시 후인 1946년 9월에 재빨리 미국으로 돌아갔다.

그 외에 노스캐롤라이나주 검사와 의원을 지낸 C. 히긴즈가 키난의 보좌관이 되었다. 또 특별 보좌관에는 일찍이 사법부에서 키난의 부하였으며 대전 중에는 헌병사령부와 미군의 독일 점령지역에서 법무장교를 역임한 J. 브레이브너 스미스Lt. Col. John W. Brabner-Smith가 취임했다.

검찰국의 수사 활동과 관련하여 FBI출신자의 존재를 지적해 둔다. FBI 출신자는 수사과에 배속되었다. 초대 수사과장은 전 FBI 뉴욕 지국장 B. 서킷 중좌, 차장도 FBI출신자인 H. 네이슨Harold Nathan이었다. 과장은 1946년 1월에 로이 모건Roy Morgan으로 교체되었다. 모건은 1934년부터

1944년까지 동일하게 FBI에 근무하고 있었으며, 태평양전쟁 개전시에는 재미 일·독 외교관 등 적국인의 구류와 본국 송환을 담당했다.

언어와 문화에 대한 몰이해

수사과장에는 2대에 걸쳐 FBI출신의 수사 베테랑이 취임하여, 증거 수집, 관계자 심문 등 일본 측의 내부 고발자와 정보 제공자를 이용하는 FBI의 수사 테크닉을 활용했다. 한편, 법률가 가운데는 일본어를 이해하는 자가 적었던 것으로 보인다. 예외는 S. 호윗츠Solis Horwitz였다. 그는 피츠버그대학에서 역사학 석사학위를 취득한 후, 하버드대학에서 법학사 자격을 취득하고 변호사로 활동했다. 1942년에 육군에 들어가 1943년부터 1945년 11월까지 예일대학과 미시건대학에 파견되어 일본어 학습과 일본 연구에 종사했다. 호윗츠는 피고 선정 과정에서 재벌 관계자를 담당했다. J. 쉬어Lt. Comdr. John D. Shea 육군중좌도 1944년부터 1945년까지 미시건대학에서 일본어와 일본지역 연구를 진행했다.

미국 법무관은 법률가로서의 경험은 쌓았으나 대부분 일본 문제 전문가가 아니기 때문에, 피고와 관계자 심문, 증거 자료 해독 등에서 모두 통역과 번역이 필요했다. 뉘른베르크재판과 비교하면 도쿄재판에서 미국 검찰진은 유럽만큼 일본의 사정에 밝지 못했고, 또 언어의 장벽도 두터웠다. 이 때문에 검찰 활동을 개시했으나, 재판을 1946년 1월 중에 개정한다는 키난의 당초 예정은 크게 어긋났다.

앞에 서술한 1945년 12월 10일의 구성원 회의에서는 서켓 수사과장이 일본에서 증거 자료를 수집하기 어렵다는 것을 강조했다. 그는 독일이 항복할 때 연합군은 독일중앙문서기관을 접수하여 중요한 자료를 대량으로 획득했으나, 일본의 경우에는 항복 2주 후 점령군이 진주했기 때문에 그사이 일본 정부와 군은 중요한 자료의 대부분을 소각시켜 버렸다고 강조했다. 또한 서켓은 총사령부가 그때까지 일본 측 문서를 접수하기 위한 특별한 조치를 취하지 않았으며, 겨우 일주일 전에 모든 일본 정부기관에서 관계자 심문, 자료 수색을 허가하는 통행증을 검찰국에 발행했다고 말했다. 그리고 이후에는 외무성을 비롯하여 내각, 육·해군, 기획원 등에서 문서 수집을 할 방침이라고 밝혔다. 서켓이 문서 접수에 순순히 응하려고 하지 않는 일본 측 당국자의 태도에 상당히 화가 나 있는 모습은 '잽Jap, 일본인을 가리키는 속칭'이라는 호칭을 많이 사용한 발언에서도 엿볼 수 있다.

새로운 인원배치

서켓은 12월 17일 구성원 회의에서 20개의 작업별 그룹에 따른 구성원의 인원 배치 방침을 제시했다.[6] 이들 작업은 일본 정부 자료의 검증, 일본인 심문 계획, 일본 법령과 신문·연감 등 관계 자료 수집 등이었다. 또 총사령부의 각 부국, 즉 민정국, 경제과학국, 법무국, 민간첩보국, 연합국번역통역부, 정치고문부 등에 자료 제공 등 협력을 요구하는 일이었다. 그리고 일본 연구 전문가인 E. H. 노먼Egerton Herbert Norman. 캐나다. 당시 GHQ 대적첩보부의 조사분석과장과 T. A. 빗슨Thomas Arthur Bisson. 일본재벌 전문가. 미국전략폭격조사단의 일원으로 일본에 왔으나, 11월에는 일시 귀국으로부터도 협력을 얻도록 지시했다.

한 해가 저물어 가던 12월 27일, 키난은 제3회 구성원 회의[7]에서 드디어 피고 선정에 직접적인 관련이 있는 총괄적인 활동 방침서켓이 기초을 제시했다. 이 방침은 재판 준비를 신속하게 진행하기 위해 A부터 H까지 작업

---

6   『IPS 文書 A』 제1권, 273~295쪽.
7   『IPS 文書 A』 제2권, 109~124쪽.

E. H. 노먼

그룹별로 요원을 재배치하는 것으로, 인원 분배와 구체적인 지시는 다음 날인 28일에 각자에게 전달되었다.

이 작업 그룹은 연대적 분류에 따라 'A. 1930년~1936년 1월', 'B. 1936년 2월~1939년 7월', 'C. 1939년 8월~1942년 1월' 그룹을 '평화에 반한 죄'에 해당하는 주요 그룹으로 정했다. 그리고 배치된 담당자에게 각 시기의 중대 사건과 일본 정부의 '평화에 반한 죄'에 관계되는 정책을 검증·확정하도록 했다. 그리고 여기에 책임이 있는 인물을 주요 피고로 확정할 것을 지시했다. 또 이를 위해 증거 수집과 해당 시기의 개요 보고를 작성하도록 요구했다. 세 그룹의 분기점은 1936년 2월이 2·26사건, 1939년 8월은 제2차 세계대전 개시였으며, C 그룹은 후에 1942년 이후도 담당하게 되었다.

키난은 회의석상에서 이 세 그룹에게 뉘른베르크재판과 같이 영미법 특유의 형법상 공동모의 이론을 도입하도록 특별히 강조했다. 작업 진전에 따라 최종적으로 이 세 그룹을 결합하여 총괄적인 공동모의론으로 기소장을 작성하는 것이 키난의 구상이었다. 그는 미국의 판례에서 공동모의의 범죄 입증에 상황 증거를 포함한 폭넓은 증거 기준이 항상 허용되는 점을 강조했다.

'공동모의conspiracy'

앞에서 서술한 바와 같이 원래 뉘른베르크재판에서 '공동모의'라는 개념을 채용한 이유는, 재판 방식은 시간이 걸려 구체적인 범죄 행위의 입증이 곤란해진다는 비판에 대해 검증을 포함한 절차상의 요건을 완화하기 위함이었다. 키난은 일본의 경우에 특히 증거 수집이 곤란하다는 점을 고려하여 '공동모의'론의 유효성을 호소했던 것이다.

여기에서 도쿄재판을 둘러싼 법률토론에서 반드시 문제가 되는 '공동모의conspiracy'라는 법개념을 설명해 두도록 하자. 일반적으로 공동모의란, "위법한 행위, 또는 그 자체는 적법한 행위이지만 위법한 방법으로 행하기로 한두 명 이상의 합의"라고 설명할 수 있다. 재판에서 이 합의 자체를 범죄로 보기 때문에 범죄를 인정하는 데는 각각의 외부적 행위를 필요로 하지 않는다. 따라서 일찍이 노동조합의 임금 인상 '공동모의'도 위법으로 간주되었다. 이후에 '공동모의'는 영미법상에서도 너무 문제가 많은 것으로 여겨져 적용하는 데 제한이 따르게 되었다.

영미법의 이 독특한 법 개념을 전범재판에 도입하는 것은, "범죄 전체의 계획에 관여했다면 그 자체로 범죄의 성립을 인정하는 것이며, 개별적인 군사 행동이나 잔학 행위에 직접 관여하지 않더라도 전쟁 전체의 계획, 수행에 중요한 역할을 한 각료, 당 수뇌 등 지도자의 책임을 묻는 데 매우 유효한 무기"가 된다. 동시에 "주요한 지도자 이외에도 전쟁 전체의 계획 일부에 관여했다면, 그것만으로도 그 사람의 형사책임을 물을 수 있는 가능성을 포함하고 있다"는 특징이 있다.[8] 즉, 일본어로 '공동모의'라고 하면 어느 특정 그룹이 한 장소에 모여 비밀 회의를 한다는 이미지가

---

8   大沼保昭, 앞의 책, 342쪽.

있지만, 영미법에서는 전체 계획에 관여하기만 하면 서로 얼굴도 이름도 모르는 자들까지 일망타진할 수 있는 특수한 법 개념인 것이다.

여하튼 검찰진은 이 '공동모의'론을 강력한 무기로 삼아 기소장을 작성하게 되는데, 본디 영미법에서도 문제가 많은 범죄 개념을 국제법에까지 도입한 것은 역시 법적인 비판을 피할 수 없는 일이었다. 또, 법정에서 검찰 측은 만주사변 전후부터 패전까지 일본 역사의 움직임을 '범죄적 군벌'에 의한 침략전쟁의 공동모의로 추진되었다고 고발했다. 그러나 역사를 분석하는 논리에서 보면 천황제국가 총체의 정책 결정 과정을 본질적으로 파악하지 못하고 일면만 보는 것에 지나지 않는다.

순조롭게 진행되는 검찰 활동

키난은 A~C의 주요 그룹에 더해, 'D. 재벌', 'E. 팽창주의적 초국가주의단체', 'F. 육군 군벌', 'G. 관료벌', 'H. 일본 정부 자료' 등 각 그룹을 설정했다. 즉, D부터 G는 A~C의 전 시기에 걸친 보조 그룹으로서, 저마다 피고예정자를 선정하여 각 그룹의 행동과 역할을 사실에 따라 확정하기 위한 작업 그룹이었다. H 그룹은 일본 정부 관계 자료의 조사·수집을 담당하고, 피고 선정에는 직접 관여하지 않았다.[9]

키난은 A~G의 각 그룹에 맥아더의 명령으로 이미 구금되어 있던 100명이 넘는 A급 전범 용의자자택 구금도 포함를 분배하였다. 그리고 담당 법무관에게 전범 용의자와 그 관계자 심문, 사실조사를 지시하고, 기소장 작성, 피고 선정을 위한 조사 보고서 작성을 요구했다.

---

9   그리고 이 H 그룹은 1946년 2월에 위임통치제도, 프랑스령 인도차이나, 네덜란드령 인도네시아, 말라야 등의 수사그룹으로 바뀌었다. 또 새롭게 I 그룹이 설치되어 조약 위반, 포로에 대한 처우 이외의 수사를 하게 되었다. 日暮吉延, 앞의 책, 258쪽.

왼쪽부터 시게미쓰 마모루(重光葵), 나가노 오사미(永野修身), 이타가키 세이시로(板垣征四郎)

'A. 1930년~1936년 1월' 담당 법무관은 책임자 A. 우드콕Amos W. Wood-cock 외 두 명이다. 이 그룹에는 처음에 전범 용의자가 아무도 배치되지 않았는데, 이는 미국 검찰진이 1930년대 전반의 일본 역사에 대해 조사가 부족했음을 드러내고 있다. 'B. 1936년 2월~1939년 7월' 담당관은 책임자 T. H. 모로우Col. Thomas H. Morrow 외 세 명이다. 배치된 전범 용의자는 21명이다. 'C. 1939년 8월~1942년 1월' 담당관은 J. W. 필리John W. Fihelly와 C. 히긴즈가 책임자이며 이외에 두 명이 있다. 할당된 전범 용의자는 44명으로 가장 많으며, 이는 미국이 미일개전을 포함한 이 시기를 가장 중시하고 있었다는 것을 보여준다. 'D. 재벌' 담당관은 H. A. 혹허스트Henry A. Hauxhurst와 호윗츠 두 명이며, 용의자는 12명이었다. 'E. 팽창주의적 국가주의단체' 담당관은 B. 서켓으로 되어 있으나, 수사과 요원들이 담당했다고 해야 할 것이다. 9명의 전범 용의자 이름이 올라왔지만 지적된 단체, 인명에 오류가 두드러진다. 'F. 육군 군벌'의 담당관은 G. S. 울워스Gilbert S. Woolworth로 용의자 5명의 이름을 할당받았다. 'G. 관료벌'의 담당관은 V. C. 해맥Valentine C. Hammack으로 10명의 용의자가 배치되었다.

각 그룹에 할당된 전범 용의자는 모두 맥아더의 체포 명령에 따라 대적첩보부CIC부장인 E. R. 소프Elliott R. Thorpe 준장의 지휘 아래 구금된 인물로, 검찰국이 설립되기 전의 일이었기 때문에 여기에 검찰국은 관여하지 않았다. 검찰국은 기본적으로 이 CIC의 구금자 리스트를 받아 피고 선정 작업에 착수했으나, 체포 이유가 명확히 통보되지 않은 경우도 있고 알려지지 않은 인물도 많았으며 오류가 있는 분류도 적지 않았다.

또 이후에 검찰국이 수사 활동을 통해 독자적으로 체포 명령을 내리고 피고로 정한 인물은 육군의 이타가키 세이시로板垣征四郎, 우메즈 요시지로梅津美治郎, 기무라 헤이타로木村兵太郎, 무토 아키라武藤章, 해군의 나가노 오사미永野修身, 오카 다카즈미岡敬純, 그리고 외교관인 시게미쓰 마모루重光葵 등 7명이었다. 어쨌든 미국 검찰진은 1945년 12월 말에 가까스로 활동 태세를 정비하여, 다음해 1월부터는 증거 자료 수집과 일본 측 중요 증인 및 '협력자'를 획득하는 등 중요한 성과를 올리며 검찰 활동을 궤도에 올려놓았다.

3. 극동국제군사재판소 헌장 공포

검찰이 기초한 '법'에 근거한 재판에 대한 의문

1946년 1월 19일, 연합국최고사령관SCAP 맥아더 원수는 극동국제군사재판소 설치를 명령하면서 동시에 극동국제군사재판소 헌장을 공포했다. 이 헌장에 의해 마침내 재판소 구성, 재판 절차, 적용법규 등 재판의 기본적인 구조가 선명해졌다.

고지마 노보루児島襄는『도쿄재판東京裁判』中公新書, 1971에서 이 헌장을 GHQ 법무국이 작성한 것처럼 기술하고 있지만, 실제로는 국제검찰국이 기초하고 맥아더가 승인하여 발표한 것이다. A. 우드콕을 책임자로 하여 6명의 법률가가 작성한 원안을 검찰국의 모든 법률가가 조문마다 검토하여 완성한 것이 이 헌장이다. 법무국 담당은 B·C급 재판이기 때문에, 미국정부의 지시에 따라 A급 전범을 담당하는 검찰국의 미국인 요원이 헌장의 기초를 담당했던 것이다. 본래 피고의 소추를 담당하는 검찰진이 재판의 '법'을 기초한다는 것은 일반적인 재판 상식으로 보면 기이한 일이다. 뉘른베르크재판의 경우에는 미·영·프·소 4개국 협정으로 국제군사재판소 헌장이 체결되었으나, 도쿄재판의 헌장은 맥아더가 공포했다. 검찰진은 극동국제군사재판소의 검찰관이지만, 다른 한편으로는 점령행정을 담당하는 GHQ의 일개 부국인 국제검찰국에 속한다는 이중성을 지니고 있다. 극동국제군사재판소 헌장 제8조의 검찰관 항에, 수석검사는 피고소추의 직책에 더해 일부러 "연합국최고사령관에게 적절한 법률상의 조력을 해주는 것으로 함"이라고 규정한 것도 연합국최고사령관과 헌장을 기초한 검찰진과의 관계를 재확인하는 것이리라.

물론 도쿄재판의 헌장은 뉘른베르크재판소 헌장에 준거하여 필요한 변경을 가한 것뿐이기 때문에 다른 부국이 기초했어도 큰 차이는 없겠지만, 검찰 측에 유리한 수정도 있다. 헌장에 나타난 뉘른베르크재판과 도쿄재판의 주된 차이를 살펴보면 〈표 1〉과 같다.

〈표 1〉 도쿄재판과 뉘른베르크재판의 차이

		뉘른베르크재판	도쿄재판
재판소	판사	4개국(미·영·프·소)의 판사 4명에, 각각 1명의 예비판사를 각국이 임명	FEC 11개 구성국(미·영·프·네·소·중·인·호·뉴·필·캐)의 판사 11명을 SCAP이 임명
	정족수	4명 전원, 또는 결석판사를 대신하는 예비판사의 출석	판사의 과반수

		뉘른베르크재판	도쿄재판
재판소	재판장	심리개시 전의 협의에 의해 재판관 호선, 심리마다 윤심제가 원칙	SCAP이 임명
	검사	4개국 각각 수석검사 1명을 임명하여 검찰위원회를 구성하고 다수결로 행동하며, 위원회 의장도 윤심제를 원칙으로 하여 선임	SCAP이 수석검사를 임명하여 전쟁범죄인의 피의사실 취조 및 직책을 맡게 하고, FEC구성국 각각으로부터 참여검사 1명을 임명하여, 수석검사 보좌

느슨한 재판

먼저 재판관을 살펴보면, 뉘른베르크에서는 4개국으로부터 각각 한 명의 판사와 예비판사를 선출하고, 법정 정족수는 판사 4명 전원, 또는 결석판사를 대신하는 예비판사의 출석을 요청하도록 되어 있다. 또 재판소의 결정은 다수결로, 가부 동수의 경우에는 재판장의 의견에 따른다. 단, 유죄 인정 및 형량 결정은 항상 최소한 3명의 동의를 필요로 했다.

도쿄재판의 경우는 맥아더가 5명에서 9명 이하의 판사^{4월 26일 헌장 수정으로 극동위원회 구성국이 11명으로 증원} 안에서 판사장을 임명한다. 법정 정족수는 판사의 과반수로, 유죄 인정 및 형량 결정을 포함하여 모든 재판소의 결정과 판결은 출석판사의 과반수 의견으로 결정하며, 가부 동수인 경우 판사장의 의견으로 결정하도록 되어 있다.

도쿄재판에서는 이처럼 정족수의 규정이 느슨하고, 거기다 사형을 포함한 형량의 판정은 단순 과반수였기 때문에, 규정상으로는 최소한 4명의 찬성^{출석판사 6명인 경우}으로 가능했다. 양형 재판에 특별한 배려를 하지 않았기 때문에 후에 문관으로서 유일하게 사형 판결을 받은 히로타 고키廣田弘毅의 경우 6 대 5, 한 표 차 투표로 결정되는 사태가 생긴 것이다.

어쨌든 도쿄재판에서는 예비판사의 부재가 재판 운영상의 문제가 되었다. 때문에 도쿄재판이 장기화되자 점차 판사 중 누군가가 결석한 채

심리가 진행되는 등 긴장감 없는 장면이 연출되었다. 그중에서도 특히 웹 판사장이 본국인 오스트레일리아의 '공무' 때문에 장기 결석하고,[10] 인도의 펄 판사가 80일 이상 결석한 것은[11] 두드러진다.

맥아더의 양심

예비판사 부재의 이면에는 맥아더의 의향이 숨어 있었다. 1945년 12월 20일, 미 통합참모본부[JCS는 맥아더에게 국무부가 판사와 예비판사를 둘 방침이라는 의사를 전달하고 검토를 촉구했다. 그러나 맥아더는 22일 자 답변에서 키난도 동의했다고 밝히며 도쿄의 숙박 설비와 교통기관의 상황으로 보아 예비판사를 임명해서는 안 된다고 답했다. 국무부는 일본에서 판사를 장관급으로 대우해야 한다고 지시했는데, 맥아더는 이를 역으로 이용하여 도쿄는 전쟁으로 주택 문제가 심각해 그렇게 많은 고위급 인사의 숙사를 확보하는 일이 곤란하다고 답했다. 맥아더의 회답은 편의상의 이유를 들고 있지만, 마지못해 도쿄재판 설치를 명령해야 했던 그의 반발이 이런 모습으로 나타났다고 할 수 있다. 결국, 본국 정부도 현지 사령관의 의향을 받아들여 예비판사를 두지 않기로 했다.

한편, 도쿄재판의 재판소 헌장에 검찰진의 의향이 직접 반영된 것은 범죄의 정의 부분이다. 즉, '평화에 반한 죄'의 정의에 대해 뉘른베르크와 같은 조항에 '선전 포고하거나 또는 포고하지 않은 침략전쟁'이라는 수식어가 더해져 있다. 이는 키난이 일본에 '평화에 반한 죄'를 광범위하게 적용하여, 만주사변까지 소추의 대상으로 하기 위해 '선전 포고하지 않은 침략전쟁'이라는 어구를 추가한 것이다. 그리고 재판소 헌장의 법

10　웹 판사의 귀국 문제에 대해서는, 위의 책, 422~424쪽 참조.
11　펄 판사는 아내가 투병 중이어서 때때로 인도에 귀국했다.

정 증거에 관한 조항에서는 허용 가능한 증거를 상세하게 열거하여 통상적인 재판보다도 증거 기준을 완화하였는데, 이것도 검찰국의 의향이 반영된 것이다.

뉘른베르크재판과 도쿄재판의 차이

법무대신 관방사법 법제조사부의 『전쟁범죄재판개사요戰爭犯罪裁判概史要』1973는 뉘른베르크, 도쿄 두 재판의 차이에 대해 다음과 같이 지적하고 있다.

헌장 제13조 '증거'에 관한 규정은 중요하며 이 재판의 특성을 나타낸다고도 생각되는데, 그 'a, 허용성' 항에서 "본 재판소는 증거에 관한 법기술적 규칙에 구속되지 않는다. 본 재판소는 신속하고도 비법非法기술적인 절차를 최대한도로 채용하고 적용하여, 본 재판소에서 증명력이 있다고 인정되는 어떠한 증거도 허용하기로 한다"고 규정하고 있다.

이 증거 규정이야말로 헌장 제12조 '공판의 실시'에 관한 엄중한 규제 조항과 더불어 재판소의 대폭적인 재량권을 인정한 것이다. 실제로 심리 장소에서도 재판소는 이들 규정을 모두 활용하여 증거의 관련성, 중요성을 자유자재로 정하였으며, 심리의 지연 또는 혼란을 가져올 수 있는 증거에 대한 조사를 모두 제외시키고, 불복종 행위에 대해서는 그때마다 즉시 제재 조치를 취했다.

더하여 런던협정 제7조에서는 '이 협정은 서명일로부터 효력이 발생하며, 1년간 유효하다'고 규정하고 있지만, 도쿄재판에는 이에 해당하는 것이 아무것도 없다. 다음은 다소 길지만 앞에 언급한 저서에서 인용한다.

뉘른베르크재판에서는 재판소, 재판관이 검찰관 또는 피고인 및 그 변호인에 의해 기피되는 일은 없다고 정해져 있으나, 극동국제군사재판에서는 이러한 규정이 없다.

피고인의 책임 조항에서 극동국제군사재판에서는 피고인의 공무상의 지위 또는 피고인이 그 정부 및 상사의 명령에 따라 행동했다는 사실은 모두 그 자체가 피고인을 범죄의 책임으로부터 벗어나게 해주기에는 부족하다. 단, 극동국제군사재판에서는 정의가 요구한다고 인정할 경우, 형의 경감을 위해 고려할 수 있다고 규정했다. 이에 반해 뉘른베르크재판에서는 '국가 원수든 정부 각부의 책임 있는 지위에 있는 관리든 불문하고, 피고인의 공무상의 지위는 그 책임을 해제하거나 형을 경감하기 위해 고려하지 않는다'고 되어 있다. 이는 도쿄재판에서 천황의 지위 및 일본과 독일의 국가 형태의 차이에 대한 특별한 고려로 보이는 규정이다.강조는 저자

뉘른베르크재판에서는 피고가 결석인 채로 소송 절차를 행할 권리가 주어졌으나, 극동국제군사재판에서는 결석재판에 관한 규정이 없다.

극동국제군사재판에서는 피고에게 최종진술의 권리가 주어지지 않았으나, 뉘른베르크 헌장에는 '공판소송 수속 순서' 조항에 "판결 및 형 선고 전에 각 피고인은 재판소에 진술할 수 있다"고 규정하고 있다.

뉘른베르크재판에서는 '판결 및 형 선고' 조항에서 "재판소 판결은 최종이므로 재심사를 허용하지 않는다"고 하고 있는 반면, 극동국제군사재판에서는 이에 해당하는 규정이 없다.

뉘른베르크재판에서는 유죄 판정을 받은 피고인으로부터 도취재산을 몰수하여 관리이사회에 인도해야 한다고 규정하고 있으나, 극동국제군사재판에서는 그와 같은 규정이 없다.

이상의 내용 이외에 뉘른베르크 헌장에는 개인이 소속된 집단 또는 조직을

재판소가 '범죄성이 있는 조직'이라고 선언할 수 있도록 하였다. 또 각 서명국 관헌은 그렇게 규정된 집단 또는 조직의 각 소속원을 재판에 부칠 권리가 있다고 되어 있으나, 극동국제군사재판의 헌장에는 이에 해당하는 규정이 없었다.

또한 1월 19일에 공포한 재판소 헌장은 수정의 여지가 있는 것으로, 다른 연합국 검사들이 도착한 후 수정할 사항을 검찰국에서 논의했다. 결국, 기소장을 제출하기 3일 전인 4월 26일이 되어 맥아더는 다시 검찰국이 기초한 재판소 헌장을 공포하였다. 그러나 개정한 내용은 대부분 어구 변경이었다. 큰 변경은 인도와 필리핀 판사를 추가하기 위한 조문 수정과 '인도에 반한 죄'의 정의 조문에서 "전쟁 전 또는 전시 중에 행해진 비전투원에 대한 살인, 섬멸, 노예적 혹사……" 가운데 '비전투원에 대한'이라는 어구를 삭제하여 '인도에 반한 죄'를 보다 넓게 적용하고자 한 점이다. 이는 일본군이 연합국 군인 포로를 학대한 사실에 대해서 '인도에 반한 죄'로 심판하려는 검찰 측의 의도였을 것이다.

미국의 독주에 대한 불안

다음으로 미국이 일방적으로 재판소 헌장을 공포한 데 대해 각국이 어떻게 반응했는지 살펴보자.

미국으로부터 헌장을 받고 재판 참가를 요구받은 대다수 연합국은 즉시 판·검사 등을 파견하겠다고 회답했다. 앞에 기술한 바와 같이, 각국이 일방적이라고 할 수 있는 요청에 응한 데는 미국이 설득을 위한 비장의 카드로 썼던 재판 조기 개시의 필요성 때문이었을 것이다. 또한 뉘른베르크재판이 4개 강국에 의해서만 운영된 데 비해, 도쿄재판에서는 강대국 이외에 관계된 연합국이 모두 참가할 수 있었기 때문이다. 미국으로부터 최종적으로 재판 참가 요청을 받은 것은 워싱턴에 설치된 극동위원회FEC의 구성국 10개국이었는데, FEC는 대일 전범 정책의 기본 방침을 토의하고 승인하는 일을 담당하고 있었다. 그리고 미국 스스로 주도권을 가진 채 재판 참가국을 11개국으로 확대한 의도에는 재판에서 소련의 비중을 저하시키려는 목적이 있었다고 생각된다.

연합국 가운데 이러한 미국의 독주에 대해 강하게 반발한 것은 오스트레일리아와 소련이었다. 오스트레일리아는 런던에 있던 연합국전범위원회UNWCC의 의장국이기도 한데, 대일 전범 처벌에 대해 매우 강경한 정책을 주장하고 있었다. 이 위원회가 1945년 8월 29일에 채택한 「일본의 전쟁범죄와 학살 행위에 관한 권고」도 오스트레일리아 대표의 힘이 컸다. 오스트레일리아는 미국 주도가 아니라 연합국전범위원회와 연합국 각국 정부가 공동으로 중앙검찰기관을 설치하여, 전쟁범죄 조사와 증거 수집, 전범 목록 작성을 맡아야 한다고 주장했다. 그리고 최종적으로 전범을 지명하는 권한을 연합국전범위원회, 나중에는 FEC가 갖게 하고자 하였으나, 미국의 반대와 영국의 설득으로 한 발 물러났다. 일본 점령에서 미국의 힘은 압도적이었으며, 이미 재판을 실시하기 위해 맥아더의 손으로 착착 진행된 기정사실을 배척하는 일은 불가능했던 것이다. 이리하여 결국 오스트레일리아도 1946년 1월 초순에 미국의 재판 참가 요청에 응했다.

소련의 저항

한편, 도쿄재판 헌장에 대해 뉘른베르크 헌장과의 중요한 차이를 간파하고 미국에 집요하게 저항한 것은 소련이었다. 소련은 1945년 12월 말, 미국 정부로부터 이미 도쿄에서 준비가 진행되고 있는 일본의 주요 전쟁범죄인에 대한 재판의 윤곽을 보고받았다. 동시에 신속하게 재판을 개정하기 위해 판사·참여검사 각 1명을 지명해 달라는 요청을 받았다. 이에 대해 소련의 S. A. 로좁스키Solomon Abramovich Lozovsky 외무인민위원 보좌관은 1946년 1월 10일에 모스크바 주재 G. 케넌George Frost Kennan 미 대리공사에게 며칠 안으로 소련의 판·검사를 지명하겠다고 통보했다.

그러나 1월 12일, 로좁스키는 케넌에게 소련이 도쿄에서 열리는 주요 전범재판에 대해 충분히 보고받지 못했다고 불만을 표명하고, 고발장 사본과 주요 전범 목록을 요구함과 동시에 국제검찰국장 키난의 역할을 추궁했다. 이에 대해 딘 애치슨Dean Gooderham Acheson 미 국무차관은 케넌에게 지시하여 소련 정부에 키난의 경력과 검찰국의 역할을 통고하고, 이미 대부분의 연합국이 검사·판사를 임명하였으니 소련 정부도 영어가 가능한 요원을 조속히 임명할 것을 요청했다. 그 결과, 소련은 S. A. 로좁스키를 검찰관으로, I. M. 자랴노프Ivan Michyevich Zaryanov를 판사로 임명하였고, 1월 18일에는 키난에게 그들이 요원들과 함께 곧 도쿄로 출발할 예정이라고 통고했다.

하지만 1월 19일에 재판소 헌장이 공포되자, 소련은 이 헌장이 뉘른베르크재판과 중요한 차이가 있다는 이유로 소련 대표를 쉽게 출발시키려 하지 않았다. 즉, 소련은 뉘른베르크처럼 예비판사가 없는 이유는 무엇인지, 또 참여검사가 뉘른베르크에서처럼 독립하여 행동할 수 있는지 아니면 수석검사의 대리에 지나지 않는지에 대해 미국 측의 설명을 요구했던 것이다. 이러한 의혹을 둘러싼 미소 간의 접촉은 수차례에 걸쳐 워싱턴, 모스크바, 도쿄 세 지역에서 전신을 통해 이루어져 의사소통에 상당한 시간이 걸렸다.

결국 소련은 2월 26일에 "연합국최고사령부가 키난을 수석검사로 임명하는 사안은 참여검사의 적극적인 활동 — 투표로 피고를 선정하고 법정에 독자적으로 증거를 제출할 수 있으며, 증인·피고의 예비 심문이 가능하다는 점 등 — 을 보장할 수 있다면 승인하겠다"고 답했다. 또 법정용어가 영어와 일본어로 된 점은 인정하였으나, 소련이 통역을 사용할 것도 요구했다. 소련의 요구에 케넌 대리공사는 3월 14일이 되어서야 기본적으로 승낙하겠다고 대답했다. 그리고 키난이 소련 대표단의 시급한 도착을 요구하고 있다고 전하면서 소련 대표단의 출발을 재촉했다. 예비판사의 부재 등 소련 측에는 아직 의혹이 남아 있었으나, 미국이 "재판소 헌장은 확정적인 것이 아니며, 수정의 여지도 있다"고 명확하게 말했기 때문에 로좁스키는 마침내 3월 21일에 소련 대표단의 출발을 미국에 통보하였고, 4월 13일에 도쿄에 도착했다.

키난은 소련 대표의 일본 도착이 늦어진 것에 대해 불쾌감을 느꼈다. 그러나 이 시점에서는 국제재판의 체제를 정비하기 위해서라도 소련 대표 없이 재판을 개시할 수는 없었다. 오히려 미국의 일방적인 재판 준비가 마찰을 낳는 원인이었다. 한편, 소련의 입장에서는 대표가 늦게 도착함으로써 검찰 활동의 핵심인 피고 선정 작업에 거의 관여하지 못했다는 역설적 사태를 불러오게 되었다.

일본인 판·검사의 채용 문제

한편, 1946년 2월 초에 영국, 오스트레일리아, 뉴질랜드 검찰진이 일본에 도착하자 갑자기 일본인 판·검사를 채용할지 여부로 파란이 일었다. 2월 6일에 키난의 특별 보좌관 J. 브레이브너 스미스와 영국, 오스트레일리아, 뉴질랜드 검찰진이 기소장 기초를 위해 만난 회담에서 이 문제가 제기되었다. 여기서 브레이브너 스미스가 제시한 미국의 기소장 초안 형식은, 맨 앞의 제목에 포츠담선언을 조인한 미·영·중·소 4개국과 일본 정부의 이름이 나와 있고, 다른 나라는 단순히 말미에 서명하는 것이었던 것 같다. 이에 대해 오스트레일리아의 A. J. 맨스필드Alan Mansfield 와 뉴질랜드의 R. H. 퀼리엄Brig Gen. Ronald Henry Quilliam 검사가 반발하여 양 국의 이름을 기소장 맨 앞에 넣을 것을 요구하자 결국 다른 서명국도 앞에 넣기로 합의하였다.

이어 맨 앞에 이름이 있는 데도 일본 정부는 왜 기소장에 서명할 수 없고, 판사나 검사를 임명할 수 없느냐는 의문이 나왔다. 이 의견은 재판이 단순히 승자가 패자에 대해 복수하는 것이 아니며, 또 일본인 자신이 그들의 진로를 망친 인물에 대해 심리를 요구하고 있다는 점을 보여주기 위해서도 일본인 판·검사 등용이 필요하다는 것이다. 의사록에는 발언자가 누군지 명확하게 기술되어 있지 않다.[12]

이에 대해 브레이브너 스미스는 "개인적으로는 검찰진에 일본인을 참여시키는 데 찬성하지만, 미국 여론은 결코 이를 지지하지 않을 것이다"라고 말했다. 계속 논의가 진행되어 결국 이 문제는 각국 정부의 견해를 확인할 필요가 있다는 데 합의했다. 또 영국의 코민즈 카Arthur Strettell Comyns Carr 검사는 재판에서 일본인 요인 암살 등 일본인 자신에 대한 범죄도 고발하는 데는 전적으로 찬성했다.

처음으로 밝혀진 논의

이 문제는 이후에 검찰국 내에서 계속 논의되었던 듯하나, 2월 26일에 히긴즈 보좌관의 반대 의견으로 결국 흐지부지된 것으로 보인다. 히긴즈는 먼저 판사에 대해, 재판소 헌장 제2조에는 "항복문서 서명국이

---

12 제안자는 키난이었다. 그의 진의는 일본인 검사로 천황 소추를 막기 위해서였다. 영연방 검사의 대응에 대해서는 日暮吉延, 앞의 책, 264~266쪽 참조.

제출한 명부 안에서 연합국최고사령관에 의해 임명된 5명 이상 9명 이하의 재판관으로 구성한다"고 되어 있으며, 확실히 일본도 항복문서에 조인한 일원이기는 하지만 일본이 판사를 내야 한다고 고려한 것은 아니라고 판단해야 한다고 말했다. 또 검사에 대해서는 헌장 제8조에 참여 검사는 "일본과 전쟁 상태였던 연합국"에서 임명한다고 명시되어 있다고 지적했다. 히긴즈는 "현 시점에서 일본 정부가 검찰진에 참가하겠다는 공식적인 움직임은 전혀 보이지 않고, 패전국이 검찰진에 참가할 권리를 인정한 전례를 만들면 장래에 혼란을 불러일으킬 뿐"이라고 강조하여 반대했다.

이와 같이 검찰국 내에서 일본인 판·검사 등용을 둘러싼 논의는 지금까지 소개된 적이 없는 사실로, 기억되지 않은 역사의 단면이다. 물론 실제로 도쿄재판에서는 중립국 판·검사조차도 등장하지 않았으며, 당시 상황에서 일본인 판·검사의 실현 가능성은 조금도 없었다고 말할 수 있다. 그러나 도쿄재판이 '승자의 심판' 형식을 피하기 위해서라도 일본인 판·검사의 등용은 배려해야 할 선택지였다. 한편, 당시 일본 정부도 국제재판을 막기 위한 자주적인 재판 구상에만 신경을 쓰느라 국제재판에 참가를 신청한다는 발상을 전혀 할 수 없었다. (자세하게는 보론에서 다룬다)

4. 전범 목록 작성

A급 전범 목록 지참

앞에 서술한 1946년 2월 6일 브레이브너 스미스와 영연방 검찰진의

회담 후반에 피고의 선정 방법을 논의하고 각국이 작성한 A급 전범 목록을 소개했다. 이 목록은 잠정적인 것이었으나, 인원수는 미국 30명, 오스트레일리아 100명, 영국 11명이었으며, 뉴질랜드 검사는 목록을 지참하지 않았다고 답했다. 또한 법정에서 피고의 현실적인 인원수는 최소 10명, 최대 20명으로 하는 것이 바람직하다고 의견이 일치했다.

미국이 작성한 목록 30명은 이 회담이 열린 전후의 다른 미국 목록에 비하면 적은 편인데, 이후에 작성한 2월 19일 자 「주요 피고Key Defendants」 58명의 목록 쪽이 최종적인 것에 가까운 것으로 생각된다. 이 58명의 목록은 본국 정부의 지시와 연합국총사령부가 체포 지령을 내린 100명이 넘는 A급 전범 용의자를 조사, 검토하여 미국 검찰진이 독자적으로 마무리한 것이었다. 진주만 공격시의 도조 내각 관료 11명을 필두로 58번째의 니시오 도시조西尾寿造 육군대장까지 인명이 이어진다. 이 가운데 최종적으로 피고가 된 인물은 22명, 목록에 이름이 없지만 피고가 된 인물은 육군의 기무라 헤이타로木村平太郎, 무토 아키라武藤章, 사토 겐료佐藤賢了, 해군의 오카 다카즈미岡敬純, 여기에 시게미쓰 마모루重光葵 전 외상과 오카와 슈메이大川周明 6명이었다.

100명이 넘는 전범 목록의 면면

이 회담에서 오스트레일리아는 100명의 목록을 제시했으나, 원래 본국에서 지참한 목록은 64명이었고, 2월 11일에 맨스필드 검사가 키난에게 제출한 목록은 124명으로 단숨에 배로 늘어나 있었다. 이 가운데 피고가 된 것은 20명으로, 미국 전범 목록에 없는 기무라 헤이타로, 시게미쓰 마모루가 포함되어 있다. 오스트레일리아 전범 목록의 특징은 천황 히로히토를 비롯하여 후시미노미야 히로야스伏見宮博恭 군령부총장, 히가시구니노미야 나루히코東久邇宮稔彦 방위총사령관, 나시모토노미야 모리마사梨本宮守正 원수 등 황족의 이름이 올라와 있다는 점이다.

또 재계 인사로 미쓰이三井의 이케다 시게아키池田成彬, 미쓰비시三菱의 고코 기요시鄕古潔, 스미토모住友의 스미토모 기치자에몬住友吉左衛門, 후루타 슌노스케古田俊之助, 오바타 다다요시小畑忠良, 야스다安田의 야스다 하지메安田一, 신흥재벌인 아유카와 요시스케鮎川義介, 나카지마 지쿠헤이中島知久平 등 다수가 열거되어 있는 점도 특징이다. 단, 오스트레일리아 전범 목록은 관직 명부에서 추출한 것이 많았던 듯하며, 각 인물에 대해 깊은 조사가 이루어진 흔적은 없다.

영국 전범 목록 11명 가운데 피고에 선정된 것은 도조 히데키東条英機, 도고 시게노리東鄕茂德, 도이하라 겐지土肥原賢二, 나가노 오사미長野修身, 시마다 시게타로島田繁太郎, 우메즈 요시지로梅津美治郎, 이타가키 세이시로板垣征四郎, 마쓰오카 요스케松岡洋介 등 8명이다. 이밖에 육군의 나카무라 아키토中村明人, 데라우치 히사이치寺内寿一와 해군의 오이카와 고시로及川古志郎 등 3명이 올라 있다. 영국 전범 목록은 외교관인 마쓰오카와 도고를 제외하면 모두 육·해군이다.

도쿄재판에 대한 영국의 망설임

여기서 영국이 도쿄재판에서 기대했던 입장을 간단하게 설명해 두도록 한다. 원래 영국은 일본의 전쟁 지도자를 국제재판에서 심판하는 일에 적극적이지만은 않았다. 처칠 등은 한때 나치 지도자의 처벌에 대해 즉결 처형을 주장했다. 영국 정부 당국자 가운데는 뉘른베르크재판 참가를 결정한 후에도 '평화에 반한 죄'와 '인도에 반한 죄'를 근거로 하는 국제재판에 대한 의문을 가지고 있었다. 더구나 영국의 입장에서 일본의 패전은 예상보다 빠른 것이었기 때문에 일본의 전범에 대해 구체적인 정책이 아직 형성되지 않았다. 재판을 하려면 증거 자료 수집이 불가결했지만, 영국 정부 내부에서는 충분한 준비가 이뤄지지 않았던 것이다. 그러나 뉘른베르크재판에 참가한 이상, 극동에서 같은 형태의 재판에 참가하지 않는 것은 이치에 맞지 않았다. 또 영국 여론도 일본의 전쟁 지도자 처벌을 강하게 요구하고 있었다. 이에 미국의 독주에 불안을 느끼면서도 영국은 대표단을 파견했던 것이다.

1946년 1월 하순, 워싱턴에 도착한 영국 검찰진은 미 육군부를 방문하여 재판을 부당하게 장기화시키지 않기 위해 피고의 수를 한정하고, 일본의 전쟁 지도자에 책임을 추궁하는 것은 잔학 행위에 한정해야 한다는 의견을 제시했다. 또 천황과 재계인을 피고로 하는 데는 반대했다.

영국 대표 검사 코민즈 카는 법정에서 치밀하고 날카로운 언변으로 추궁하는 모습으로 주목받았다. 그는 1882년 출생으로 옥스포드대학 졸업 후 변호사가 되어, 칙선변호사, 그레이 법조학원의 평의원을 지냈으며, 세법의 권위자로서 영국 법조계의 지도자 중 한 사람이었다. 코민즈 카는 처음에 영국 대표 검사를 맡는 것을 내켜하지 않았던 듯하지만 쇼크로스 Sir Hartley Shawcross 법무장관의 설득으로 출발했다. 그 밖에 영국검찰진에는 C. 험프리Christmas Humphreys, M. 리드Maurice Reed, R. 데이비스Reginald S. Davies 등 세 명의 검사보가 있었다.

중국 전범 목록

영연방검찰진에 이어 2월 15일에 막 일본에 도착한 샹저쥔向哲濬 중국 대표 검사가 미국의 T. H. 모로우 법무관에게 중국 국민 정부의 전범 목록을 제출했다. 샹 검사는 1896년생이다. 미국의 조지워싱턴대학에서 법학사 자격을 취득하고, 귀국한 후 대학 교수와 상하이 고등법원의 수석검사를 역임한 인물이다. 그 밖에 2명의 검사보가 있었다. 중국 리스트는 이미 자결한 혼죠 시게루本庄繁를 제외한, 육군 군인 11명의 이름과 그들의 약력, 중국에서 활동했을 때의 특징을 지적하고 있다. 단, 각 인물에 대한 증거 자료는 지참하지 않았다고 한다. 11명에는 피고가 된 도조, 이타가키, 도이하라, 하시모토 긴고로橋本欣五郎, 하타 슌로쿠畑俊六 등 5명 외에, 다니 히사오谷寿夫, 와치 다카지和知鷹二, 가게사 사다아키影左禎昭, 사카이 다카시酒井隆, 이소가이 렌스케磯谷廉助, 기타 세이이치喜田誠一 등 6명이다. 이후, 중국 국민 정부는 21명의 제2차 전범 목록을 미국에 통보했고, 이것이 3월 3일에 맥아더 사령부에 전달되었다. 이 가운데 피고가 된 인물은 도고, 마쓰오카, 우메즈, 시마다, 마쓰이 이와네松井岩根, 미나미 지로南次郎, 아라키 사다오荒木貞夫, 시라누마 기이치로平沼騏一郎, 고이소 구니아키小磯国昭, 히로타 고키広田弘毅 등 10명이다.

또한, 당시 충칭에는 연합국전쟁범죄위원회UNWCC의 극동·태평양소위원회가 설치되어, 이미 1945년 9월 7일 단계에서 총 342명의 일본인 전범 목록을 작성했다. 소위원회의 구성국은 미·영·중·네덜란드 4개국으로 1947년 3월까지 총계 3,147명의 전범 목록을 작성했는데, 그중 중국 정부가 2,523명을 지명한 것이다. 그러나 소위원회의 목록은 연합국전쟁범죄위원회 런던 본부의 A~C급 전범 기준과는 다른 분류를 따르고 있었다. 구체적인 내용은 일본군이 중국대륙에서 벌인 잔학 행위 등 'B·C'급에 해당하는 자가 대부분이었다. 국제검찰국도 자료 조사와 증인 모집을 위해 먼로 대좌와 D. N. 서튼David N. Sutton을 중국에 있는 극동·태평양소위원회에 보냈으며, 이들은 3월 25일의 제32회 회의에 출석했다. 그러나 A급 전범 지명에 그다지 큰 성과는 없었던 듯하다.

이러한 각국의 전범 목록이 피고 선정에 그대로 직결되지는 않았지만, 검찰국 내에서 각 국가가 표현한 주장의 출발점이 되었다. 이밖에 검찰국을 구성한 국가들 중 소련을 제외하고는 전범 목록을 지참하지 않았던 것 같다.

부진한 검찰 활동

처음에 미국은 이르면 1946년 2월 1일에라도 재판 기소장을 제출할 것이라고 각국에 통고했다. 그러나 2월이 되어도 검찰국에서는 피고 확정과 기소장 완성이 진척되지 않은 상황이었다.

2월 16일의 구성원 회의에는 영국, 중국, 캐나다, 오스트레일리아, 뉴질랜드의 검찰진이 처음으로 참가했는데, 키난은 상당히 화가 난 듯 검찰국 활동이 소기의 성과를 올리지 못한 점을 강조했다. 이후 A~C 그룹 책임자가 담당하는 각 시기의 조사 개요를 보고했는데, 용의자 심문에 진전도 있었으며, 중요 사건의 책임자에 대해서도 상당히 구체적인 이름이 올랐던 것 같다. 특히 검찰국이 기도 고이치木戸幸一 전 내대신으로부터 일기를 입수한 일은 만주사변 이후 일본정치의 실태를 이해하는 데 큰 도움이 되었다. 기도는 일기를 제공했을 뿐 아니라, 그의 심문을 담당한 H. R. 서켓조사과장이었던 B.서켓과 다른 인물에게 상세한 수기를 제출하고, 심문에서도 흥미로운 응답을 했다.

17일의 구성원 회의 석상에서 영국의 코민즈 카는 검찰 활동을 신속하게 하기 위해, 피고 확정을 기다리지 않고 따로 기소장의 세부 내용을 기초하는 소위원회 설치를 제안했다. 키난은 이에 찬성하여 소위원회를 설치하고 코민즈 카를 의장으로 하여 6명의 위원을 임명했다.

왼쪽부터 코민즈 카, A. J. 맨스필드

코민즈 카와 히긴즈 보좌관의 대립

일본에 온 뒤부터 검찰 활동의 비능률성에 질린 코민즈 카는 2월 25일에 검찰 활동의 전면적인 편성 교체를 요구하는 각서를 키난에게 제출했다. 여기서 카는 "재판의 결과는 현재 일본과 국제 여론, 나아가서는 세계 역사에 중대한 영향을 미쳐야 하며, 이 목표를 달성하기 위해서는 피고를 15명에서 최대한 20명으로 압축하고, 상세한 증거 수집을 생략하더라도 시급히 재판을 개시해야 한다"고 말했다. 그리고 그 이유는 "현재 일본인은 전범 소추를 지지하고 있는 듯하지만, 재판이 길어지면 피고를 순교자로 여기는 풍조가 생길지도 모르며, 또 뉘른베르크재판이 종결되어 버리면 국제 여론이 재판에 가지는 관심도 소멸될지 모르기 때문이다"라고 주장했다.

이리하여 코민즈 카는 검찰 활동을 집약하기 위해 자신을 의장으로 하는 운영위원회와 그 아래에 세 개의 소위원회를 설치할 것을 제안하며

구성원까지 열거했다. 코민즈 카의 이 주장에 대해 미국의 히긴즈 보좌관
은 27일에 키난에게 각서를 보내 강하게 반발했다. 히긴즈는 "피고인 수
를 제한하여 대표적인 인물만 피고로 하자는 영국의 주장은 그 나름대로
이해할 수 있으나, 이와 달리 미국의 입장은 이미 미국의 별도 기관이 구
금한 102명의 전범 용의자 전부를 소추 또는 석방하기 위해 조사·심문
할 필요가 있기 때문에 시간이 걸리는 것은 어쩔 수 없다. 또 코민즈 카의
제안은 수석검사의 권한을 침해할 수 있다"고 주장했다.

더구나 4개 위원회의 의장을 코민즈 카와 맨스필드가 맡아 이제까지
어려운 자료 수집과 심문 작업을 대부분 담당해 왔던 미국의 노력을 무
시한다면, 미국인 요원들의 사기를 저하시킬 수 있다고 반발했다. 히긴즈
는 코민즈 카가 너무 시간적 요소와 뉘른베르크재판에 사로잡혀 있다고
비판하고, 근본적인 사실을 해명하고 진실에 도달하기 위해서는 시간이
걸리는 것은 어쩔 수 없다고 지적했다.

이에 대해 키난도 상당히 곤혹스러워했던 듯하지만, 결국 자신의 보
좌관 의견을 물리치고 코민즈 카의 제안을 상당 부분 받아들였다. 역시
재판의 조속한 개시가 최우선 과제였던 것이다. 키난은 3월 2일에 모든
구성원에게 집행위원회와 이하 세 개의 소위원회를 설치한다고 통보했
다. 집행위원회의 멤버는 코민즈 카, 맨스필드, 샹, 퀼리엄^{뉴질랜드}, 놀런^{캐나}
^다의 각국 검사 외에 미국인 법무관 J. J. 로빈슨, 브레이브너 스미스, 히
긴즈, F. 태브너, A. 윌리엄과 영국의 험프리 검사보였다. 위원회에는 수
석검사 키난이 수시로 출석하고, 도착하지 않은 각국 검사도 도착하는
대로 요원에 추가하기로 했다. 이후에 영국 검사보인 리드도 위원으로
추가하였다.

드디어 활동 개시한 집행위원회

집행위원회의 역할은 검찰 활동의 전체적인 방침을 결정함과 동시에 소위원회의 작업을 지휘하고 기소장을 승인하여 수석검사를 돕는 데 있었다. 소위원회는 코민즈 카의 원안에 따라, 기소장 작성을 위한 기초위원회, 기소장에 부속된 사건과 조약파기 관계 리스트를 만드는 사건·조약위원회, 피고의 리스트를 작성하고 각 인물의 증거를 수집하기 위한 증거·피고위원회로 구성되었다. 이 가운데 세 번째 소위원회가 피고 선정을 위한 중심적인 존재이기 때문에 많은 요원이 배치되었다.

집행위원회 의장은 코민즈 카였다. 회의에는 위원 외에 피고 후보가 된 인물의 심문을 담당하고, 위원회에 그 개요 보고서를 제출할 법무관이 적절하게 출석했다. 이리하여 검찰국의 활동은 처음 A~H 작업 그룹과 전체 구성원 회의를 중심으로 한 형태에서 코민즈 카가 주장한 집행위원회를 주체로 한 기능적인 모습으로 변화했다. 마침내 검찰 활동의 핵심이 되는 피고 선정이 3월부터 시작되었다.

피고 선정 과정은 먼저 100명이 넘는 A급 전범 용의자에 대해 조사·심문을 진행했다. 그리고 그 결과에 따라 증거·피고위원회가 인원수를 압축하여 '주요 피고 리스트'를 집행위원회에 제출하면, 집행위원회가 각각의 전범 용의자에 대해 판단을 내렸다. 위원회에서 이뤄진 피고 선정은 만장일치가 원칙이었으며, 만장일치가 아닌 경우에는 다른 법무관이 사실을 재심사하여 보고서를 제출하도록 하였다. 집행위원회의 선정 결과는 수석검사와 각국 검사로 구성된 참여검사 회의의 의결로 최종 결정안이 되었다. 참여검사 회의의 의결은 다수결이며 가부 동수인 경우에는 수석검사가 결정하도록 하였다. 그리고 이 참여검사 회의의 결정안에 대해서는 맥아더가 승인하고 피고를 최종적으로 확정하여 기소장을 공표하기로 하였다.

작업 그룹 'D. 재벌'의 담당자로 증거·피고위원회의 일원이기도 했던 호윗츠는 집행위원회에서 피고를 선별하는 기준에 대해 후에 이렇게 회상했다. 피고가 '평화에 반한 죄'로 기소될 수 있는가, 피고가 전체적으로 일본 정부의 각 부문과 기소장에 기재된 각 시기를 대표하는가, 피고가 행한 각종 행위에 대해 주된 책임이 있는 주요 지도자인가, 그리고 각 피고에 대해 뒤집기 어려운 소추 사유가 있는지 여부가 기준이었다고.

도착하지 않은 각국 검사들

집행위원회의 제1회 회의는 3월 4일에 열렸고 주목할 피고 선정은 3월 11일의 회의에서 시작되었다. 그러나 이 시점에도 아직 5개국의 판사가 도착하지 않았다. 그 후 각 검사의 도착 상황은 다음과 같다.

3월 19일 헤이그 지방 판사 경력을 가진 네덜란드의 보르헤르호프 뮐더르W. G. Frederick Borgerhoff-Mulder 검사가 일본에 도착했다. 검사보는 A. T. 라브엘슈A. T. Laverge였다. 이어서 상당히 늦은 4월 2일에 프랑스의 R. L. 오네트Robert L. Oneto와 필리핀의 P. 로페즈Pedro López 검사가 도착했다. 오네트는 변호사와 검사를 지냈고 나치 점령 아래에서는 레지스탕스에도 참가했다. 검사보인 J. G. 그로Jacques Gouelou는 법률가가 아니라 미슐레고등중학교의 영어교사였다. 도쿄재판의 법정용어가 영어와 일본어였기 때문에, 영어 능력이 충분하지 않은 오네트의 통역으로 일본에 온 것이다. 로페즈는 변호사와 의원을 지냈고 일본 점령하에서는 항일레지스탕스에 참가했으며, 일본 패전 후에는 워싱턴과 런던에 파견되어 UN 제1회 총회에 필리핀 대표로 참가했다. 더 늦은 4월 13일에 소련검찰진 47명이 일본에 도착했다. 대표 검사인 S. A. 고른스키는 검사, 과학아카데미 준회원이 된 후, 외무성에 들어가 1944년에 던바튼 오크스 회의, 1945년에 샌프란시스코, 베를린 회의에 소련 대표로 참가했다. 마지막으로 일본에 온 것은 인도의 G. 메논Govinda Menon 검사로, 재판 개정 후에 도착했다. 일본에 늦게 도착한 각국의 검사는 피고 선정을 비롯한 집행위원회 활동에 부분적으로 참여하거나 또는 전혀 관여할 수 없었다.

제 3 장

고노에 후미마로의
자살과 파문

1. 주요 전범 용의자의 최후

전범으로서의 자각 부재

국제검찰국이 수사 활동을 시작하고 최초
로 맞닥뜨린 중대 사건은 1945년 12월 16일
에 발생한 전 수상 고노에 후미마로近衛文麿의
자살이었다. 검찰국에서는 고노에를 전범재
판의 주요 피고인으로 점찍어 놓았기 때문에
그의 자살은 충격이었다. 그러나 고노에가 자
살한 후, 검찰국은 고노에 측으로부터 중요한
자료와 검찰 활동에 대한 협력자를 얻어 수사
진전의 실마리를 찾게 되었다.[1]

고노에 후미마로(近衛文麿)

고노에는 전쟁 전에 내각을 세 번 조직했는데 모두 일본이 중일전면전
쟁과 태평양전쟁에 돌입하는 기로에서 중대 결정을 내린 것이었다. 그러
나 고노에 자신은 원래 정치가로서의 책임 의식이 극히 희박하여, 패전
직후에 자신이 전범으로 추궁을 받게 되리라고는 크게 의식하지 못했다.
오히려 정치 활동을 재개하는 데 의욕적이었다.

패전 직후 고노에의 전쟁책임관은 1945년 10월 4일에 가진 맥아더
와의 회담에서 그가 발언한 내용에 단적으로 드러나 있다.[2] 고노에는 이
회담 초반에 "군벌과 극단적인 국가주의자가 세계 평화를 깨뜨리고 일
본을 지금의 파국으로 빠뜨린 데 대해서는 한 점의 의심도 없다"고 말했

---

1   『IPS尋問調書』제2권. 이하 서술은 출전 없이 상당 부분이 「近衛文麿 파일」에 근거함.
2   江藤淳 編,『新裝版 占領史録』下卷, 講談社学術文庫, 1995, 103~111쪽.

다. 전쟁책임을 '군벌'에 집중·전가한 것은 전쟁 말기부터 고노에의 일관된 방침이었다. 일찍이 1944년 6월, 도조 내각이 붕괴하려 할 때 고노에는 '적은 도조를 히틀러와 나란히 놓고 전쟁의 원흉으로 삼아 그 한 사람을 집중해서 공격하고 있기 때문에, 다른 책임자가 나와 전쟁을 계속하면 책임의 귀추가 불분명하게 되어 그 결과 천황께 누를 끼치게 될 것'이라는 사고방식을 가지고 있었다. 맥아더와의 회담에서는 이미 공표된 미국의 점령 정책 취지에 동조하는 듯한 발언을 하여 맥아더의 공감을 얻으려 했다.

이어서 고노에는 맥아더에게 "문제는 황실을 중심으로 하는 봉건적 세력과 재벌이 연출한 역할 및 공과 죄"인데, 미국에서는 그들이 군국주의자와 결탁하여 지금의 사태를 가져왔다고 보는 것 같지만 이는 착오이며, "그들은 군벌 세력의 대두를 억제하는 '브레이크' 역할"을 다했다고 변명했다. 그리고 만주사변부터 미일전쟁에 이르는 과정에서 '맑시스트Marxist'인 좌익이 군부 내의 '혁신' 군인과 일부 관료 및 극우에 위장 침투했다고 역설했다. 그리고 "군벌을 이용하여 일본을 전쟁으로 나아가게 한 것은 재벌과 봉건적 세력이 아니라 실제로는 이 좌익분자의 활동이라는 기이한 논리까지 펼쳤다.

고노에가 여기서 말한 '군벌과 좌익의 결탁에 의한 전쟁 수행'이라는 음모사관 논리는 같은 해 2월에 올린 「고노에 상주문」의 재탕이었다.[3] 상주문에서 고노에는 천황에게 '국체보존國體護持' = '천황제 존속'의 입장에서 '공산혁명'의 실현을 미연에 방지하는 형태로 전쟁 종결을 실현해야 한다고 말하면서, 군부 내의 '혁신' 군인과 일부 관료 및 우익은 '공산혁

---

3   「고노에 상주문(近衛上奏文)」에 대해서는 庄司潤一郎, 「『近衛上奏文』の再検討」(『国際政治』 109号, 1995.5)에서 상세하게 분석하고 있다.

명'을 기도하는 위장좌익이라고 강조했다. 차이는 이번에는 상주할 상대가 연합국최고사령관인 맥아더로 바뀌었을 뿐이다.

노먼의 고노에 비판

고노에는 이 회담에서 맥아더로부터 헌법개정이 있을 것이란 언질을 받고, 내대신부內大臣府의 내부 관계자 자격으로 헌법개정 작업에 착수했다. 자신의 정치 활동이 인정받았다고 여기고 의욕을 불태웠던 것이다. 그러나 고노에가 당당하게 헌법개정 작업을 담당하는 상황에 대해 내외에서 엄중한 비판이 일었다. 따라서 GHQ도 이 고노에 비판에 밀려 고노에의 헌법개정 작업은 GHQ와 관계가 없다고 표명하기에 이르렀다.

고노에 비판은 그에 대한 전쟁책임 추궁과 같은 맥락에서 이루어졌다. 특히, 일본근대사 전문가인 E. H. 노먼Edgerron Herbert Norman의 고노에 비판은 고노에를 전범으로 지명하는 데 직접적인 방아쇠가 되었다.

당시 노먼은 캐나다 외무성에서 파견된 GHQ의 대적첩보부CIC 조사분석 과장이었는데, 11월 5일에 GHQ의 G. 애치슨George Atcheson Jr. 정치고문에게 고노에 후미마로의 전범 용의자에 관한 각서를 제출했다. 노먼의 고노에론은 고노에의 정치적 무책임성을 날카롭게 추궁한 것으로 다음과 같이 지적하고 있다.[4]

과거 10년 가깝게 내정외교를 불문하고 중대한 전환점에 있을 때마다 고노에는 언제나 일본 국가의 키를 잡고 있었다는 점, 더구나 이와 같은 중대한 전환점 하나하나에서 그의 결정은 항상 침략과 군과 문관동맹자가 국가를 억누

---

4   E.H. ノーマン, 大窪愿二編訳,「近衛文麿」,『ハーバート・ノーマン全集』 제2권, 岩波書店, 1977, 334~346쪽.

르려는 바이스와 같은 압박을 지지하고 있었다는 점을 명확히 해야 한다.

고노에가 일본의 침략을 위해 행한 가장 중대한 역할은 그만이 할 수 있었던 일, 즉 과두 지배 체제의 유력한 각 부문 궁정, 군, 재벌, 관료 모두를 융합시킨 것이다.

노먼은 진주만 공격에 대한 고노에의 면책 주장을 '비현실적'라고 단정했다. 그리고 그의 중대책임은 "첫째, 아시아 본토에 대한 일본의 침략 속도를 빠르게 한 점, 중국에 대한 전쟁을 계속한 점, 일본을 추축국에 가맹시킨 점, 일본 국내에서 경찰의 탄압을 강화한 것을 비롯하여 파시즘 지배 과정을 촉진한 점"이라고 단언했다. 또한, 고노에가 연합국총사령관에게 아첨하여 "현 정세에서 불가결한 인간인 것처럼 행세하면서 도망갈 길을 구하는 것은 참을 수 없다"고 말하고, "그가 헌법기초위원회를 지배하는 한 민주적인 헌법을 작성하려는 진지한 시도를 모두 우롱하는 것이 될 것"이라고 규탄했다.

G.애치슨은 노먼의 각서를 채택했다. 미국 국무부가 총사령부에 파견한 애치슨은 당시 국무부와 미 국립전쟁범죄국이 준비한 자료를 참고하면서 전범 목록을 작성하고 있었다. 이에 1945년 11월 12일에 맥아더 앞으로 13명의 주요 전범 목록을 송부하고, 14일에는 22명, 27일에는 3명의 추가 리스트를 제출했다. 주요 전범 목록은 승인을 받기 위해 국무부에도 보냈는데, 고노에의 이름은 14일 자 리스트에 있었다.

'CASE No.59'의 자살

맥아더가 전범 용의자로 고노에 체포령을 발령한 것은 마침 키난 등 미국 검찰진이 일본에 도착한 12월 6일이었다. 그 전에 다섯 번에 걸쳐

90명에 가까운 A급 전범 용의자 체포령이 내려졌다. 12월 6일 자의 체포령에는 고노에 외에 내대신이었던 기도 고이치木戸幸一, 주독일대사 오시마 히로시大島浩 등 7명이 지명되었고, 스가모巢鴨형무소에 출두해야 할 날짜는 12월 16일까지로 되어 있었다.

12월 8일에 설립된 검찰국에서는 다음 날인 9일에 고노에를 '케이스 번호 59'로 분류하여 파일을 작성했다. 고노에에 관한 최초 자료는 미국 전략폭격조사단이 11월 9일에 작성한 고노에 심문 기록 요약이다. 이 전략폭격조사단의 고노에 심문은 일본 고관에 대한 인터뷰의 일환이었다. 그러나 고노에에 대한 질문은 미군 공습의 효과에 대한 것뿐 아니라 고노에가 수상이던 시절 정치책임을 엄중하게 묻는 것이기도 했다. 이 심문에서 고노에는 심한 타격을 받고 곧 전범으로 체포될 것임을 예감하게 되었다.

이리하여 고노에는 스가모형무소 출두 예정인 12월 16일 새벽, "나는 지나사변중일전쟁 이래 많은 정치상의 과오를 범했다. 이에 대해 깊이 책임을 느끼고 있으나, 소위 전쟁범죄인으로 미국의 법정에서 재판을 받는 일은 견디기 어려운 일이다"라는 유서 같은 문장을 남기고 음독자살했다.

고노에를 구금하여 심문할 준비를 하고 있던 검찰국은 그의 자살소식이 전해지자 즉시 조사과장인 B. E. 서킷 중령, L. H. 버나드 소령을 고노에의 집으로 보냈다. 오후 12시 10분에 CIC 담당관 차로 도쿄 오기쿠보荻窪에 있는 고노에 저택에 도착한 서킷 일행은 고노에의 비서 우시바 도모히코牛場友彦의 안내를 받아 그의 유해를 확인했다.

비서가 밝힌 비밀 자료

서킷이 우시바에게 고노에와의 관계를 묻자, 우시바는 1934~1935년

경부터 계속 공적으로 그리고 사적으로 고노에의 비서로 일하고 있다고 대답했다. 이어서 우시바는 서켓에게 고노에가 직접 제작한 중요 자료가 있다는 사실을 털어놓았다. 즉, 우시바도 협력하여 작성한 미일교섭 및 제1차 고노에 내각 등에 대한 고노에의 각종 서류와 1945년 2월에 천황에게 올린 상주문 등의 자료가 있으며, 그것들을 제공할 수 있다고 말한 것이다. 우시바의 이 제의에 대해 서켓은 중요한 증거 자료를 입수할 수 있는 전망이 생겼다는 사실에 기뻐했다. 우시바는 즉시 고노에의 유해가 안치된 침실에서 고노에의 수첩에 쓰인 일기와 각종 자료를 두 개의 꾸러미로 정리하여 서켓에게 제공했다. 필요 없게 되면 반납하겠다는 조건이었다.

그리고 우시바는 "다른 자료가 나오면 제공하겠다"고 말하고, 제공한 자료의 번역과 해설, 대조와 확인에도 협력하겠다고 약속했다. 또 우시바 자신이 알고 있는 공과 사에 걸친 고노에의 친분 관계와 인물에 대한 정보도 제공하기로 약속했다. 참고로 우시바는 도쿄제국대학 졸업 후 옥스포드대학에서 유학했고, 귀국 후에는 태평양문제조사회^{IPR}에서 일했으며 영어가 매우 유창했다. 이후 서켓 일행은 우시바의 통역으로 고노에 부인과 차남인 미치타카^{通隆}에게 고노에 자살을 둘러싼 상황을 묻고, 오후 3시 40분에 입수한 자료를 들고 고노에 저택을 나왔다.

서켓 일행이 우시바로부터 건네받은 고노에 관계 자료는 전부 75점이었다. 이들 가운데는 1926년과 1930년부터 1942년까지 고노에가 매일 가졌던 면접과 회합 예정 등을 간결하게 적은 수첩이 있었다. 그리고 고노에가 구술한 내용을 비서에게 필기하게 한 후 수정한 각종 정치 수기도 있었다. 수기는 「삼국동맹에 대해」, 「제2차 고노에 내각의 총사퇴와 제3차 고노에 내각 성립 경위」, 그리고 「제2 · 3차 고노에 내각의 미일교섭 경위」 등이었으며, 미일교섭의 각서는 주도면밀하게 이미 영어로 번역되어 있었다. 번역은 우시바가 했을 것이다. 이후, 검찰국은 우시바를 통해 가루이자와軽井沢에 있는 고노에 별장에서도 각종 고노에 관계 자료를 입수했다.

고노에의 수기

우시바가 고노에의 자료를 검찰국에 제공한 것은 그의 독단에 의한 것이 아니라, 미리 고노에의 뜻을 받은 것으로 보인다. 12월 17일 자『아사히신문朝日新聞』에 고노에 미치타카近衛通隆, 고노에 후미마로 차남가 담화를 게재했다. 내용은 12월 16일 오전 1시쯤 고노에가 "나는 전쟁 직후 '제2·3차 고노에 내각의 미일교섭 경과', '삼국동맹에 대하여'라는 두 개의 기록을 남겼으므로, 자신은 이 기록에 따라 세계의 공평한 비판을 받고 싶다"고 말했다는 것이다. 고노에는 스스로 목숨을 끊음으로써 도쿄재판에 피고로 출두할 것을 거부하고, 대신 그 자신의 역사를 향한 변명을 미리 준비하여 남겨둔 것이다.

고노에의 수기는 검찰국에 건네졌을 뿐 아니라, 12월 18일 자『아사히신문』에는 이미 「어전 회의御前會議와 미일교섭의 경과」라는 수기가 실렸다. 그리고 같은 신문에 12월 20일부터 11회에 걸쳐 더 상세한 「미일교섭·고노에 공公 수기」라는 글이 게재되었다. 이어 1946년 초에는 잡지『세계문화世界文化』와『자유국민自由国民』에도 고노에의 수기가 등장했고, 이어서 같은 해 4월과 5월에는 각각 고노에의 수기라는 제목으로『평화를 위한 노력平和への努力』일본전보통신사,『잃어버린 정치失われし政治』아사히신문사를 단행본으로 간행했다.

이리하여 각종 고노에 수기는 순식간에 발표되어 널리 유포되었다. 이는 감춰져 있던 태평양전쟁 개전에 이르는 국가 정책의 결정 과정에 대한 진상을 정치의 중심에 있던 당사자가 밝힌 것으로 내외에 큰 반향을 불러오게 된다.

그러나 그 내용은 반드시 '공평'한 것이 아닌, 오히려 고노에 특유의 자기변명을 기조로 한 것이었다. 특히, 고노에는 일본을 파멸적인 태평양전쟁으로 인도한 원흉으로 도조 히데키東条英機와 마쓰오카 요스케松岡洋右의 역할을 강조했다. 반면, 제2·3차 고노에 내각의 최고책임자로서 1941년 7월 2일 어전 회의에서 남진을 위해 대영미전對英美戰을 멈추지 않겠다고 결정한 '정세의 추이에 따른 제국국책요강', 그리고 같은 해 9월 6일 어전 회의에서 10월 하순을 목표로 대미영란전쟁對美英蘭戰爭 준비를 완성한다는 '제국국책수행요령' 등 중대 결정을 초래한 자신의 책임에 대해서는 입을 닦았다.

골칫거리가 된 '정치적 유서'

고노에 수기는 각각 작성된 시기에 차이가 있고, 동일한 내용이라도 부분적으로 문장에 차이가 있다. 『아사히신문』에 게재된 「미일교섭·고노에 공公 수기」는 태평양전쟁 발발 직후에 쓰기 시작하여, 1942년 말에 일단 완성되었다.

고노에는 수기에 대해 "자신의 거짓 없는 정치 고백"이며, "정치적 유서"라고 말했지만 거기에 등장하는 당사자들에게는 골칫거리였다. 특히, 도쿄재판에서 피고가 될 것으로 예상되는 인물들은 수기에 기술된 내용에 대해 각각 대응과 변명을 해야 했다.

고노에 수기를 읽은 전 외상 마쓰오카 요스케는 일찍이 고노에와의 좋은 시절을 회상하면서 고노에의 '배신'에 실망, 낙담했다고 한다. 마쓰오

카 관계자나 마쓰오카 재평가론자들의 고노에 수기를 향한 적대감은 아직도 뿌리가 깊다. 마쓰오카 요스케 전기간행회가 편찬한 『마쓰오카 요스케—그 인물과 생애松岡洋右その人と生涯』講談社, 1974에는 "고노에의 사인은 여러 가지 설이 있지만 결국 자기 체면을 지키기 위한 것에 지나지 않았다. 따라서 고노에는 '수기'에서도 조금의 자기비판도 없이 모든 책임을 다른 사람에게 전가하여 고노에 자신의 본질을 여실히 드러냈다"고 설명했을 정도이다.

한편, 천황도 『아사히신문』에 연재된 고노에 수기를 읽고, 측근에게 "고노에는 자기에게 유리한 말을 하고 있군"이라고 말했다고 한다. 이는 고노에가 「미일교섭·고노에 공 수기」의 말미에서 '통수와 국무의 불일치'를 한탄하며, "특히 통수권 문제는 정부에 발언권이 전혀 없기 때문에 정부와 통수부 양쪽을 꺾을 수 있는 것은 폐하 단 한 분이다. 그럼에도 폐하가 소극적인 것은 평시에는 상관없으나, 화친인가 전쟁인가와 같은 국가 생사의 갈림길에 선 경우에는 장애가 안 된다고는 할 수 없다"는 일종의 천황비판을 썼기 때문이다. 참고로 고노에는 천황이 전쟁책임을 지는 방법에 관해서 전쟁 말기부터 천황퇴위론을 주장했다.

한편, 고노에 가문으로부터 관계 자료를 입수한 직후에 CIC의 소프 준장은 검찰국이 단독으로 자료를 압수하여 CIC의 권한을 침범했다고 서켓을 엄하게 질책했다. 이에 검찰국은 변명을 해야 하는 예상치 못한 장면도 발생했으나, 어쨌든 고노에 수기를 조사와 전범 용의자 심문의 중요 자료로 활용할 수 있는 길이 열렸다. 검찰국에서는 1946년 3월 7일에 S. 호윗츠 법무관이 피고 선정의 중요 자료로 「어전 회의에 대한 각서」를 작성했는데, 이는 고노에 수기 외에도 기도 고이치의 '일기'와 도조 및 시마다 시게타로嶋田繁太郎 해군대장의 심문 내용을 소재로 한 것이었다.

이처럼 고노에 수기가 미친 영향이 매우 컸기 때문에, 고노에 자살에 의한 파문은 여기서 그치지 않았다. 일찍이 「고노에 상주문」 작성에 관여했던 인물들이 고노에의 '유지'를 잇기라도 하듯 다소 음모스러운 형태로 비밀리에 검찰 활동에 협력하고 정보를 제공했기 때문이다.

2. 고노에 측근의 책동

우시바 도모히코의 정보

고노에 후미마로의 비서였던 우시바 도모히코는 고노에가 자살한 1945년 12월 16일에 국제검찰국의 서킷 수사과장과 약속한 대로 검찰국이 압수한 고노에 관계 자료의 확인과 해설에 임했으며, 다른 관련 정보도 제공했다.

1946년 1월 8일, 검찰국의 J. B. 알렉산더 육군소위는 우시바로부터 일본 군사조직의 권한 체계 및 수상과 군부의 관계에 대해 설명을 들었다. 우시바는 조직적으로 보면 육군대신과 참모총장은 수상의 통제 아래 있지만 사실상 이들은 동일한 지위에 있었다고 말했다. 또한 그는 "더구나 참모총장은 천황 직속이었다. 육군대신 아래에는 육군차관이 있고, 또 각국 국장이 있지만 가장 중요한 역할을 수행하는 것은 군무국, 구체적으로는 군무과였으며, 참모본부에서는 작전과가 중요하다. 그리고 '육군 군벌'이 육군대신과 참모총장, 나아가서는 대본영을 지배했기 때문에 수상도 압박할 수 있었다. '육군 군벌'은 구성원을 육군조직의 중요한 자리에 배치하여 그 지배력을 행사했다"고 설명했다.

이상은 1월 19일 자 알렉산더의 보고에 있는 우시바의 설명이다. 검찰국에서는 이미 피고 선정을 위해 '육군 군벌'을 작업 그룹 'F'로 설정하여 관계 파일을 만들고 있었기 때문에 우시바의 설명은 수사 방침에 합치했다. 이후의 과제는 '육군 군벌'의 중심적인 인물을 추출해 내는 일이었다.

또한 1월 10일, 우시바는 알렉산더에게 미일교섭에서 고노에 수상과 마쓰오카 외상의 의견 차이에 대해 설명했다. 우시바는 개인적인 견해라고 양해를 구하고, 마쓰오카가 미일교섭 성립에 적대적인 태도를 취한 것은 그가 유럽을 방문했을 때 독일 당국자에게 일본 본국의 움직임과는 맞지 않는 의견을 이미 언급했기 때문인지도 모른다고 말했다. 그리고 마쓰오카의 동향에 대해서는, 그가 유럽을 방문했을 때도 동행했던 외무성의 가세 도시카즈加瀬俊一에게 사정을 물어야 한다고 밝혔다. 우시바는 "가세는 정보국 보도부장을 그만둔 지 얼마 안됐지만, 유능한 인물로 마쓰오카의 신뢰가 두터워 마쓰오카로부터 개인적인 자료도 받아뒀을지 모른다"고 말했다.

이어 우시바는, 고노에가 말한 바에 따르면 마쓰오카가 미일교섭의 진전 상황을 도쿄의 독일대사관에 알렸다고 말했다. 또 고노에와 마쓰오카에 대해서는 정치평론가인 이와부치 다쓰오岩淵辰雄가 여러 편의 글을 썼기 때문에 '육군 군벌'에 대해서도 자세히 설명할 수 있다고 말하면서 이와부치로부터 사정 청취할 것을 권했다. 고노에 인맥에 직접 연결되는 이와부치를 검찰국에 소개한 것이다. 어쨌든 우시바의 정보는 고노에 수기의 기본적인 짜임에 따라 도조 등 '군벌'의 역할과 미일교섭에서 마쓰오카의 책임에 초점을 맞춰서 검찰 활동에 영향을 준 것이라 할 수 있다.

이와부치에 대해 부연하면, 그는 와세다대학 중퇴 후 『국민신문国民新聞』, 『요미우리신문読売新聞』 등에서 오랫동안 정치 기자로 일했으며, 1941년에는 『중신론重臣論』高山書院, 『현대일본정치론現代日本政治論』東洋經濟新報社을 발표했다. 태평양전쟁 중에는 도조 정권에 비판적이었기 때문에, 2·26 사건으로 몰락한 육군 파벌인 '황도파皇道派'[5]의 영수 마사키 진자부로真崎甚三郎 육군대장을 내세워 고노에와의 연락책이 되어 반도조 세력의 결집에 일조했다. 이와부치는 전 주영 대사인 요시다 시게루吉田茂와 다나카 기이치田中義一 수상의 비서관을 지낸 우에다 슌키치殖田俊吉 등과 함께 고노에·마사키 그룹의 일각을 구성했으며, 1945년 2월의 「고노에 상주문」 작성에도 가담했다.

'황도파'의 원한

「고노에 상주문」에는 '통제파統制派'[6]에 의해 축출된 '황도파'의 이데올로기와 원한이 짙게 반영되어 있다. 거기에는 '생활의 궁핍, 노동자 발언권의 증대, 영미에 대한 적개심으로 형성된 친소 분위기, 군부 내 혁신운동 세력, 여기에 편승하는 이른바 신관료新官僚 운동 및 이를 배후에서 조종하는 좌익분자의 암약'이라는 도식으로 공산혁명 달성을 위한 국내적 조건이 성숙했음을 경고하고 있다.

이는 현실에서 망상이라 할지라도 고노에 그룹이 인식한 위기의식의 원점이 되었다. 그리고 상주문은 '국체보존'[7]을 위해 하루라도 빨리 전쟁 종결을 도모해야 한다고 주장했다. 만주사변 이래 계속 시국을 이끌어 온 군부 일파를 일소하고, '황도파'계의 군인을 등용하여 군부의 재정비를

---

5   **[역주]** 대내적으로 천황친정의 국가개조를 주장하고, 대외적으로 소련을 주적으로 삼은 일본 제국 육군의 파벌이다. 통제파와 대립노선에 있다.

6   **[역주]** 통제파에 비해 군내의 법률통제와 권위주의적 자본주의, 입헌군주제의 유지 또는 강화를 주장했던 일본 제국 육군의 파벌. 황도파와 대립노선.

7   **[역주]** 國體, 주권이 어디에 있느냐에 따라 분류한 국가형태를 의미하지만, 근대 일본은 메이지유신 이후 메이지헌법과 교육칙어를 통해 천황이 영구히 통치권을 총람한다고 규정하면서 국체는 천황 또는 천황제를 의미한다.

실현해야 한다고 진언했다. 그러나 군 당국이 「고노에 상주문」을 감지하여 1945년 3월에 헌병대가 요시다, 이와부치, 우에다 세 명을 '유언비어유포'와 '군기보호법 위반' 용의로 검거하여 5월 말까지 구류했다.

일본의 패전은 이 그룹의 활동 재개를 이끌었다. 특히 이와부치는 왕성한 언론 활동을 펼쳤다. 1945년 11월에는 『요미우리신문』에 「일본 붕괴사의 단면」 시리즈의 일환으로 「군벌 파쇼를 무찌르다」, 「관료파쇼의 계열」 등의 논평을 게재했다. 이어서 「기도 내대신의 책임—개전 전야」, 「헌법개정과 고노에 공」『新生』, 1945.11·12, 「고노에와 기도」『世界文化』 창간호, 1946.1 등을 차례로 발표하였으며, 『중앙공론中央公論』에 1946년 1월호부터 「군벌의 계보」를 연재했다.

이와부치가 쓴 일련의 논평들은 전형적인 황도파 사관에 입각한 것이다. 그는 「고노에 상주문」의 논리를 부연하여 만주사변 전후에 발생한 3월사건과 10월사건의 쿠데타 계획부터 설명하면서, '통제파'계 '군벌'의 제패 과정과 전쟁확대 모략에 대해 비판했다. 그는 1935년 7월에 내려진 마사키眞崎甚三郎 교육총감의 경질이야말로 군부전제의 시대époque라고 강조했다. 그리고 군부 세력을 조장한 중심 인물은 바로 도조와 결탁한 기도 고이치木戸 幸一 내대신이라고 지적했다. 기도야말로 일찍이 친구였던 고노에의 성격적 약점을 이용하여, 정치적 야심을 위해 군을 제압하기는커녕 반대로 군과 제휴하여 일본을 붕괴로 이끌었다는 것이이와부치의 결론이다.

'황도파' 대변인으로서 이와부치는 기도에 대해 적지 않은 적대감을 가지고 있었다. 그는 기도가 육군 통제파와 끊임없이 연락을 취하면서 나가타 데쓰잔永田鉄山을 비롯하여 데라우치, 스기야마 하지메杉山元, 우메즈, 도조 등 통제파를 일관되게 지지해 왔다고 기록했다. 뿐만 아니라 "기도는 육군 황도파라 칭하는 아라키荒木貞夫, 마사키를 극단적으로 혐오했으며, 특히 마사키에 대해서는 원수처럼 악감정을 품고 있었다"는 문장으로 적대감을 단적으로 드러냈다.「고노에와 기도」, 앞의 책

검찰국은 이와부치와 접촉하여 『중앙공론』에 연재한 그의 논문을 제공받았다. 이 정보는 검찰국이 '육군 군벌'의 중심 인물을 색출해내는 데 유용한 참고 자료가 되었다. 그리고 이와부치는 이와는 별도로 검찰국에 각서를 제출했는데, 거기에는 도조의 직계 심복으로 도조 내각이 발족했을 때 강경한 주전론자들의 중심 인물이었던 사토 겐료佐藤賢了 육군성 군무국 군무과장의 역할을 특별히 기술했다. 그리고 도조의 심복 관료로 무토 아키라武藤章, 다나카 류키치田中隆吉, 도미나가 교지富永恭次 등의 이름도 열거했다.

우에다 슌키치殖田俊吉의 걱정 요시다 시게루와 멀어진 관계

한편,「고노에 상주문」에 관여한 인물들이 검찰 활동에 협력한 것은 이와부치에 그치지 않았다. 이와부치의 '동지'인 우에다 슌키치가 이 시기에 몰래 점령당국과 접촉하여 기괴하다 할 정도의 활동을 하고 있었다.

우에다는 도쿄제국대학 법과를 졸업하고 대장성大藏省에 들어가 다나카 기이치의 조카와 결혼한 인연으로 다나카 내각의 수상비서관에 등용되었다. 다나카 내각이 붕괴한 후에는 척무성拓務省 식산국장을 역임했으나, 1933년 관동청關東廳 재무국장을 끝으로 관료직을 떠나 이후 힘든 낭인 시절을 보냈다.

우에다가 1946년 2월에 CIC에 보낸 정보에 따르면, 그는 2·26사건 후 육군의 '비밀 그룹'이 극비로 작성한 「정치행정기구 개혁안」을 입수했다고 한다. 이후 상황을 살펴보면, 우에다는 그 계획이 일본의 '적화'에 있

다는 데 놀라 1938년에 런던에서 귀국한 요시다 시게루에게 보여주었다. 요시다는 이에 그다지 흥미를 보이지 않았으나, 그의 장인인 전 내대신 마키노 노부아키牧野伸顯에게 우에다를 소개했다. 그리고 우에다가 강조했던 육군의 '비밀 그룹'에 의한 일본의 '적화' 위기에 동감한 것이 고노에였고, 고노에가 자신에게 설득되어 천황에게 이러한 사실을 전한 것이 「고노에 상주문」이라는 것이다.

우에다가 요인들에게 '적화'의 위기를 설명하기 위해 근거로 사용한 「정치행정기구 개혁안」은, 육군 군인 이시와라 간지石原莞爾가 일원으로 참가한 일만재정경제연구회日滿財政經濟研究會가 작성한 것이다. 우에다는 패전 후에도 기를 쓰고 육군 '비밀 그룹'과 연결된 정부 관료를 고발했다. 뿐만 아니라 요시다가 외상으로 재임한 히가시구니노미야 나루히코東久邇宮稔彦와 시데하라 기주로幣原喜重郎 내각의 각료나 관계자 중에도 해당자가 있다고 주장했으나, 요시다가 동조하지 않아 두 사람의 관계가 소원해졌다고 한다.

요시다는 우에다에게 "미국인에게 많은 것을 말해선 안 된다"고 말했는데, 우에다는 미국인이 일본 육군과 정부의 책략을 모두 알아야 한다고 응수하고 점령군에게 적극적으로 접근했다. 우에다가 비밀리에 접촉한 것은 도쿄지구의 CIC 제80부대로, 그는 먼저 '정치계의 흑막'이라고 불린 추밀고문관 이자와 다키오伊沢多喜男를 공격하는 정보를 제공했다.

우에다의 정보를 채용한 것은 CIC 조사분석과장 E. H. 노먼이었다. 노먼은 1945년 12월 19일 자로 「이자와 다키오 — 일본의 흑막」이라는 보고서를 작성했다.[8] 보고서는 우에다 정보를 이용하여, 내무 관료 출신이자

---

8   『ハーバート・ノーマン全集』제2권, 353~366쪽.

귀족원 의원이었던 이자와가 고급 관료를 중심으로 '이자와 파벌'을 만들었다는 내용으로 시작한다. 그리고 마침내는 육군과 연결하여 도조 정권을 지지했으며, 패전 후에도 시데하라 내각의 조각에 양향력을 발휘했다는 등 이자와의 반동적인 역할을 경고하고 있다.

맥아더 앞으로 온 투서

그리고 같은 해 12월 19일에 맥아더 앞으로 「귀환자 1인」이라고 쓴 투서가 왔다.

맥아더 원수 각하

각하, 일본 재건과 민정 안정을 위해 주야로 진력을 다하시는 점에 대해 국민으로서 감사드립니다. 전쟁범죄인으로서 인류의 복지를 저해한 수많은 군인정치가들에게 체포 명령을 발령한 것은 진심으로 당연하다고 생각합니다. 그러나 관료의 중심 인물 중에서도 가장 높은 위치에 있는 추밀원고문관 이자와 다키오가 아직 체포 명령을 받지 않은 것은 국민 모두 기이하다고 느끼고 있습니다.

그는 고토 후미오後藤文雄, 이미 체포 명령, 마루야마 쓰루키치丸山鶴吉, 대정익찬회 사무총장, 동북지방 총감, 요코야마 스케나리橫山助成, 익찬회 사무총장, 귀족원 의원, 쓰기타 다이자부로次田大三郎, 현 서기관장, 가라사와 도시키唐沢俊樹, 도조 내각의 내무차관, 귀족원 의원, 고바야시 지로小林次郎, 귀족원 서기관장, 귀족원 의원와 같은 관료들을 막 부리면서 횡포가 극에 달했습니다. 이자와는 도조 내각의 유일한 지도자로서 도조가 몰락할 때까지 정책 수행에 광분했습니다. 이자와는 도조 및 기도 내대신과 함께 2년 8개월 동안 수명을 같이 했기 때문에 도조와 같은 죄입니다. 고토 이하 관료의 죄와 악은 모두 이자와의 지휘로 행한 것입니다.

이 투서는 익명이었지만 우에다가 노먼에 제공한 정보와 내용이 중복되어 있으므로 우에다 자신이 쓴 것이라고 판단해도 좋을 것이다. 이자와의 차남으로 극작가인 이자와 타다스飯沢匡에 의하면, 이자와에 대한 우에다의 적의는 일찍이 타이완총독부 식산국장에서 해고됐을 때를 원망한 사적인 것이라고 한다.

'비밀 그룹'의 고발

우에다의 집요한 전범 고발은 여기서 그치지 않았다. 그는 무려 육·해군인, 정부 관료 합계 78명의 이름을 쓴 전범 목록을 CIC에 제출했던 것이다. 1946년 2월 12일 자 CIC도쿄지구 제80부대의 극비 보고에 따르면, 우에다는 '대동아전쟁' 전에 육해군과 정부기관에 있으면서 음모를 짜냈다는 이유 등으로 전범 목록에 들어가야 할 인물을 고발했다. 인명은 대부분 스가모형무소에 아직 구금되지 않은 인물들이었다.

육군에서는 데라우치 히사이치寺内寿一, 이타가키 세이시로板垣征四郎, 오카무라 야스지岡村寧次, 우메즈 요시지로梅津美治郎, 이시와라 간지石原莞爾, 무토 아키라武藤章, 사토 겐료佐藤賢了, 가와베 마사카즈河辺正三, 가와베 도라지로河辺虎四郎, 도미나가 교지冨永恭次, 기무라 헤이타로木村兵太郎, 아키나가 쓰키조秋永月三, 이케다 스미히사池田純久, 아리스에 세이조有末精三, 가게사 사다아키影佐禎昭, 가타쿠라 다다시片倉衷, 누마타 다카조沼田多稼蔵, 네모토 히로시根本博, 이마무라 히토시今村均, 다다 하야오多田駿, 와치 다카지和知鷹二, 다나카 류키치田中隆吉, 이와쿠로 히데오岩畔豪雄, 쓰지 마사노부辻政信 등 총 30명이다.

해군은 오카다 게이스케岡田啓介, 요나이 미쓰마사米内光政, 오이카와 고시로及川古志郎, 요시다 젠고吉田善吾, 나가노 오사미永野修身, 도요다 데이지로豊田貞次郎, 오카 다카즈미岡敬純, 이시가와 신고石川信吾, 다카기 소키치高木惣吉 등

11명이다. 단, 우에다는 해군의 정책을 결정한 해군장관들의 책임은 육군에 반대하거나 반전 입장을 일관되게 펴지 못하고 소극적이었다는 점에 있다고 코멘트를 붙였다.

한편 「고노에 상주문」을 이유로 우에다 등을 검거한 헌병대 관계자 가토 하쿠지로加藤泊治郎, 오타니 케이지로大谷敬二郎, 시카타 료지四方諒二 등 6명의 이름도 있었다.

그리고 정부 관료는 각료경험자에 고토 후미오後藤文夫, 이시와타 소타로石渡荘太郎, 요시다 시게루吉田茂, 외무 관료 요시다 시게루와 다른 사람으로 요나이 미쓰마사 내각 후생대신, 쓰기타 다이자부로次田大三郎, 시게미쓰 마모루重光葵, 후지누마 쇼헤이藤沼庄平, 요시자와 겐키치芳澤謙吉, 아리타 하치로有田八郎, 엔도 류사쿠遠藤柳作, 히로세 히사타다広瀬久忠, 모리야마 에이이치森山鋭一, 무라세 나오카이村瀬直養, 유자와 미치오湯澤三千男가 포함되어 있었다. 또 내무 관료에는 마루야마 쓰루키치丸山鶴吉, 요코야마 쓰케나리橫山助成, 후나다 나카舩田中가, 외무 관료에 가와이 다쓰오河相達夫, 구리하라 다다시栗原正, 마쓰모토 슌이치松本俊一, 오하시 주이치大橋忠一가 있었다. 한편, '혁신 관료'로 각광을 받던 인물로는 사코미즈 히사쓰네迫水久常, 모리 히데오토毛里英於菟, 미노베 요지美濃部洋次, 오쿠무라 기와오奧村喜和男, 시이나 에쓰사부로椎名悦三郎 등 총 31명의 이름이 있었다. 이들 78명에 대해 우에다는 모두 육군 '비밀 그룹'의 일원이거나 또는 그 부하였던 인물이라고 확실하게 말했다.

이상의 우에다 정보에 의한 CIC 보고는 검찰국으로 보내서 3월 2일자 참고 자료로 파일을 만들었다. 검찰국 문서의 말미에는 "우에다는 민간첩보국CSI, 국장은 CIC 부장인 E. R. 소프가 겸임의 극비 정보 제공자임을 유의해야 하며, 함부로 접촉을 해서는 안 된다"고 기술해 놓은 것이 인상적이다.

요시다 내각과 이시바시 탄잔石橋湛山

「고노에 상주문」의 나머지 관계자들 중에서 요시다 시게루의 동향이 맘에 걸리기는 하지만, 요시다가 은밀하게라도 우에다의 전범 고발에 관여했던 흔적은 없다. 오히려 우에다가 CIC에 말한 바에 따르면, 앞서 말한 것처럼 요시다와 우에다 사이가 소원해졌다고 한다. 그러나 여담이지만, 후에 요시다가 내각을 조직하고 우에다와 이와부치를 미묘한 관직에 등용했다는 점이 마음에 걸린다.

우에다는 제1차 요시다 내각1946.5~1947.5에서 부흥금융금고감사, 공직자격소원위원회 위원에 임명되었고, 1948년 10월부터 시작된 제2·3차 요시다 내각에서는 행정관리청 장관, 법무총재에 발탁되었다. 또 이와부치는 제1차 요시다 내각에서 귀족원 칙선의원에 임명되었으며, 1947년 1월에는 중앙공직적부심사위원회 위원에 임명되었다. 즉, 우에다와 이와부치 모두 요시다에 의해 공직추방 관계기관 위원에 임명된 것이다.

고지마 나오키小島直記는 저서『이단의 언설·이시바시 탄잔異端の言説·石橋湛山』新潮社, 1978에서, 전쟁 중에『동양경제신보東洋経済新報』에서 기개있는 자유주의자로 저항의 논설을 피력하였고 제1차 요시다 내각에서는 대장상大蔵相, 현 재무대신이 된 이시바시 탄잔이 1947년 5월 17일에 갑자기 공직추방 조치를 받은 이면에는, 요시다나 그 측근인 우에다 슌키치의 획책이 있었다고 증언하고 있다. 그러나 마스다 히로시増田弘의『이시바시 탄잔―점령 정책에 대한 저항石橋湛山―占領政策への抵抗』草思社, 1988, 강극실姜克實의『이시바시 탄잔의 전후石橋湛山の戦後』東洋経済新報社, 2003에서는 이시바시 추방에 대한 요시다 그룹의 획책을 언급하지 않았다. 반면 이시바시 추방의 진실은 이시바시가 점령 정책에 복종하지 않고 점점 비판적이었기 때문에, GHQ의 민정국GS에서 강경하게 공직추방 대상으로 주장했다는 것이다.

마스다 씨는 "요시다가 정말 GHQ에 손을 써서 이시바시의 추방을 유도했는지, 그렇지 않으면 GHQ가 이시바시를 추방하고자 하는 움직임을 알면서도 일부러 그것을 저지하지 않고 이시바시 측에도 알리지 않고 방관했는지"라고 언급하면서, 후자의 가능성이 크다고 말하고 있다.增田, 앞의 책, 170쪽. 마스다 씨는 "총리, 총재의 자리를 노리는 경쟁자이므로 요시다에게 이시바시의 해임은 자명했을 것"이라고 지적하고 있다.增田, 앞의 책, 162쪽. 요시다가 자기보신을 위해 이시바시의 추방을 묵인했다는 것이 진실에 가깝다고 할 수 있다.

어쨌든 이와부치와 우에다 모두 일찍이 고노에·마사키 그룹의 일원으로 전범 고발이라는 미묘한 활동을 했다. 그리고 결국 요시다 수상의 측근으로 연합국의 전쟁책임 추궁 정책의 일환인 공직추방 정책의 일각을 장식했다. 「고노에 상주문」은 그 관계자의 인맥을 통해 일본의 전후 정치사에도 이해할 수 없는 그림자를 드리우고 있었던 듯하다.

3. 요시다 시게루와 하토야마 이치로

검찰국 역사과 문서

1945년 12월, 국제검찰국이 활동을 시작할 당시 요시다 시게루는 시데하라 기주로幣原喜重郎 내각의 외상外相이었다. 검찰국은 증거용 자료 수집에 종사하고 있었는데, 1946년 3월이 되어서야 요시다 외상과 만나 외무성의 중요 자료를 입수하게 되었다.

요시다와의 만남은 같은 해 3월에 있었던 검찰국 직원과 한 외무성 관리와의 간담회가 발단이 되었다. 그 자리에서 외무성 관리는 삼국동맹에는 비밀협정 부수문서가 있다는 점을 흘렸고, 그 부수문서는 현재도 외무성에 보존되어 있을 것이라고 말했다. 이에 검찰국이 특별히 요청하자, 외무성은 그 부수문서를 제공했다.

처음에 검찰국은 외무성의 중요 자료가 이미 소각되었다고 생각했으나, 문서가 남아 있다는 것을 알고 요시다 외상과 접촉하여 외무성이 갖고 있는 다른 외교문서를 입수할 수 있을지 타진했다. 요시다는 이 요청에 협력적이어서 외무성이 보유하고 있는 중요 자료의 대부분을 검찰국에 제공했다. 이로 인해 검찰국은 검찰 활동의 승부수가 될 상당한 증거 자료를 확보할 수 있었다. 이상의 내용은 1947년에 작성된 것으로 생각되는 검찰국 역사과의 문서에 기록된 것이다.

요시다의 알선으로 검찰국이 입수한 외무성 자료는 태평양전쟁 개전을 둘러싼 미일교섭 관계를 비롯하여 방대한 것이었다. 요시다는 자료 제공을 통해 검찰 활동에 큰 공헌을 한 것이다.

요시다의 뻔뻔한 책임 회피

4월 1일, 요시다는 검찰국의 R. T 해머에게 조사를 받았다.[9] 해머가 작성한 심문 요약에 따르면, 요시다는 먼저 1927년 6월 말에 다나카 기이치田中義一 내각이 개최한 동방 회의에 대해 대답했다. 요시다는 정확하게 기억할 수 없다고 양해를 구하면서, 회의는 1928년인지 1929년경에 열렸다고 언급한 후 출석한 사람의 이름을 열거했다. 그리고 회의의 목적은 당시 만주를 둘러싼 중일 간의 분규를 논의하는 것이었다고 설명했다. 또한 "회의는 정당정치 시대였기 때문에 다나카 정우회政友會 내각이 야당인

---

9   『IPS尋問調書』 제47권, 319~332쪽.

민정당民政黨의 협력외교에 대항하기 위해 중국에 강경한 자세를 취한다는 선언적 의미도 있었다"고 말했다.

동방 회의의 역사적 역할은 중국 본토로부터 만몽滿蒙을 분리하는 정책을 세우고, 다나카 내각의 무단적인 대중국강경노선을 확립하여 중국 침략에 한발 나아간 것이다. 당시 요시다는 펑텐奉天 총영사로 모리 쓰토무森恪 외무정무차관과 함께 강경론의 대표자였다. 그러나 요시다는 동방 회의 개최가 1927년이었는데 심문에서는 "28년인가 29년"이라고 불분명하게 답하고, "자신은 당시 스웨덴 공사였는데 회의에 출석하기 위해 도쿄에 돌아왔다"고 말했다.

요시다의 스웨덴 공사 발령은 1928년 3월이었으나, 요시다는 실제로 부임하지 않고 같은 해 7월에 다나카 내각의 외무대신이 되었다. 요시다의 회답은 사실과 맞지 않는데, 이는 기억의 차이보다는 동방 회의에서 요시다 자신이 펑텐 총영사로서 행한 적극적인 역할을 은폐하기 위한 거짓말이었을 것이다. 부임하지도 않은 스웨덴 공사 재임을 언급한 것을 보면 요시다도 꽤나 뻔뻔함을 발휘했다.

이어서 요시다는 다나카 기이치 수상이 동방 회의 직후인 1927년 7월에 천황에게 상주했다고 하는 「다나카 상주문」에 대해서 중국이 선전을 위해 만든 위조문서였다고 답했다. 이어서 요시다는 "1939년 3월 주영대사를 사직하고부터 공직에 취임하지 않았기 때문에 전쟁확대의 모략에 대해서는 풍설밖에 모른다"고 말했다. 그리고 1936년 1월에 히로타 고키広田弘毅 외무대신이 중국에 대해 선언한 '히로타 3원칙広田三原則'의 의회 연설과 일소중립조약 조인 후 마쓰오카 요스케松岡洋右 외무대신이 서구에 강경외교성명을 발표한 것에 대해서도 질문을 받았으나, 모두 기억하지 못한다고 대답을 회피했다. 그는 미일개전 전의 어전 회의에 대해서는 고노에 수기를 참조해야 한다고 언급했으며, "재벌이 전쟁을 지지하거나, 육군의 팽창 정책에 관여한 사실은 없다"고 단언하기도 했다.

요시다는 개인의 책임 추궁에 관한 발언을 피하려고 했지만, 유일하게 기도 고이치木戸幸一에 대해서는 예외였다. 요시다는 "기도는 제3차 고노에 내각이 붕괴했을 때, 천황에게 후임 수상으로 도조를 추천한 것에 대해서는 아마 책임이 있다고 생각한다"고 애매한 표현으로 답했다. 요시다도 일찍이 고노에 그룹의 일원이었기 때문에 여기에서 기도의 책임을 암시한 것이다.

하토야마 이치로鳩山一郎의 '음모' 사관

요시다와 관련해서 정당정치가인 하토야마 이치로와 검찰국의 접촉도 소개해 둔다. 하토야마도 태평양전쟁 중에는 정치적으로 고노에 그룹에 가까운 위치에 있었고, 전후 정치사에서 하토야마와 요시다의 인연도 있어서 항상 비교하는 경우가 많기 때문이다.

하토야마는 패전 직후부터 옛 동지인 구동교회舊同交會 그룹을 모체로 신당운동을 개시하여 1945년 11월 9일에는 일본자유당을 결성하여 총재에 취임했다. 전시 중에 의회 내에서 도조 비판파였던 하토야마는 핍박을 당해야 했지만, 패전 후에는 정치적 자유를 얻어 정권 획득을 위해 왕성하게 활동했다.

그는 점령군이 전쟁책임을 추궁하겠다는 자세를 확실하게 하자, 의회 활동을 했던 사람들에 대해서는 악명 높은 도조 내각의 익찬선거翼贊選擧와 익찬정치회翼贊政治會 및 대일본정치회大日本政治會를 주도한 인물에 한정하여 전쟁책임을 강조했다. 그리고 다른 한편으로 공공연하게 활동을 재개한 일본공산당과 공산주의 세력의 위협을 종종 언급했다.

1946년 2월 20일, 하토야마는 도쿄의 아카사카赤坂에 있는 이시바시 쇼지로石橋正二郞 저택에서 검찰국에 근무하는 D. 플래밍 대위에게 조사를 받았다. 플래밍이 남긴 메모에 의하면, 하토야마는 일찍이 젊은 정부 관료가 청년 장교와 결합하여 전쟁열을 고취시키고, 초국가주의적인 감정을 확장시키고자 했다고 진술했다. 한편 공산주의자도 전쟁열을 고양하기 위한 선전을 했는데, 이는 일본의 패전을 초래하여 그들의 정치적 입장을 다지기 위한 것이었다고 말했다.

그리고 하토야마는 "기획원이 기획한 상업 및 산업에 대한 전면적인 국가통제계획을 본 일이 있는데, 이것은 결과적으로 공산주의 통제와 다름없었던 바 기획원은 공산주의적인 목적을 가지고 있었다"고 말했다. 나아가 "개전에 대해 직접 책임을 져야 하는 인물은 누구인가"라는 질문을 받자, 그는 "확실한 증거 자료를 제공할 수는 없지만"이라고 미리 양해를 구하고, 도조와 육군성 군무국의 무토 아키라, 사토 겐료 등 3명의 이름을 언급했다. 하토야마는 고노에 그룹과 마찬가지로 전시국가통제를 "아카赤, 빨갱이"라고 단정하고, 그 배후에 있는 공산주의자의 음모를 특히 강조했다.

검찰국과의 접촉 이후에 하토야마는 자유당을 이끌고 1946년 4월에 개최한 패전 후 제1회 총선거에 출마했다. 선거 결과, 자유당이 제1당이 되어 염원이었던 하토야마 내각 출현이 눈앞에 다가온 것처럼 보였다. 그러나 하토야마는 도쿄재판이 개정한 5월 3일에 GHQ의 지령으로 공직추방 명령을 받아 지위에서 물러나야 했다. 정계의 뒷면에서는 일찍부터 하토야마의 공직추방 문제가 거론되고 있었는데, 결국 GHQ는 하토야마에게 치안유지법을 개정한 다나카 기이치 내각 서기관장으로서의 정치 책임, 사이토 마고토齋藤實 내각의 문부대신으로서 다키가와 유키토키滝川

幸辰 교토대학 교수 탄압사건[10]에 대한 책임, 중일전쟁 시 중국 침략을 인정하는 언동 등을 이유로 공직추방령에 해당한다고 판단했다. 전쟁책임은 태평양전쟁 중의 사건에만 적용된다고 생각했던 하토야마에게는 뼈아픈 큰 오산이었다.

당수를 잃은 자유당은 장기간의 분규 끝에 당외에서 요시다 시게루를 총재로 맞이하여 5월 22일에 제1차 요시다 내각을 성립했다. 과거 하토야마와 요시다는 다나카 기이치 내각에서 함께 중요한 역할을 했지만, 하토야마의 실각과 요시다의 정계 입문은 전후 정치사에서 확연히 다른 출발점이 되었다.

어둠 속으로 사라진 장쭤린張作霖 폭살사건의 극비 자료

추방 직후 실의에 빠진 하토야마는 다시 한번 국제검찰국과 접촉했다. 그는 검찰국의 J. S. 윌리암슨에게 "과거의 약속에 의거하여"라고 하면서, 사람을 통해 '다나카 기이치 내각의 사직부터 만주사변 사이에 관한' 서류를 보냈다.[11] 하토야마가 제공한 것은 1928년 6월에 발생한 장쭤린 폭살사건을 둘러싼 극비 자료였다. 그 안에는 시라카와 요시노리白川義則 육군대신이 다나카 수상 앞으로 보낸 보고서 및 다나카 수상과 시라카와 육군대신이 천황에게 보낸 '내주복사본', '상주안' 등과 함께 「다나카 내

---

10 **[역주]** 1933년 4월, 내무성은 다키가와의 저서 『형법강의(刑法講義)』 및 『형법독본(刑法読本)』에서 「『부활』을 통한 톨스토이의 형법관」에 대해 내란죄와 간통죄에 관한 견해 등을 이유로 출판법 제19조에 의해 발매금지처분을 내렸다. 다음 달에는 사이토 내각의 하토야마 문부대신이 고니시 시게나오(小西重直) 교토대 총장에게 다키가와의 파면을 요구했다. 이에 교토대 법학부 교수회와 고니시 총장은 문부대신의 요구를 거절했지만, 5월 25일에 문부성(文部省)은 관리의 신분보장에 관한 칙령인 문관분한령(文官分限令)에 따라 다키가와의 휴직처분을 강행한 사건이다.
11 國際檢察局文書 Entry 329 "Evidentiary Documents" No. 2316~2322.

각과 장쮜린 폭살사건」이라는 하토야마의 수기가 포함되어 있었다.

그러나 이 하토야마의 수기는 기묘하게도 다나카 수상이 장쮜린 폭살사건의 처리를 서툴게 했다는 이유로 천황에게 질책을 받고 내각총사직을 해야 했던 역사적 사실을 은폐하기 위해서 각 자료의 순서를 바꾸어서 허위로 해석하고 있다.[12] 마침 도쿄재판에서 검찰국이 다나카 내각의 중국 침략 정책을 문제삼고 있었기 때문에, 하토야마는 장쮜린 폭살사건에 대한 책임은 군부 특히 관동군에 있고, 다나카 내각은 여기에 관여하지 않았다는 것을 변명하기 위해 허위의 설명을 붙인 것이다.

하토야마는 검찰 활동에 협력할 자세를 보였지만, 다나카 내각의 중국 정책을 변명하기 위해 농간도 부린 것이다. 그리고 제공한 자료 자체는 시라가와 육군대신이 천황에게 보낸 '내주복사본'에 장쮜린 폭살의 주모자가 관동군 참모였던 가와모토 다이사쿠河本大作였다는 것이 확실하게 언급되어 있는 등 제1급 정치 자료였다. 그러나 검찰국은 이 자료를 법정 증거로는 사용하지 않았다. 이미 검찰국은 천황 면책 방침을 결정한 상태인데 하토야마가 제공한 자료는 사용하기에 따라서는 '양날의 검'으로 천황의 전쟁책임을 다시 문제삼는 원인이 될 가능성도 있었기 때문이다. 그렇다는 것은 이 자료에 다나카 수상이 상주한 내용을 보고 천황은 장쮜린 폭살의 하수인이 일본 군인이었다는 것을 충분히 알고 있었다는 사실이 명백하게 기록되어 있었다는 것이다.

이와 같이 하토야마가 제공한 자료는 요시다가 제공한 외교문서와는

---

12 粟屋憲太郎, 「張作霖爆殺の真相と鳩山一郎の嘘」, 『中央公論』, 1982.9에 상세하게 기술하고 있으며, 이 논문에 가필하여 粟屋憲太郎, 『東京裁判論』에 수록하고 있는데 다나카 기이치의 상주에 대해 나가이 가즈(永井和) 씨로부터 비판을 받아 해당 부분을 수정했다.

달리 검찰국에 의해 법정 자료로 활용되지 못하고, 역사의 어둠 속으로 묻혀버렸다. 요시다와 하토야마가 제공한 자료에 대해서 검찰국이 판단한 대조적인 이용가치는, 점령군의 전쟁책임 추궁 정책에 직면해서 이 둘이 견준 '행운'과 '불운'을 암시하는 것 같다.

고노에 주변의 전쟁책임관

여기까지 고노에 후미마로 자살의 여파를 고노에 인맥과 관련된 사람들의 언동을 통해 살펴보았다. 각 인물의 발언에 의해 미묘한 차이가 있으므로 그들의 전쟁책임관의 특징을 간단하게 정리해 둔다.

먼저 전쟁책임 문제를 무엇보다 태평양전쟁 시기, 즉 제3차 고노에 내각이 총사직하고 도조 내각이 성립한 시기[1941.10.18] 이후의 문제로 제한하고자 하는 자세이다. 이 시기라면 고노에는 전쟁지도나 정치의 중추적인 위치에서 제외되었으며, 전쟁 말기에는 '종전공작'을 펼쳐 고노에 그룹의 일원이 헌병대에 검거된 실적까지 있다. 고노에 그룹이 '평화주의자'라는 인상을 만들어낼 수 있는 최적의 시기이다.

그렇지만 태평양전쟁 개전 전까지 중요한 시기에 세 번이나 내각을 조각한 고노에의 정치적 역할을 문제삼지 않을 수 없다. 이와부치 다쓰오에 의하면, 고노에는 자기의 정치적 의견을 관철시킬 만한 의지와 용기가 없어서, 실제 정치에서는 일반인들의 기대와 반대로 군부가 요구하는 대로 거의 괴뢰 정부처럼 끌려다녔다. 동시에 관료와 재벌의 옹호자로서의 역할을 했을 뿐, 마지막에 그가 미일전쟁에 반대했을 때를 계기로 완전히 군부의 괴뢰로서의 실용가치를 잃어 "여러 차례 우려낸 싱거운 차같이 정치 지도적인 지위에서 배척당했다"고 설명하고 있다.

고노에는 이와부치가 말한 것처럼 성격이 연약하여 군부에게 그저 이용만 당했던 것일까? 오히려 고노에는 1930년대에 군부와 서로 일치하는 정치의향을 가지고 태평양전쟁에 이르는 일본정치의 궤도를 결정해왔다는 것이 역사의 실태는 아닐까?

고노에가 1918년에 발표한 「영미본위의 평화주의를 배척함」이라는 논문에서, 그는 일생을 관통하는 정치이념을 명확하게 내세우고 있다. 그는 제1차 세계대전 후의 국제협조주의 조류를 비판하고, 평화주의라는 것은 가진 나라·영미의 현상 유지를 위한 바람에서 나온 것으로 정의나 인도와는 관계가 없다고 서술했다. 그리고 독일과 마찬가지로 갖지 못한 나라·일본이 영미 본위의 평화주의에 심취하는 것은 틀린 것이며, 자기생존을 위해 필요한 경우 현상 타파에 나서야 한다고 주장하고 있다.

'가야 할 필연적 운명'

후발 제국주의국가로 서구의 선진 제국주의국에 대항하기 위해 갖지 못한 국가의 현상타파론을 주장한 것은 고노에의 정치적 신조였다. 이러한 사상에서 보면, 고노에가 아시아의 국제 협조 체제였던 워싱턴 체제를 깨뜨린 만주사변을 시인하고, 이후 일본의 중국 지배를 긍정한 것은 당연한 결과였다. 고노에는 제2차 고노에 내각을 성립하기 전에 쓴 「원로 중신과 나元老重臣と余」라는 수기에서 국제협력노선을 중시하는 사이온지 긴모치西園寺公望 등을 비판하고 있다. 고노에가 생각하기에 다음과 같은 말로 집약할 수 있다.

소장 군인이 만주사변 이후 걸어 온 방향은 우리 일본으로서는 가야 할 필연적인 운명이며, 만주사변에 이은 지나사변중일전쟁이 결국 대동아공영권으로까지 발전할 수밖에 없었던 것도 같은 운명의 궤도를 밟은 것이다. 그리고 표면에서 보면 만주사변 이후 일본외교의 추진력은 군부였고, 그 군부의 행동에는 비난해야 할 바가 많다. 따라서 하루라도 빨리 정치를 군인에게서 빼앗기 위해서는 먼저 정치가가 그 운명의 길을 인식하여 군인보다 앞서서 운명의 길을 타개하기 위해 필요한 모든 종류의 혁신을 실행하는 수밖에 없다.

즉, 선수론先手論이다. 확실히 고노에는 군부의 정치제패를 진압하려는 의도는 있었지만, 이를 실현하는 데 군부와 정면에서 대항하는 방법을 취하지는 않았다. 오히려 지배층의 현상유지 노선을 배척하고, 군부가 요구하는 '혁신' 정책을 스스로 선도하여 실현하고자 했다. 고노에의 인맥에게서 나온 '고노에 옹호론'은 고노에가 자기 의사에 따라 때로는 군부의 주도 세력에 동조하거나 접근한 부분에 대해 입을 다물었다.

고노에 수기에 나타난 기도 고이치 비판

고노에의 각종 수기는, 1941년 미일교섭 전후까지는 자기의 '혁신'적 주장을 긍정하고 있는 것이 특징이지만, 태평양전쟁 이후는 과거의 언동에 대해 부정하거나 변명하는 경향이 강하다. 이토 다카시伊藤隆 도쿄대학 역사학 명예교수가 지적한 바와 같이, 고노에는 개전 후에 일종의 사상적 전향을 이루었으며 「고노에 상주문」에 나타난 특이한 군부관은 이 전향의 산물이었다고 할 수 있다.[13]

그리고 고노에 인맥들의 전쟁책임론에서 주목해야 할 것은, 고노에의 정치적 역할을 변명하는 것과는 정반대로 내대신이었던 기도 고이치의 책임에 대해 언급하는 발언이 많았다는 것이다. 이는 태평양전쟁 개전 전

---

13   伊藤隆, 『昭和期の政治』, 山川出版社, 1983, 199쪽.

후부터 싹트고 있었던 고노에와 기도의 균열이 패전 후에는 고노에 측에서 증폭되어 투영된 것이다.

그러나 기도 비판은 고노에와 기도가 '혁신'적 궁정정치가로서 태평양전쟁 전야까지 공통된 정치 지향을 가지고 긴밀하게 연계하면서 정치의 중심 방향을 결정해 왔다는 것을 무시하고 있다. 고노에는 선수론이었지만 기도의 군부에 대한 정책은 선도론이었다. 기도는 1931년 10월에 발생한 육군급진파의 쿠데타 계획10월사건을 알고, "이러한 계획도 가능하다면 국가의 근간을 해하지 않고, 그리고 헛되지 않도록 선도할 필요가 있다"고 일기에 썼다.[14] 여기에서 보인 기도의 군부에 대한 대응은 이후에도 계속되었다. 기도의 군부에 대한 대응책은 전술한 고노에의 '선수론'과 다른 듯하나 거의 같다고 볼 수 있다. 이 시점에서 기도에게 주목해 보자.

---

14 木戸幸一, 『木戸幸一日記』 上巻, 東京大学出版会, 1966, 103쪽. 1931년 10월 1일 일기.

제4장

기도 고이치의
대변명

1. 기도 소환의 충격

침묵이 말하는 것

기도 고이치木戸幸一는 1945년 12월 6
일 일기에 "오후 7시 라디오 뉴스에서
맥아더 사령부의 발표로 고노에 공 등
과 함께 나에게도 체포령이 내려졌다
는 것을 보도함. 진작부터 예상하고 있
었던 바이기 때문에 담담한 기분으로
받아들임. 8시 반 경에 일찍부터 아사
히신문 기자가 방문함"이라고 적었다.

기도 고이치

기도는 패전 후에도 계속해서 천황
의 최측근으로 내대신에 임명되어 요직을 맡았지만, 1945년 11월 24일
에 내대신부[1]가 폐지되자 도쿄·고지마치麴町 3번가에 있는 관저에서 퇴
거했다. 그리고 체포령이 내려지기 3일 전인 12월 3일에 지인에게 빌린
게이오선京王線의 세이세키사쿠라가오카聖蹟桜ヶ丘에 위치한 새집으로 이사
했다. 아카사카赤坂에 위치한 광대한 기도 저택은 4월에 있었던 공습으로
이미 소실되었다.

기도는 『아사히신문』 기자 인터뷰에서 "그렇게 많은 사람이 호출당했
으니, 당연히 나에게도 닥칠 일이라고 각오하고 있었다. 자신이 어떤 점
에서 전쟁책임을 추궁당하고 있는지, 그것은 상대방의 관점이기 때문에
나로서는 판단할 수 없다. 상대의 질문을 듣고 나서 판단하려고 생각하

---

1   [역주] 궁중에서 천황을 상시 보필하고, 궁정의 문서사무 등을 담당한 내대신(內大臣)을
     유지하는 기관으로 1885년에 설립되어 패전 직후인 1945년 11월에 폐지되었다.

고 있다. (…중략…) 전쟁 자체에 대해서도 지금 말하면 여러 가지 오해를 불러일으키기 쉽기 때문에 말하고 싶지 않다. 다들 뭔가 말하기만 하면 오해받고 있는 듯하다"라고 답했다.『아사히신문』, 12.8

또, "전쟁 중 폐하 곁에서 황족들에게조차 철마다 하는 인사 외에는 아무 말도 못하게 전쟁에 대한 반대 의견을 봉쇄했다고 하는데 사실인가"라는 질문에는 "그런 일은 절대로 없다. 그것도 오해다"라고 강하게 부정했다. 더욱이 연합국이 천황에 대해 전쟁책임을 추궁하려는 움직임에 대해서는 "일본의 헌법정치에서 보더라도 모든 일은 맡은 책임자가 있기 때문에 폐하에게 책임이 없다고 생각한다"고 답했다. 그리고『아사히신문』의 이 기사는 "스스로 기자를 배웅하면서 현관까지 나온 후작은 쏴 하고 불어 온 찬바람에 무심코 목을 움츠렸다"고 맺고 있다.

점령군이 본 기도의 모습

기도가 체포령을 예측할 수 있었던 것은 그가 말했던 이유 외에도 점령군에 독자적인 정보 루트를 가지고 있었기 때문이다. 그의 친동생인 와다 고로쿠和田小六, 항공공학의 권위자로 당시 도쿄공업대학 학장의 사위가 쓰루 시게토都留重人인데, 쓰루는 오랫동안 미국에서 유학하여 하버드대학에서 학위를 받았기 때문에 점령군에도 지인이 적지 않았다.

쓰루에게 처음으로 접촉한 것은 전략폭격조사단의 T. A. 빗슨Thomas Arthur Bisson이었던 듯하다. 그가 일본에 온 직후인 10월 19일, 마침내 옛 친구인 쓰루를 찾아 와다의 집으로 갔지만, 쓰루는 찾아 온 빗슨 일행을 문간에 세워둔 채 집에는 들이지 않았다. 그 이유는 바로 그때 기도가 와다의 집에 저녁초대를 받아 와 있었기 때문이었다. 이후 쓰루와 빗슨, 폴 배런Paul Alexander Baran, 미국경제학자 및 CIC의 E. H. 노먼Egerton Herbert Norman, 캐나다 외

^{교관, 일본사학자} 등의 교류가 재개되었다. 그리고 노먼은 앞에서 서술한 고노에에 대한 보고서에 이어 11월 8일에는 기도의 전쟁책임에 관한 보고서를 GHQ의 정치고문인 G. 애치슨^{George Atcheson Jr.}에게 제출했다.[2]

먼저 노먼은 기도 다카요시木戸孝允, 메이지유신을 이끌었던 유신삼걸 중 1인의 손자에 해당하는 기도 고이치의 가계와 풍부한 인척 관계를 소개했다. 기도는 교토제국대학 법학부 정치학과를 졸업한 후 농상무성에서 공무원 생활을 하다가 대내신 비서관장, 제1차 고노에 내각 문부상과 후생상 그리고 히라누마 기이치로平沼騏一郎 내각의 내상內相, 내무대신을 역임한 경력을 서술하고 있다. 또 기도는 1940년 6월에 내대신에 취임하였으며, 원로인 사이온지 긴모치西園寺公望가 사망한 후에는 수상을 추천할 때 가장 큰 영향력을 발휘하게 되었다고 설명했다. 한편, 마지막에는 "특히 1941년 가을에 도조를 총리대신으로 선택한 사실은 이 시기에 발생한 여러 가지 사건에 대한 그의 정치책임을 아주 무겁게 한다"고 평가했다.

나아가 노먼은 기도의 성격에 대해 "그는 결단력 있고 예민한 인물이며, 친구이자 후원자였던 고노에와는 대조적으로 마음을 정하면 신속하게 행동한다. (…중략…) 기도는 정력적으로 바쁘게 움직이는 작은 체구의 남자로, 머리가 좋다기보다는 논리정연한 사고를 하는 두뇌가 뛰어난 인물이다"라고 규정하고 있다. 또한 "기도는 9월에 가진 미국 기자와의 회견에서 1941년의 중요한 결정에 관해 아주 솔직하게 책임을 인정하고 있다. 이것은 어떻게든 책임을 가볍게 하려는 의미에서 말한 것이 아니라, 고노에와 비교해서 기도는 솔직하고 단호한 자질이 있다는 것을 입증하기 위한 것이다"라고도 쓰고 있다.

---

2   大窪愿二, 『ハーバート・ノーマン全集』 제2권, 456쪽.

노먼의 기도론은 앞서 고노에론을 처음부터 끝까지 엄하게 규탄하는 어조로 쓴 것과는 다르게, 기도의 유능함에 관해서 인정할 부분은 인정하고 있다. 이것은 쓰루에게 영향을 받았을지도 모른다. 어쨌든 노먼은 각서에 기도의 과거 5년간의 정치책임이 명확하다고 단언하고, 기도의 내대신 사직과 장래 어떤 공직에도 근무해서는 안 된다는 의견도 적고 있다. 그러나 고노에와 달리 기도를 전범 용의자로 권고하지 않은 것이 특징이다. 하지만 노먼의 각서를 받은 애치슨은 본국의 승인을 얻어 맥아더에게 기도의 전범 지명을 권고했다. 이렇게 12월 6일에 기도 체포령이 발표되었다.

천황과 기도, 최후의 만찬

12월 10일, 천황은 기도를 작별의 만찬에 초대했다. 기도에게 체포령이 내려져 있었지만, 천황은 "미국이 보기에는 범죄자겠지만, 우리나라에 있어서는 공로자이다"라며, 후지타 히사노리藤田尚徳 시종장에게 일러 기도를 초대했던 것이다. 이날 오후 5시에 기도는 천황을 만났는데, 천황은 기도에게 "이번 일은 실로 안타깝지만, 부디 몸을 조심하고, 사전에 서로 이야기했으니 내 심경은 잘 알았을 것이라 생각하며, 충분히 설명해주길 바란다"고 언급했다고 한다.[3]

그러자 기도는 장기적으로 보았을 때 천황의 퇴위가 절대적으로 필요하다고 말하면서, "전쟁책임은 국내와 국외 두 가지가 있는데, 국내에 관해서는 (천황에게도 책임이) 있습니다"라고 답했다. 그리고 평화조약을 체결할 때 황조황종皇祖皇宗과 국민에게 사죄하고 퇴위할 것을 충고하고 천황의 양해를 얻었다.[4]

---

3   木戸幸一,『木戸幸一日記』下巻, 東京大学出版会, 1966, 1256쪽.
4   吉田裕,『昭和天皇の終戦史』, 岩波新書, 1993, 204쪽.

기도와 쓰루 시게토都留重人

쓰루 시게토(都留重人)

궁중에서 돌아온 후에 기도는 친동생인 와다 고로쿠의 집에 들러 쓰루 시게토에게 조언을 얻었다. 기도는 일기에 '쓰루 군으로부터 미국의 사고방식으로는 내대신이 죄를 뒤집어쓰면 폐하가 무죄가 된다고는 할 수 없지만, 내대신이 무죄가 되면 폐하도 무죄, 내대신이 유죄가 되면 폐하도 유죄라고 생각하기 때문에 충분히 변호에 대해 생각해 볼 필요가 있다는 취지의 말을 들었음. 뭔가 결심이 선 듯한 느낌을 받음'이라고 적고 있다.

쓰루에게 이러한 변호 방침을 시사한 것은 미국전략폭격조사단원인 폴 배런이었다고 한다. 배런은 1909년에 러시아의 남우크라이나에서 태어난 후 독일로 옮겨 마르크스주의자가 되어 베를린대학에서 박사학위를 받았다. 이후 1939년에는 미국으로 건너가 하버드대학에 입학하여 1941년에 석사학위를 받았다. 1945년 3월에는 전략폭격조사단총합경제과의 일원으로 같은 하버드 출신인 J. K. 갤브레이스John Kenneth Galbraith 등과 함께 독일에 갔으며, 9월에는 일본에 와서 옛 친구였던 쓰루와 재회했다. 한편, 배런은 국제검찰국 조사과장인 B. E. 서킷 중령과도 하버드대학 동창으로 절친한 사이였다. 배런이 서킷에게 말해서 검찰의 분위기를 쓰루에게 전했을 것이다.

개인변호 결의 운명의 갈림길

그때까지 기도는 천황에게 누를 끼치지 않기 위해 내대신이었던 자신이 책임을 질 필요가 있다고 생각하고 있었던 것 같지만, 전술한 쓰루의 조언으로 인해 철저하게 개인변호 방침으로 임하기로 결심했다. 12월 12일에 기도는 변호사이자 진보당 국회의원인 사쿠타 다카타로作田高太郞와 만나서 자신의 변호를 의뢰했다. 이 자리에서 기도는 사쿠타에게 전쟁책임에 대해서 자신의 방침을 다음과 같이 밝혔다.[5]

하나. 전범자로서의 책임은 정부와 통수부에 있다.

하나. 천황은 헌법 제3조천황은 신성하여 침범할 수 없다에 의해 정무, 군무에 관해 절대로 책임이 없을 뿐 아니라, 실제로 문제의 이번 대전大戰은 정부, 특히 군부의 독단에 의해서 이루어졌다.

하나. 내대신의 직무는 정무, 군무에 관계없는 사항에 관한 보필책임자에 지나지 않기 때문에 전쟁의 개시, 수행상의 책임은 없다.

하나. 자신은 이상의 관점에서 철저하게 맞설 생각이다.

즉, 기도는 철저한 개인변호 방침으로 재판에 임할 결의를 보였다. 당시 일본 정부는 A급 재판에 대한 최고변호 방침으로 "첫째, 천황에게 책임이 미치게 하지 말 것. 둘째, 국가를 변호할 것. 셋째, 앞 두 항의 범위 내에서, 힘을 다해 개인을 변호할 것"이라고 정해 놓았으며, 이것이 전범용의자로 체포된 사람들에게도 전해진 듯하다.

하지만 기도는 이 방침을 따르지 않았다. 천황과 내대신으로서의 자신

5　作田高太郞, 『天皇と木戸』, 平凡社, 1948, 2쪽.

에게는 책임이 없지만, 정부와 통수부, 특히 군부에는 제2차 세계대전의 전쟁책임이 있다는 입장으로 재판에 임하기로 했던 것이다. 기도의 이러한 방침은 천황 무죄를 실현하기 위해서라는 대의명분에 의한 것이었지만, 기도는 결국 검찰국의 조사나 법정에서 자신의 무죄를 입증하기 위해서 다른 전쟁책임자를 명확하게 언급해야 할 터였다. 기도는 이미 여기까지 마음을 먹고 있었을까?

12월 16일은 기도가 스가모형무소로 출두하는 날이었는데, 우연히도 이날은 기도 부부의 결혼기념일이기도 했다. 이날의 일기에는 "고노에 공, 오늘 새벽 자살했다고 보도함. 매우 애석함"이라고만 적혀 있지만, 기도의 마음속은 상당히 복잡했을 것이다. 하지만 이미 재판에 임할 방침을 굳힌 기도에게 자살로 인한 출두 거부라는 방법은 생각지도 못한 선택지였을 것이다. 스가모형무소에 수감된 후의 일기도 이전과 같이 담담하고 간결한 기술이 이어지고 있다.

2. 심문 개시와 일기 제출

스가모형무소 생활

기도는 스가모형무소에 수감되고 5일이 지난 12월 21일에 처음으로 검찰국의 심문을 받았다. 이미 쓰루는 12일 밤에 배런과 서킷 조사과장의 알선으로 키난이 숙소로 쓰고 있던 시바구芝区 시로가네산코쵸白金三光町에 있는 핫토리 하우스핫토리 겐조 服部玄三 저택, 핫토리시계점 주인, 당시 GHQ가 접수함.를 방문하여 함께 저녁식사를 했다. 참고로 키난을 포함해 모두 하버드대학의 동창생이었던 것은 우연이었을까?

그 자리에서 서켓의 제안으로 키난이 기도를 예심하게 되었다. 쓰루는 스가모형무소에 수감되기 전날인 15일에 기도와 만나서 가능한 상세하게 일의 추이를 말할 용의는 없는지 타진했다. 기도는 내대신으로서가 아니라 개인의 자격이라면 기꺼이 응하겠다고 답했다. 이렇게 해서 기도의 심문 계획이 성사되었다.

21일 오전에 쓰루와 서켓은 스가모형무소에 도착하여 기도가 나오기를 기다렸다. 서켓은 키난이 형무소에 직접 나와서 심문하면 너무 눈에 띄기 때문에 핫토리 하우스에서 기도의 말을 듣겠다고 했다. 1시간이 지나서야 형무소에서 나온 기도는 건강해 보였다. 산코쵸로 향하는 차안에서 기도는 형무소의 생활에 대해 쓰루에게 말했다. 처음에는 도조 등과 함께 제3동에 수감되었지만, 이틀 전에 B·C급 전범 수용자가 많은 제1동의 독방으로 옮겼다고 전했다. 그리고 그곳은 난로가 없어 추위로 인해 곤란을 겪고 있고, 또 속옷 세탁도 여의치 않으며 가족으로부터의 편지도 받지 못하고 있다는 등 자유롭지 못한 일상생활에 대해 이야기했다.

빤질빤질한 기도

기도 일행이 핫토리 하우스에 도착한 것은 이미 12시 반이 되어서였다. 일단 점심 식사가 나왔는데 큼직한 샌드위치 등 형무소에서와는 격이 다른 진수성찬이었다. 식사 중의 잡담에서 골프 이야기가 우연히 나왔고, 기도의 핸디가 10이라는 말을 듣고 모든 사람이 놀랐다. 일단은 부드러운 분위기였다. 마침내 준비가 되었다고 하자, 기도는 키난이 기다리고 있는 큰 방으로 인도되어 키난과 검찰 측 동석자를 소개받았다. 심문에는 키난, 서켓 수사과장 이외에 C. 히긴즈, J. W. 필리, 수사과장과는 다른 사람인 헨리 R. 서켓Henry R. Sackett, O. 로우 그리고 통역으로 일본계 F. H.

핫토리 하우스에서 번역 작업

우에하라 소위와 쓰루 등 10명이 동석하였으며, 후에 속기사가 추가되었다. 꽤나 북적대는 인원이었다. 통역은 대부분 쓰루가 담당하고, 우에하라 소위가 개요를 기록했다.

심문은 2시부터 시작되었는데 처음부터 키난은 오늘의 심문은 완전히 비공식적인 것이라고 못박았다. 따라서 개인 자격으로 알고 있는 것을 최대한 정직하게 말해주길 바란다는 점, 답하고 싶지 않을 때는 답하지 않아도 된다는 점, 오늘의 심문은 장래의 재판에서 책임과는 관계가 없다는 점을 말했다. 키난은 기도에게 연령, 가족, 경력 등을 연달아 묻고, 내대신의 직능에 대해서 질문했다. 기도는 궁중宮中과 부중府中, 궁중에 대한 행정부의 구별이 있으며, 내대신인 자신은 궁중에만 관계하고 있었다는 점을 강조했다. 때문에 마치 기도 자신은 딱히 책임이 있는 지위에 있지 않았다는 인상을 주려는 듯이 들렸고, 이 무렵부터 키난의 짜증이 표면에 나타났다.

그리고 키난이 야마모토 대장을 해군대신으로 임명한다는 이야기를 들은 적이 있는지를 묻자, 기도는 해군에는 두 명의 야마모토 대장이 있는데 그중 누군지는 알 수 없지만 누구든 그런 이야기를 들은 적이 없다고 답했다. 두 명의 야마모토 대장이란, 야마모토 이소로쿠山本五十六와 야마모토 에이스케山本英輔이다. 그래서 키난은 자신이 말하는 야마모토 대장은 전사한 인물로, "그는 전쟁에 반대하고 있었기 때문에, 그가 해군대신이 되는 것에 주전론자들로부터의 반대가 있었다고 들었다"라고 정정했다. 야마모토 이소로쿠를 가리키고 있었지만, 기도는 역시 그런 이야기는 듣지 못했다고 대답했다.

또한 "최고의 주전론자는 누구인가"라고 키난이 묻자, 기도는 "대체로 해군에 강경론자가 많았으며, 주요 인물은 스에쓰구 노부마사末次信正와 나카무라 료조中村良三 두 해군대장이었다"고 대답했다. 이에 키난이 "두 사람은 살아 있는가"라고 묻자, 기도는 "두 사람 모두 이미 죽었다"고 대답했다. 키난은 혼잣말처럼 "당신이 주전론자라고 하는 사람은 죽은 사람뿐이 아닌가"라고 빈정거렸다.

힘겨루기 같은 심문

그 후 키난은 개전 책임에 대해서 물었지만, 기도의 대답은 충분하지 않자 갑자기 키난은 언성을 높이면서 일어나 출구 쪽으로 걸음을 옮기면서, "The more I question, the more discouraged I become질문할수록 더 낙담하게 된다"이라고 내뱉었다. 그리고는 "뒤는 자네들끼리 심문하게"라는 말을 남기고 나가버렸다. 요점을 알 수 없는 기도의 대답에 성미가 급한 키난의 짜증이 폭발했던 것이다.

제1회 심문 조서에는 키난이 나갈 때까지의 대화는 기록되어 있지 않고, 후반 부분만 기록하고 있다. 키난이 퇴장하자, 심문 조서에 있는 것처럼 서킷 과장이 단도직입적으로 "육군 내에서 전쟁을 바라고 있었던 것은 누구였습니까"라고 물었다. 기도는 "육군 내에서는 당시 대령인가 소장이었던 사토 겐료佐藤賢了, 소장가 이끄는 군무국 내의 그룹입니다. 이 그룹이 제일 강경파였습니다"라고 답했다.

기도는 계속해서 서킷의 질문에 답하면서 전쟁이라는 것은 대미전쟁을 가리킨다는 것을 확인하고, 육군 강경파의 중심 인물은 사토와 무토 아키라武藤章 육군성 군무국장이라고 말했다. 또한 "참모본부는 전체적으로 전쟁을 적극 지지하고 있었다"라고도 말했다. 그리고 해군에서 육군 강경파와 결탁한 것은 미국의 대일 석유 금수 조치에 초조함을 느낀 이시카와 신고石川信吾 해군대령 일파였다고 밝혔다. 이어 스즈키 데이이치鈴木貞一, 육군 중장 기획원총재에 대해서 질문을 받자, 기도는 "그는 대미전쟁에 승산이 있다고 주장하고 있었습니다"라고 답했다.

검찰의 질문은 개전 결정을 둘러싼 문제로 이어졌고, 먼저 제3차 고노에 내각 시기, 즉 1941년 9월 6일의 어전 회의 결정제국국책수행요령이 화제가 되었다. 기도는 이 어전 회의 결정에 대해서, "그 취지는 (대미) 교섭을 계속할 것 그리고 10월 10일경까지, 즉 10월 상순 중에 교섭 타결에 성공하지 않으면, 대미전쟁을 개시할 마음을 정한다는 것입니다"라고 설명했다. 이에 필리가 "고노에는 전쟁을 할 생각이었습니까"라고 묻자, 기도는 "그렇습니다. 그는 그 결정에 찬성했습니다"라고 주목할 만한 발언을 했다. 이후, 9월 6일 어전 회의 출석자 이름에 대해서 응답이 이루어졌고, "교섭이 10월 10일까지 마무리 지어지지 않으면, 대미전쟁에 돌입한다는 결정을 밀어붙인 것은 누구인가" 라는 물음에 기도는 "주로 해군 쪽 사람들입니다"라고 답했다.

강경파 비판

기도는 대미전 준비에 적극적이었던 것은 "주로 해군과 육군의 젊은 장교들이었습니다. 일본에서는 전통적으로 육·해군이 서로 반목해서 아주 긴밀한 관계가 되었던 적이 없습니다. 하지만 일본 역사상 이때만큼 육·해군의 젊은 장교가 긴밀하게 단결한 적은 없었다고 일컬어지고 있습니다"라고 말했다. 기도는 여기서 해군 강경파 지도자를 묻자, 오카 다카즈미岡敬純 해군성 군무국장의 이름을 거론했다.

이어 도조 내각 시기로 가서, 기도는 도조 내각이 대미전쟁에 직진한 것이 아니라, 화두였던 일본군의 중국 철병 문제에서 미국에 양보하자는 움직임도 있었지만 강경파에 의해 묵살되었다고 설명했다. 또한 기도는 도조 내각이 개전을 최종적으로 결정했던 내각 회의에서 도고 시게노리東鄕茂德 외무대신과 가야 오키노리賀屋興宣 대장대신이 보류를 신청했지만, 대세에 밀려 강행했다고도 말했다.

그리고 기도 자신이 미국에 대한 선전 포고 결정을 안 것은 12월 초라고 답하고, 진주만 공격 작전계획에 대해서 개전 전에는 전혀 알지 못했으며, 12월 8일에 "라디오에서 들은 것이 처음입니다"라고 반복해서 주장했다.

진주만 기습 공격을 몰랐다고 강변

또 천황에 대해 기도는 "폐하도 대미전쟁을 피하고자 했으며, 교섭 타결에 의해서 전쟁을 회피할 것을 희망했습니다"라고 강조했다. 다만 진주만 작전계획에 대해서는 "폐하는 이 작전계획에 대해서는 알고 있었다고 생각합니다. 참모본부와 해군 군령부는 그 계획을 폐하에게 상주하고 재가를 청하기 때문"이라고 답했다.

여기서 당연히 진주만에 대한 기습 공격이 문제가 되었다. 기도는 우선

"나는 그런 기습 계획에 대해 듣지 못했습니다. 천황 폐하로부터도. 폐하는 선전 포고를 하고 나서 공격을 하는 것이라고 이해하고 계셨습니다"라고 설명했다. 그리고 진주만 공격 후에 대미교섭 중단 통첩을 미국 정부에 전달한 이유에 대해서는 "나중에 내가 들은 설명은 일본에서 워싱턴의 일본대사관에 은밀히 보낸 통첩이 늦어졌고, 통첩 자체가 전달될 때 잘못 전달되어 해독하는 데 예상보다 시간이 걸렸다는 것입니다"라고 대답했다.

그러자 필리는 그런 실수는 당연히 "국가의 명예에 관련된 문제라고 생각한다"면서, "그 사건에 대해서 뭔가 조사가 이루어졌습니까, 혹은 책임자에게 어떤 처벌이 내려졌습니까"라고 질문했지만, 기도는 "아무 얘기도 듣지 못했습니다"라고 대답할 뿐이었다.

그리고 천황이 이 문제를 알게 된 것은 개전 2, 3일 후에 참모총장과 군령부총장이 상주했을 때로, 상주 내용에 일본이 선전 포고 전에 진주만 공격을 감행했다고 미국이 강하게 비난하고 있다는 이야기가 있어서였다고 서술했다. 또한 천황은 기도에게 "선전 포고를 통고하고 나서 공격을 했다고 생각했는데, 순서가 반대였다는 것을 알게 되어 지극히 유감스럽게 생각한다"고 개인적인 유감의 뜻을 분명히 표명했다고 말했다.

그러자 서킷 과장은 이 문제에 대해서 "천황은 이미 누군가를 질책했거나, 또는 어떤 식으로든 자신의 명령을 어겼다는 이유로 누군가를 징계할 생각이라고 말했는가"라고 질문했고, 기도는 "아니오"라고 대답했다. 기도는 천황의 불쾌한 마음을 도고 외무대신에게 전했다고만 답했다.

마침내 「기도 일기」 제출

심문 종료 직전에, 미국 법무관은 기도에게 공직에 재직하는 기간 동안의 일기가 있는지 물었다. 기도가 개인일기가 있다고 답하자, 검찰 측은

핫토리 하우스에서 가져온 서류더미

강제하지는 않지만 일기를 제출한다면 진실을 아는 데 도움이 될 것이라고 설득했다. 결국, 여기서 기도는 통역으로 심문에 참석한 쓰루를 통해 일기를 제공하는 데 동의했다.

기도는 1930년부터 1945년까지의 일기를 12월 24일까지 3회에 걸쳐서 검찰국에 제출했다. 문제의 태평양전쟁 개전 해인 1941년분의 일기는 다음해 1월 23일에 가장 마지막으로 제출했는데, 이는 기도 측의 망설임을 보여주는 것인지도 모른다. 또 일기 중에 천황에게 불리한 점이 있는 기술은 제출 전에 관계자에 의해 약간 삭제되었다는 이야기도 있다.

기도는 일기를 제출하는 데 상당히 망설였던 듯하지만, "폐하도 나도 시종일관 호전적이지 않았다는 사실에 확신을 가지고 있고, 이러한 재판에서 마음에 걸리는 것이 있어서는 안 된다"고 판단해서 제출을 결의했다고 회상했다. 기도의 입장에서 「기도 일기木戶日記」는 천황과 기도의 무죄를 증명하는 것이지만, 사태는 그렇게 간단하지 않았다. 일기에는 기도가 의도한 것처럼 "전범자로서의 책임은 정부와 통수부에 있다"는 방침에 부합하는 기술이 많이 나온다. 하지만 다른 한편으로 천황의 언동에 관한 기술도 종종 등장하고, 천황과 기도가 전쟁에 깊게 관여했다는 것을 분명히 나타내는 기술도 많다. 일기는 "양날의 검"이었다. 기도가 단언한 것과는 반대로, 이 기술을 근거로 천황의 전쟁책임을 지적하는 목소리도 생겨났다. 사실, 도쿄재판의 판결에서 소수 의견을 제출한 프랑스의 베르나르 판사Henri Bernard는 「기도 일기」의 기술을 예로 들면서 천황의 개전 책임을 강조했다.

일기의 기술은 지극히 간결하기 때문에, 기도는 검찰 측의 심문에 대해서 스스로 구체적인 해석을 더함으로써 천황과 자신의 무죄 쪽으로 검찰을 설득하려고 한 것인지도 모른다. 여하튼 제출된 일기는 천황을 정점으로 한 쇼와정치사의 중추를 검증하는 제1급 정치 자료였다. 법정에서는 검찰 측의 천황 면책 방침에 따라 천황의 언동에 관한 기술은 전혀 활용하지 않았다. 하지만 있는 그대로 일기를 읽으면, 태평양전쟁 개전에 이르는 길은 천황과 기도 등 천황 측근의 주체적 결단이라는 요인을 넣지 않으면 역사적으로 설명이 되지 않는 것이 분명하다.

더욱이 기도가 일기를 제공한 배후에는 협력 자세를 분명하게 취해서 검찰 측의 심증을 호전시키려는 배려가 당연히 작용하고 있었다는 것을 짐작할 수 있다. 또한 B. E. 서킷 수사과장도 쓰루 시게토에게 "기도 후작으로서도 가능한 솔직하게 모든 것을 자세하게 말하는 편이 실제로 기소를 당할 가능성도 적어진다. 왜냐하면, 본인으로부터 아무것도 듣지 않아서 사정을 잘 모르면, 아무래도 기소해서 조사를 해야만 하기 때문"이라고 전했다. 그리고 심문에서 기도는 검찰국의 요청에 응하듯 잘 서술했다. 일기 제공도 그렇고, 심문에서 응답도 그렇고, 기도는 검찰 활동에 공헌한 바가 컸다. 후에 기도의 심문을 담당한 H. R. 서킷 법무관은 피고 선정을 논의한 검찰국 집행위원회에 기도를 피고로 삼기보다는 증인으로 활용하는 편이 좋을 것이라는 의견을 제출하기도 했다.

자신과 천황의 면책이 가능할까?

기도가 일기를 제출한 다른 이유는 무엇이었을까? 검찰국은 「기도 일기」의 존재에 대해서 기도가 스가모형무소에 입소하기 전에 쓰루 시게토와의 접촉을 통해 이미 알고 있었던 듯하다. 그리고 기도 다카히코木戸孝彦, 기도의 차남는 쓰루가 부추겨서 "천황을 구하려면 아버지도 무해·무죄여야 하고, 그것을 증명하는 데는 일기를 제출하는 것이 가장 좋다고 해서 아버지가 일기를 검찰 측에 제출했다"고 설명했다.

또 기도의 1964년 회상에 따르면, 그는 "과연 이 일기를 마지막까지 숨겨둘 수 있을까? 그렇지 않으면 차라리 나서서 내놓는 편이 좋을까? 일기의 내용도 충분히 기억하지 못하고 내놓으면 과연 폐하를 위해서 좋을지, 나쁠지. 다만 일기를 내놓으면 나의 일생이 군벌과의 투쟁이었다는 점만은 좋게 평가받을 것임에 틀림없다는 등 여러 가지를 생각한 결과, 폐하도 나도 시종일관 호전적이지 않았다는 사실에 확신을 가지고 있고, 이러한 재판에서 마음에 걸리는 것이 있어서는 안 된다"고 판단해서 일기를 제출하기로 결의했다고 서술하고 있다.

한편, 기도는 1946년 4월 29일에 발표한 기소장에 피고로 선정되자, "만약 기소장에 기재된 것처럼 군벌과 공동모의를 한 일이 한 번이라도 있다면, 나는 아마도 일기를 소각했을 것이다"라는 울분을 메모로 남겼다.『木戸幸一日記—東京裁判期』, 東京大學出版會, 1980 기도의 입장에서 「기도 일기」는 천황과 기도의 무죄를 증명하는 것이었지만 사태는 그렇게 간단하지 않았다. 실은 기도 자신도 일기를 제출하긴 했지만, 그 기술에 대해서는 불안감이 남아 있었다.

예를 들어, 검찰 측의 제1회 심문에서 초점이 된 진주만 공격에 대해서도 당일인 1941년 12월 8일의 일기에는, "오늘 새벽 이미 해군의 항공대는 대거 하와이를 공습하였음. **이것을 알고 있는 나는** 그 성패 여부가 신경쓰여, 무심결에 태양을 향해 절하고 명복을 기원함. 7시 반, 수상과 양 총장을 만나 하와이 기습 대성공의 길보를 듣고, 신의 도움에 감사함을 절실히 느낌"강조는 저자이라고 적혀 있다.

기도는 12월 21일의 제1회 심문에서, 진주만에 대한 작전계획은 사전에 천황으로부터도 듣지 못했고, 8일 아침 라디오 방송에서 처음으로 알게 되었다고 회답했다. 하지만 일기의 기술은 분명히 이와는 다르다. 그래서 기도는 제1회 심문에서의 발언을 정정하기 위해, 그 후의 심문에서는 "당일 오전 6시경 라디오 방송과 동시에 시종무관부侍從武官府로부터 전화로 마침내 개전하게 되었다는 통지를 받았으며, 더불어 하와이를 공습했다고 들어서 엄청난 일을 벌렸구나 하고 놀랐다"고 대답하기로 방침을 수정했다. 그리고 변호 관계자를 통해 시종 무관장이었던 하스누마 시게루蓮沼蕃에게, "당일 무관부로부터 개전을 통지했다는 점에 대해 증인이 될 경우에 서로 말을 맞추어주시기를 바란다"고 전했다.

또 기도는 "펄 하버pearl harbor 공격은 절대극비인 관계로, 폐하께 승인을 받지 않았다는 점에 대해서는 폐하께도 잘 말씀드려 두기를"이라고 지시했다. 그리고 천황에게 연락해서 기도의 진술 내용과 일치하도록 의뢰하는 방침을 취했다. 한편, 일기 중에 "기습"이라는 글자에 대해서는 "국제법 위반과 같은 특별한 의미는 없으며, 전쟁 이야기에 자주 사용될 법한 상투적인 말을 사용한 것에 지나지 않는다"고 대답할 생각이었다고도 적고 있다.

30회에 걸친 서켓 심문

한편, 검찰국은 「기도 일기」를 입수한 후 수사와 기소장 작성, 나아가서는 법정에서의 입증을 위해 일기를 최대한 활용했다. 검찰국에 제출된 일기는 1930년 1월 1일부터 1945년 12월 15일까지이다. 기도는 이 기간 동안 상공성 임시산업국 제1부장, 내대신 비서관장, 제1차 고노에 내각의 문부상과 후생상, 히라누마 기이치로平沼騏一郎 내각의 내상, 그리고 1940년 6월부터는 내대신의 요직을 역임했다. 일기의 기술은 간결하지만, 궁중과 정계의 기밀에 걸친 동향을 기록하고 있어서 그 신빙성은 매우 높다.

검찰은 「기도 일기」와 「하라다 일기原田日記」[6] 두 개의 정치일지를 법정에 기소된 피고의 언동을 확인하는 유효한 증거 자료로 자주 인용했다. 오늘날 「기도 일기」, 「하라다 일기」는 모두 천황을 정점으로 한 쇼와정치사의 중추를 검증하는 데에 있어 불가결한 정치 자료라는 평가가 정착되었다.

한편, 제출된 「기도 일기」는 즉시 검찰국에서 영어로 번역하여 기도의 두 번째 심문부터는 「기도 일기」에 기재된 내용을 중심으로 이루어졌다. 기도는 검찰 측의 심문에 대해서, "검사의 취조 방법은 내가 일기를 제출했기 때문에 다른 피고의 최조와는 전혀 다른, 즉 1930년 일기부터 시작

---

6   원로 사이온지 긴모치(西園寺公望)의 비서인 하라다 쿠마오(原田熊雄)가 각계로부터 입수한 정치 정보를 구술·필기해서 정리한 것이다. 후에 『사이온지 공과 정국(西園寺公と政局)』 전8권으로 이와나미 서점에서 간행되었다.

하여 연대기순으로 진행되었다. 전체적으로 30회의 취조가 있었으며, 1월 15일에 시작해 2월 20일에 이르러 1936년 2월 26의 2·26사건까지 취조를 끝냈다. 그리고 2월 23일에는 돌연 1940년까지를 제외하고 1941년 정월부터 시작하였으며, 3월 16일에 이르러 1941년 10월 17일 중신 회의에서 도조東条英機 씨가 주청한 것을 끝으로 돌연 취조를 중단하여 그대로 중지되었다"고 적고 있다.

기도가 말한 대로 제2회 심문은 새해가 밝은 1946년 1월 15일에 진행했고, 이후 3월 16일의 제30회까지 매일 혹은 며칠 간격으로 심문이 반복되었다. 저자가 입수한 영문 심문 조서는 제2회부터 제30회까지가 영문 타자기로 775페이지이며, 여기에 제1회분의 25페이지를 더하면 정확히 800페이지라는 방대한 양이 된다.[7]

제1회 심문에서는 검찰국에서 여러 명이 출석했지만, 제2회 심문부터는 모두 헨리 R. 서킷 혼자서 담당했다. 그는 수사과장인 B. E. 서킷 중령과는 다른 사람인데, 1907년 콜로라도주 출신으로 시카고대학에서 법조 자격을 땄으며, 연방 정부의 검사보 등을 역임하고, 도쿄재판에 참가했다. 서킷의 일본 입국은 1945년 12월 6일, 출국은 1946년 9월 5일이다. 이밖에 통역과 여성 속기사가 각각 한 명씩 동석했다. 통역은 일본계 미국인 2세인 F. H. 우에하라가 몇 번 담당한 것 외에는 같은 일본계 미국인 2세인 F. F. 스즈카와가 담당했다. 심문 장소는 스가모형무소였지만, 2

---

7   기도의 심문 조서는 아와야 겐타로(粟屋憲太郎)·이코 도시야(伊香俊哉)·오다베 유지(小田部雄次)·미야자키 아키라(宮崎章) 편, 오카다 노부히로(岡田信弘) 역, 『도쿄재판 자료―기도 고이치 심문 조서(東京裁判資料 木戸幸一尋問調書)』(大月書店, 1987)로 완역되어 간행되었다. 그리고 본서의 기도와 서킷의 응수는 위 책의 번역이 아니라, 저자가 『아사히 저널(朝日ジャーナル)』에 연재했을 때의 번역문을 사용하고 있다.

월 7일의 제12회만은 제1회와 마찬가지로 핫토리 하우스에서 진행하였고, 이때 키난이 잠시 얼굴을 비추고 기도와 이야기를 나눴다.

3. 심문 – 만주사변 전후

내대신의 직책

1946년 1월 15일의 제2회 심문에서는 먼저 기도가 농상무성에 입성한 후의 경력이 화제가 되어, 기도가 상공성에서 활동한 내용 등을 이야기했다. 그리고 기도는 고노에 후미마로와 전임자인 오카베 나가카게岡部長景의 추천을 받아 1930년 10월에 내대신 비서관장으로 이직했는데, 내대신의 직책에 대해서도 답했다.

기도는 내대신의 직무는 천황을 상시 보필하는 것, 즉 천황의 상담역이며, 헌법상의 보필기관인 내각대신들의 보필과는 명확히 다르다는 것을 강조했다. "내대신의 보필은 천황의 덕성 함양에 이바지하는 것이며, 내각의 각 대신처럼 구체적인 국정에 대해서 보필하는 것은 아니다"라는 것이 그가 역설하는 점이다. 즉, 기도는 전통적인 내대신의 권한에 대한 공식적인 해석을 반복하여 내대신의 정치적 영향력이 크지 않다는 인상을 심어주려고 했던 것이다.

하지만 현실에서는 기도가 내대신 비서관장에 취임한 무렵부터 이전 내대신부의 "비정치적" 성격이 변질되어, 천황제 국가에서 내대신과 내대신부의 정치적 비중이 점차로 증대되었다. 그리고 기도가 1940년에 내대신에 취임하면서부터 태평양전쟁 시기에 걸친 기도 재임 시절에 내대신의 정치적 영향력은 정점에 달했다. 이미 원로 사이온지는 사망했으며,

기도는 후계수상 추천 등 정부의 배후에서 강력한 영향력을 발휘했던 것이다.

하지만 심문에서 기도는 "내대신의 지위는 일본의 국가제도 속에서 최고의 지위 중 하나라는 것이 사실입니까"라는 서킷의 질문에, "각료 쪽이 지위가 높다고 여겨지고 있었습니다"라고 대답할 뿐이었다.

누가 천황을 신으로 만들었는가?

제2회 심문에서 가장 흥미로운 것은, 1946년 새해에 발표한 천황의 '인간선언'과 관련해서 서킷이 전쟁 전에 있었던 천황신격화의 움직임을 집요하게 추궁하고 있는 부분이다.

기도의 일기에 따르면, 이 부분은 다음과 같이 요약되어 있다.[8]

새해의 조서에 관련해서 천황이 신이 아니라는 것을 어째서 더 빨리 밝히지 않았느냐는 질문 받음. 국민이 천황을 신이라고 믿고 있는데, 언제부터 이와 같은 설이 주창되었는가 등의 질문 받음. 천황이 신이라는 설을 강하게 주창하게 된 것은 지나사변 이후라고 생각하고, 일부의 국학자, 군부 측에서 나온 것이며, 국민의 대다수는 그것을 믿지 않았고, 실제로 우리도 믿지 않았으며, 어째서 폐하가 이런 설을 막지 않았는가라는 것은 그다지 큰 영향이 있을 것이라고 생각하지 못했고, 또 서서히 주창되어 온 탓에 그럴 기회도 거의 없었다고 답함. 소학교에서 그것을 가르쳤는가라는 질문 받음. 나는 소학교에서는 그것을 가르치지 않았다고 생각한다는 취지로 답함.

---

8   木戸幸一, 『木戸幸一日記―東京裁判期』, 東京大學出版會, 1980, 29쪽.

한편, 심문 조서에 의하면 기도는 천황신격화 운동은 1931년 만주사변 후에 강해졌고, 그 배후에 육군이 있었다고 대답했다. 그리고 서켓은 그런 운동을 추진한 인물의 이름을 물었지만, 기도는 도통 기억이 나지 않는다고 회피했다. 하지만 기도는 집요한 질문에 압도당하여 "내가 기억하고 있는 제1의 인물은 아라키 사다오荒木貞夫 대장입니다. 그는 그것을 주장했습니다"라고 답했다.

또 기도가 천황의 신격화운동에 "폐하는 노여워 하셨다고 들었습니다"고 대답하자, 서켓은 "천황은 자신이 그런 사람이 아니라는 생각을 일본 국민에게 알리기 위해서 무언가 했습니까"라고 물었다. 기도는 이에 대해, "폐하는 공개석상에서는 그렇게 말씀하지는 않으셨지만, 측근에게는 그렇지 않다고 말씀하셨습니다"라고 대답했다. 이에 서켓은, "나는 역사학이나 정치학의 관점에서 이 문제에 흥미를 가지고 있습니다. 천황이 자신은 신이 아니라고 생각하면서, 민중이 그렇게 믿도록 선동하고 있는 것을 방치하고 아무 말도 하지 않는 것은 조금 부당하다고 생각하지 않습니까?"라고 몰아붙였다. 이에 대한 기도의 대답은, "폐하가 그런 것을 뭔가 말씀하셨다면, 도리어 행정의 혼란을 초래할지도 모릅니다"였다.

또 서켓은 기도가 말한 것처럼, 천황이 스스로 믿고 있지 않았다는 것을 알면서, 정부고관이 국민에게 천황이 신이라고 믿도록 지도하면 "미국에서는 그런 것은 최악의 부정 행위라고 간주합니다"고 말했다. 하지만 기도는 "힘의 문제입니다. 우리들은 그것을 막으려고 해도 할 수가 없었을 것입니다. 군부는 힘을 너무 많이 가지고 있었습니다"라고 변명할 뿐이었다. 모든 책임은 군부에 있다는 것이다. 또한 기도는 소학교에서는 천황을 신이라 가르치지 않았다고 대답했는데, 이는 문부상도 역임한 자신에게 책임을 추궁하는 것을 피하기 위한 거짓말이었을 것이다.

기도 조서의 중요성

이후, "1930년부터 1931년 당시, 정치로 진출할 것을 강하게 주장한 지도적인 군인은 누구였습니까"라는 질문에 기도는 "우가키 가즈시게宇垣一成와 아라키 그리고 몇 명 정도의 장군입니다"라고 답하고, 이어 하야시 센쥬로林銑十郞의 이름도 덧붙였다.

여기까지 제1회와 제2회의 기도에 대한 심문 내용을 소개했다. 이제까지 심문 내용에 대해서는, 『기도 고이치 일기—도쿄재판기木戸幸一日記—東京裁判期』에서 기도가 심문을 받은 당일 일기에 간단하게 기술한 요약으로만 미루어 짐작할 수밖에 없었다. 하지만 저자가 입수한 장대한 심문 조서와 기도의 요약을 대조해 보니, 당연한 일이겠지만 기도의 요약은 전체 내용의 극히 일부라는 것을 알았다.

매회 2시간 혹은 더 장시간에 걸친 서켓과 기도의 대화는 종종 긴박한 장면도 있었지만, 이는 「기도 일기」에서는 볼 수 없다. 특히 피고 선정에 직결되는 듯한 기도의 발언과 천황의 동향을 둘러싼 응답 등 미묘한 부분은 거의 일기에 적지 않았다.

기도의 조서는 다른 용의자의 취조와는 전혀 다르며 「기도 일기」라는 정확도 높은 정치 기록을 매개로 해서 이루어졌다는 점에서 자료의 가치가 크다. 심문 조서는 재판개정을 향한 검찰 활동에 심대한 영향을 주었으며, 제1급의 가치를 가진 파묻혀 있던 재판 자료라고 단언할 수 있다.

모른 척하기와 허언

그럼 기도 심문 조서의 주안점은 무엇이었을까? 검찰조서라고 하면 보통 상당히 독특한 점이 있는 자료인데, 장대한 기도의 심문 조서도 예외가 아니다. 기도의 발언은 자기변호를 기조로 하고 있으며, 그 발언 내용도 허위사실이 섞여 있다. 역사 자료로 활용하기에는 면밀한 사료비판의 관점이 불가결하다.

기도에 대한 심문은 「기도 일기」에 기술한 내용의 해석을 축으로 진행되었지만, 기나긴 심문의 흐름 속에는 형식적인 대화도 있고, 심문을 담당한 서켓의 추궁 부족도 적지 않았다. 또, 기도가 서술한 명백한 거짓말을 간파하지 못한 점도 있다. 이는 15년전쟁기의 일본 정치사를 깊이 알지 못한 서켓에게 어쩔 수 없는 상황이었을 것이다. 하지만 역사 자료로 보면, 진술 중 기도의 모른 척과 허언은 반대로 쇼와정치사의 중요한 열쇠를 쥔 인물인 기도의 만만찮은 실상을 선명하게 비추고 있어서 흥미롭다.

기도도 당초에는 서켓을 만만하게 본 것인지, 질문 받은 일기의 구체적인 내용에 대해서 "기억나지 않습니다", "기억에 없습니다"라는 대답을 연발하고 있다. 이에 대해서는 서켓도 역시 울컥한 듯, "정말로 아무것도 생각나지 않습니까? 그렇지 않으면 말하고 싶지 않은 것입니까?", "뭔가 말하고 싶지 않은 것이 있다면, 그렇게 얘기해 주십시오. 그러면 사정을 짐작할 수 있습니다"라고 기도에게 못을 박았다.

서켓은 지식이 부족하다는 약점은 있었지만, 굉장히 질긴 태도로 심문의 성과를 올렸다. 납득이 가지 않는 점은 몇 번이고 같은 내용의 심문을 다시 끄집어 내거나, 혹은 문답의 핵심에 다다르면 기도 발언의 논리적 모순을 날카롭게 공격해서 결국 기도로부터 구체적인 회답을 끌어내는 장면이 적지 않다. 서켓도 당찬 점에서는 기도에게 지지 않았다.

서켓의 끈기와 전략

30회에 걸친 기도 심문 내용의 주안점은 두 가지이다. 첫째는 도쿄재판의 피고 선정에 직결되는 전쟁책임을 져야 할 인물의 색출에 대한 대화이다. 둘째는 매회의 심문에서 초점이 된 사건과 전쟁에 대한 천황의 언행을 둘러싼 것이다. 따라서 여기서는 이 두 가지 점으로 좁혀서, 일단 1936년 2·26사건까지를 대상으로 한 1946년 2월 20일의 제18회 취조까지 기도의 흥미로운 응답을 추려내어 요약해 보고자 한다. 단, 중심은 만주사변 전후로 한다.

첫 번째로 전쟁책임을 져야 할 인물 평가를 검토한다.

서킷은 심문에서 기도 본인의 책임을 추궁하는 것에 집중하지 않고, 「기도 일기」에 나타난 기술을 단서로 기도의 입으로 다른 인물의 정치책임에 관한 증언을 끌어내려고 한 것 같다. 이는 효과적인 심문 전술이었다. 전술한 바와 같이, 기도는 이미 철저하게 개인변호의 입장을 결의했으므로, 당연히 전쟁책임자의 이름을 밝힐 생각이었기 때문이다. 심문이 진행되는 가운데, 예상대로 기도는 육군 군인 중심으로 구체적인 인명을 거론했다. 물론 기도의 발언을 보면, 무턱대고 많은 수의 책임자를 열거하는 것이 아니라 가능한 소수의 인간에게 책임을 집중시키려는 배려를 엿볼 수 있다.

먼저 1월 16일의 제3회 심문에서 기도는 1931년에 일어난 쿠데타 미수사건^{3월사건[9]}의 개략을 말하면서, 이 사건의 참가자 이름을 다음과 같이 확실하게 지적했다.

"3월사건은 고이소 구니아키^{小磯国昭, 육군성 군무국장}, 다테카와 요시쓰구^{建川}

---

9 **[역주]** 1931년 1월 13일에 우가키는 육군대신 저택에서 스기야마(杉山), 니노미야(二宮), 고이소(小磯), 다테가와(建川), 야마와키(山脇), 나가타(永田), 하시모토(橋本), 네모토(根本)와 국내개조를 위한 방법을 협의했다. 그리고 같은 달 우가키의 뜻을 이어받은 니노미야가 하시모토를 불러 우가키가 정권을 탈취하기 위한 계획을 수립하도록 지시했으나, 최종적으로 우가키의 동의를 얻지 못하고 미수에 그쳤다.

美次, 참모본부 제2부장, 니노미야 하루시게二宮治重, 참모차장, 하시모토 긴고로橋本欣五郎, 중령, 시게토 지아키重藤千秋, 중령 등 육군의 일부가 우가키 가즈시게 육군대신을 등에 업고 정권을 탈취하기 위해 세운 음모였다." 또 민간에서 이 사건에 호응한 인물로 우익인 오카와 슈메이大川周明의 역할도 강조했다. 이날의 심문에서는 만주사변 전에 만몽 문제를 강경하게 해결해야 한다고 주장한 육군 내의 비밀결사 사쿠라회桜会[10]의 역할이 화제가 되었고, 기도는 그 중심 인물로 하시모토와 시게토의 이름을 특별히 지적했다.

만주사변은 음모인가

1월 21일의 제4회 심문은 만주사변의 발발이 요점이었다. 기도는 류조호柳条湖사건 직후, 정부의 사변불확대 정책에도 불구하고 사변확대를 획책한 인물은 누구냐는 서켓의 물음에 "관동군의 참모장교들이었습니다"라고 답했다. 그리고 "이시와라라는 이름의 참모장교가 특히 강경한 태도였습니다"고 답해, 관동군 참모인 이시와라 간지石原莞爾 중령의 이름을 처음으로 지적했다. 또한 민간 우익에서 정부의 불확대 정책에 반대한 인물로는 오카와 슈메이의 이름만을 언급했다.

그리고 이날의 심문에서 기도는 당시 류조호의 만주철도선 폭파가 일본인의 음모라는 소문을 들은 적이 있다고 말했다. 이 때문에 서켓이 그 소문을 어디에서 들었는가라고 묻자, 기도는 "신문에서 그것을 알게 되었습니다"고 답하고 있다. 검열하에 있던 당시 신문에 그러한 기사가 실릴 리가 없기 때문에, 이는 정보의 출처를 감추려는 기도의 명백한 거짓말일 것이다.

---

10 **[역주]** 일본을 군사국가화와 익찬의회체제(翼賛議会体制) 개조를 목표로 하여 1930년에 결성한 초국가주의적 비밀결사로 군벌조직이다.

1월 23일의 제5회 심문도 만주사변 관계였다. 서킷은 처음에 육군의 도이하라 겐지土肥原賢二 이름을 끄집어내서, "내가 이해하기로는 만주에서의 무력행사를 주장한 일파와 분쟁의 평화적 해결을 주장한 일파가 있었는데, 도이하라 대령은 어느 쪽의 그룹에 속해 있었습니까?"라고 물었다. 이에 기도는 도이하라에 대해서는 "모른다"고 답하고 있다. 이 질문에 나타나 있는 것처럼, 서킷은 만주사변을 둘러싼 일본 지배층의 대응에 대해서 육군을 중심으로 한 무력확대파와 정부 등 평화해결파 두 개의 조류가 존재한다고 생각했다. 따라서 기도의 심문에서 전자의 중심 인물을 색출해내는 것을 당면 목표로 하고 있었던 것이다. 이 서킷의 생각은 만주사변 확대의 진상을 이해하는 데는 지나치게 단순한 이분법이었지만, 기도에게는 좋은 상황이었다.

기도는 자기의 정치 그룹을 자유주의적인 평화해결파라고 이미지화하면서, 동시에 기도 등과 대립하는 그룹은 "참모본부에서는 하시모토 중령, 네모토 히로시根本博 중령 등과 관동군의 이시와라 등입니다. 이 사람들이 그 그룹의 지도자였다고 생각합니다"라고 강조해서 대답했다. 또한, "미나미 지로南次郎 육군대신은 육군 프로그램의 강력한 지지자였죠?"라는 물음에는 "그렇습니다"라고 대답했다. 나아가, "미나미는 만주국 수립 계획에 찬성하고 있었죠?"라는 물음에도 "그는 내각 회의에서 그것을 완강하게 주장했습니다"라고 밝혔다. 이어 "그럼 아라키 사다오도 같은 부류였죠?"라는 질문을 받자, "아라키도 같은 생각이었다고 생각합니다"라고 동의했다.

그리고 1월 24일의 제6회 심문에서, 서킷은 만주에서의 무력행사와 국내에서 육군의 정치제패를 주도한 중심 인물로 기도가 이미 밝힌 미나미 지로, 아라키 사다오, 마사키 진자부로真崎甚三郎, 하시모토 긴고로, 네모토

아라키 사다오(荒木貞夫)

히로시, 이시와라 간지의 이름을 지적했다. 기도는 "그들이 주요한 지도자입니다"라고 재확인했다. 또한 청년 장교들이 아라키와 마사키를 따르고 있었다는 것도 강조했다. 그리고 이날 새로이 등장한 인물은 관동군 고급참모였던 이타가키 세이시로板垣征四郎로, 기도는 이타가키도 이시와라와 같은 부류라고 단언하면서 육군내 지도 그룹의 리스트에 넣는 것에 동의했다.

2·26사건까지 잘못한 것은 모두 군인

1월 28일의 제7회 심문에서, 화제는 1932년 1월부터 발생한 상하이사변上海事變으로 옮겨갔다. 이날은 새로이 고이소 구니아키 육군성 군무국장의 역할이 문제가 되었고, 기도는 고이소를 만주에 대한 침략 행동을 주장한 사람들의 명단에 추가하는 것에 동의했다.

이어 1월 29일의 제8회 심문에서는, 1932년의 이누카이 내각 시기가 계속해서 화제가 되었다. 기도는 정부가 통제할 수 없을 정도로 군부의 세력이 비대하게 되었으며, 당시에 기도 등의 정치 그룹이 가장 두려워한 육군 그룹의 중심 인물은 '황도파'의 아라키와 마사키였고 더불어 고이소도 급진주의자였다고 말했다.

그리고 이 시기의 해군에 대해서는 육군만큼 침략적이지 않았다고 지적했다. 심문의 마지막에 서킷은 "9개국 조약을 위반하고 만주 진출을 주장한 군부의 명단에 오바타 도시로小畑敏四郎, 참모본부 제3부장를 추가해도 좋다고 생각합니까?"라고 물었는데, 기도는 "그의 지위로 보아 그렇다고 생각합니다"라고 답했다. 단, 마사키의 부하였던 오바타에 대해서는 1월 31일의 제9회 심문에서, 오히려 군의 정치 관여에 반대했다고 변호했다.

어쨌든 1월 31일의 심문 이후에도, 「기도 일기」의 기술을 참조하면서 1936년 2·26사건까지 서킷의 질문이 반복되었다. 거기서 기도가 새로이 지적한 육군 군인은 나가타 데쓰잔永田鉄山, 스즈키 데이이치鈴木貞一, 하야시 센쥬로, 마쓰이 이와네松井石根, 오카무라 야스지岡村寧次였다. 또한 기도가 자주 강조한 것은 아라키 사다오와 마사키 진자부로의 중대한 역할이었는데, 그는 "군의 정치 개입은 아라키보다 참모차장에 이어 교육총감, 군사참의관이 된 마사키가 강경했다"고 지적했다. 결국 기도는 2·26사건까지의 심문에서 오카와 슈메이를 제외하고 모두 육군 군인의 이름을 거론한 것이다. 육군 군인에 '황도파', '통제파'의 구별은 없지만, 인상적인 것은 '황도파'인 마사키에 대한 언급이 많아서 기도가 마사키에게 혐오에 가까운 감정을 가지고 있었던 것을 알 수 있다.

물론 서킷은 만주 침략의 책임이 참모본부와 육군성, 나아가서는 관동군의 중요 인물에게 있다는 설명에 완전히 만족하고 있었던 것은 아니다. 2월 7일의 심문에서, 서킷은 일본의 국제연맹 탈퇴에 이르는 경위를 물었고, 탈퇴에 반대한 인물의 이름을 질문했지만, 기도는 "아무도 없다"고 대답했다. 이에 서킷은 "결국, 군부뿐 아니라 정부도 군부에 추종했다는 점에서 만주사변에 책임이 있겠지요"라고 재차 확인하자, 기도도 그것을 긍정할 수밖에 없었다. 다만 기도는 정부에서 책임을 져야 할 인물의 이름은 특별히 거론하지 않고 넘어갔다.

천황의 언동을 둘러싼 긴박한 공방

다음으로, 천황의 언동을 둘러싼 심문 내용을 살펴보자. 심문 후반에는

「기도 일기」 앞에서 협의하는 검사들

매회 천황 문제를 둘러싸고 서켓과 기도 사이에 공방이 되풀이되었다. 예를 들어, 1월 23일의 제5회 심문에서 천황의 만주사변에 대한 대응을 둘러싸고 긴박한 대화가 이루어졌다. 서켓이 "천황은 만주에서의 (일본군의) 침략을 완화하기 위해 무엇을 하려고 했습니까?"라고 묻자, 기도는 "폐하는 사태가 더 이상 확대되는 것을 막도록 권고하셨지만, 육군대신 미나미지로는 사태에 대처하지 못했습니다. (일본군이) 장성선長城線을 넘어서 중국 본토까지 무력으로 진출할 우려도 있었지만, 폐하는 스스로 육군차관 스기야마 하지메杉山元에게 그것을 막도록 명하셨고, 참모차장기도는 이후의 발언에서 마사키 진자부로라고 서술하고 있지만, 정확히는 니노미야 하루시게이 중국 본토진출 계획을 막았습니다. 따라서 폐하는 사변의 확대를 막기 위해 최선을 다하셨습니다"라고 답했다.

이어서 서켓은 "천황도 육군이 만주에 머물지 않고 그대로 중국 본토로 진격하는 것을 걱정하고 있었던 것입니까?"라고 물었고, 기도는 긍정했다. 그러자 서켓은 "사태가 지극히 중대해졌을 때, 천황이 나서서 명확한 태도를 취하는 일이 있었던 것이네요?"라고 재차 확인했다. 서켓의 이질문은 중대한 것이다. 기도는 "그것은 확실치 않습니다. 폐하는 그 일을 직접 명령하지 않으셨지만, 참모차장을 통해서 그런 명령을 내리셨던 것이라고 생각합니다"라고 말하면서 정면으로 대답하는 것을 피했다.

나아가 서켓은 "천황은 육군이 중국 본토가 아니라 만주에서도 더 이상 진격하는 것을 막기 위해서, 희망을 표명하거나, 누군가를 만주에 파견하거나 한 일이 있습니까?"라고 연이어 물었다. 기도는 "만주사변의 불확대에 대해서, 폐하는 아무 말도 하지 않으셨습니다"고 대답했다. 기도의 대답에 서켓은 "결국 천황은 육군이 중국 본토로 진출해서는 안 된다는 태도를 취했지만, 만주에서의 육군의 행동에 관해서는 어떤 태도도 보이지 않았다", "천황은 만주에서 일어나고 있는 일에 개입할 생각은 없었지만, 중국 본토로의 확대를 방지하기 위해 의견을 표명해서 개입할 마음이 들었던 것입니까?"라는 신랄한 질문을 되풀이했다. 결국 기도가 마지못해 "그렇습니다"라고 답하면서 이날의 심문은 끝났다. 이날의 심문에서 서켓은 일본군의 군사 행동이 중국 본토로 확대되지 않는 한, 천황은 만주사변 그 자체에는 반대하지 않았다는 것을 확인하려고 했던 것이다.

천황의 부작위不作爲를 어떻게 볼 것인가?

1월 24일의 제6회 심문에서는, 일본의 '만주국' 수립과 국제연맹 탈퇴를 둘러싼 천황의 대응이 화제가 되었다.

"만주에 일본의 지배하에 있는 독립국가를 수립하는 것에 대해 천황의 태도는 어떠했습니까?"라고 서켓이 묻자, 기도는 "확실히 폐하는 거기에 그다지 찬성하지 않으셨지만, 당시 나는 폐하와 접촉이 없었기 때문에 모릅니다"라고 대답했다. 이어 서킷은 "천황이 거기에 찬성하지 않았다면, 그는 그런 움직임일본의 연맹탈퇴에 반대해서 자신의 영향력을 행사하기 위해 어떠한 일을 했습니까?"라고 물었다. 여기에 대해서 기도는 "딱히 아무 이야기도 듣지 못했지만, 일본이 국제연맹에서 탈퇴하지 않도록 폐하가 요청하셨다는 것은 내대신에게서 들었습니다"라고 대답했다.

그러자 서킷은 "일본의 정치제도에서는, 천황이 정말로 그렇게 생각하고 있었다면 좀 더 적극적인 태도를 취할 수는 없었던 것입니까?"라고 물었다. 이어 서킷은 1945년 8월의 천황 '종전終戰' 결단을 예로 들어, "사태가 절망적인 상태가 된 순간, 천황은 전쟁을 종료시키기 위해 매우 적극적인 태도를 취한 것을 알고 있습니다. 그가 바란다면 같은 권한으로 이 당시에도 적극적으로 지도할 수 있었던 것은 아닙니까?"라고 질문했다. 기도는 여기에 대해 "천황 폐하가 전쟁을 종료시킨 이유는 국민의 생명이 위험해졌기 때문이지만, 그 이전에는 내각이 제안한 것은 무엇이든 천황 폐하가 승인하는 것이 관습이었기 때문에, 천황 폐하가 내각이 제출한 법안을 결코 거부할 수 없으셨다는 것은 단언할 수 있습니다"라고 답했다.

서킷은 기도의 이 설명에 납득하지 않았다. 기도는 매회 천황의 평화적 의사를 강조했지만, 서킷은 언제나 문제는 의사가 아니라 그에 동반하는 행동이었으며, 정치책임의 핵심도 거기에 있다고 확신하고 있었다. "나는 천황이 이 상황에서 왜 더욱더 확실한 태도를 취하지 않았었는지를 해명하고 싶을 뿐이다"라는 말에 서킷의 진의가 집약되어 있다. 서킷은 이 이해할 수 없는 부분을 해명하기 위해 이후의 심문에서도 천황에 관한 질문을 계속했다.

4. 심문－1941년

'취조받지 않은 주요 사항'

1946년 2월 23일이 되자, 서켓은 그때까지 1936년 2・26사건 관계에 대해 심문하다가 갑자기 1941년 1월의 「기도 일기」 기술에 관한 질문으로 건너뛰었다. 이후 기도 심문은 같은 해 3월 16일까지 이어지지만, 일기의 기술을 직접 대상으로 한 내용은 제3차 고노에 내각 총사직부터 후계 수상으로 도조 히데키를 추천한 1941년 10월 17일의 중신 회의에 관한 시점에서 중단되었다. 이 사이에는 진주만 공격 등 태평양전쟁 개전을 둘러싼 대화를 여러 차례 진행했다.

즉, 기도 심문에서는 1937년부터 1940년까지, 1942년부터 1945년까지의 「기도 일기」에 대한 취조가 전부 누락되어 있다. 기도는 후에 '취조받지 않은 주요 사항'으로 "내가 제1차 고노에 내각에 입각한 경위, 지나사변중일전쟁에 대한 견해와 태도, 문부・후생・내무 각 대신 재직 중의 업적, 내대신에 취임한 경위, 1941년 1월부터 10월 17일까지를 제외한 내대신 재직 중의 업적수상을 7회 주청했는데, 취조를 받은 것은 도조 수상 때뿐이다"을 꼽았다.

기도는 피고가 된 후에 기소장에 기록된 자신의 소추사항을 읽고, "소추된 많은 부분은 이 취조받지 않은 부분이다"라고 말했다. 그리고 "소추사항에 대해서는 일부러 피고의 취조를 회피하려는 것이 아닌가라고 추측할 수 있다. 이는 심히 편파적이기 때문에 인권을 침해할 수 있으며, 또이런 근거로 작성한 기소장은 매우 독단적이며 제대로 갖춰지지 않은 것이라고 생각한다"고 불만을 늘어놓았다.

서켓은 2월 23일의 심문을 시작하면서, 조사를 급히 1941년으로 건너뛴 이유에 대해 1937년부터 1940년까지의 「기도 일기」 번역이 일부 늦어졌기 때문이라고 설명했다. 하지만 이것은 변명이었다. 기도가 말한 것처럼 고의로 1937년부터 1940년까지의 심문을 피한 것이 아니라, 진짜 이유는 시간이 없었던 것이다. 국제검찰국은 피고 선정을 서두르고 있었기 때문에, 기존에 진행한 것처럼 매해 일기의 기술에 대해서 서켓이 꼼꼼히 질문할 여유가 없어졌다. 따라서 그는 제1회 심문에서 초점이 되었던 태평양전쟁의 개전경위를 바로 확인하기 위해서 급히 1941년으로 심문 내용을 변경했다는 것이 사태의 진상이다.

스가모형무소의 취조실

여기서는 앞 절과 마찬가지로 기도 심문 조서 후반부의 주안점을 소개해 보자.

1941년에 기도는 이미 내대신에 취임해 있었고, 천황으로부터 두터운 신뢰를 받는 최측근으로서 정치의 중추에서 강한 영향력을 행사하고 있었다. 같은 궁중에 있었지만, 1936년 이전과는 격이 다른 지위에 있었던 것이다. 이 때문에 「기도 일기」에도 개전 결정에 이르는 중대한 기사가 속출한다. 서켓과 기도의 응수는 심문 후반에 한층 긴장감이 돌았고, 기도는 자기의 정치책임을 부정하기 위해서 필사적으로 변명했다.

즉, 검찰국의 책임 추궁을 피하기 위해서는 명백한 거짓도 필요하며, 다른 누군가에게 책임을 전가할 수밖에 없었다. GHQ의 체포 명령이 내려진 당일에 기도는 『아사히신문』 기자에게 "전쟁 자체에 대해서도 지금 말하면 여러 오해를 불러일으키기 쉽기 때문에 말하고 싶지 않다"고 말했다. 하지만 기도는 스가모형무소 취조실의 밀실에서는 검찰 측의 태도를 살피면서 상당히 쉽게 털어놓고 있다. 따라서 일단 후반의 심문 중, 피고 선정에 직결되는 기도의 응답을 다시 살펴보도록 하자.

2월 23일의 제19회 심문에서는, 먼저 1941년 초의 정치 정세가 화제가 되었다. 기도는 당시 '남방 문제'가 유독 긴장되어 있었다고 이야기하고, 제2차 고노에 내각하에서 육군의 정치적 발언력은 이전보다 훨씬 강해졌다고 답했다. "1941년 1월, 일본의 정치 문제에서 그런 강력한 영향력을 발휘한 육군 그룹의 진짜 리더는 누구였습니까?"라고 서킷이 묻자, 기도는 "육군에서는 (육군성) 군무국, 특히 군무국장이 그러했으며, 사토 겐료가 역시 중심 인물이었습니다"라고 답했다. 제1회 심문과 마찬가지로 기도는 가장 먼저 사토의 이름을 지적했던 것이다. 부연하면, 사토는 1941년 1월 당시에 아직 육군성 군무국 군무과장이었고, 무토 아키라의 뒤를 이어서 군무국장이 된 것은 태평양전쟁 개시 후인 1942년 4월이었다.

어쨌든 기도에게는 육군강경파로 사토의 인상이 강렬했으며, 게다가 호의를 가지고 있지 않은 상대였던 것이다. 그리고 이날의 심문 후반에 기도는 서킷의 물음에 대해, 군무국장이었던 무토도 사토와 마찬가지로 육군 그룹의 리더였다고 첨언했다.

한편, 기도는 해군에 대해서는 "해군성보다는 함대근무 장교가 강경론을 주장했다"고 답했다. 그 중심 인물의 이름을 추궁하자, 급진주의자로 기억에 남아 있던 인물로 이시카와 신고石川信吾, 해군성 군무국 제2과장 대령만을 지적했다.

그리고 서킷은 당시 일본의 대외 정책 결정에 중요한 영향력을 발휘한 인물로 사토 겐료, 도조 히데키육군대신, 마쓰오카 요스케松岡洋右, 외무대신의 이름을 언급하고, 이 3명에 고노에를 추가해도 좋을지 물었다. 이에 대해 기도는 "물론 고노에는 수상이라는 지위에서 보더라도 당연히 포함되어야 합니다. 하지만 위의 3명과 같은 수준에서 포함시킬 인물은 없다고 생각합니다"라고 대답했다. 그리고 기도는 서킷에게, 고노에는 마쓰오카를 등용하긴 했지만 마쓰오카의 행동은 고민거리였으며, (제2차) 고노에 내각 총사직의 원인은 고노에가 마쓰오카의 외교 정책에 동의하지 않았기 때문이라고 말했다. 결국 고노에는 마쓰오카에게 끌려다녔다는 것이 기도의 설명이었다.

마쓰오카 요스케 비판

이후의 심문에서는 한동안 마쓰오카의 역할이 핵심이었다. 즉, 2월 23일의 심문에서, 일본군의 프랑스령 인도차이나현재의 베트남 남부 진주 등 남진 정책[11]의 주창자는 도조 및 육·해군의 통수부와 함께 마쓰오카였는가라는 질문에 기도는 그렇다고 답했다. 다음 2월 25일의 제20회 심문에서도 처음부터 마쓰오카의 남진계획이 화제가 되었고, 기도는 마쓰오카의 구상에 나타난 '과격한 입장'을 지적했다. 이에 서킷은 "당신이 말하는 '과격한 입장'이라는 것은 어떤 것입니까"라고 묻자, 기도는 즉시 "침략적이라는 것입니다"라고 단언했다.

게다가 기도는 이날 심문에서 육·해군이 마쓰오카의 남진계획을 지지하고 있었다는 것도 증언했다. 그리고 마쓰오카가 1941년 3월에 독일, 이탈리아, 소련을 방문하고 4월에 귀국하자마자, 제2차 고노에 내각이 진행시킨 미일교섭에 반대한 이유에 대해 설명했다. 기도는 "마쓰오카는 무슨 일이든 자신이 하지 않으면 못 참는 성질이었기 때문이라고 생각합니다. 그는 자신에 대해 말도 안 되는 환상을 품고 있었습니다"라고 서술

---

11 **[역주]** 1930년대 후반 중일전쟁이 장기화하자, 미일 관계가 더욱 악화되어 육군의 '북진론'과 함께 해군 등을 중심으로 남방지역(현재의 동남아시아)을 점령하여 전략물자를 확보하자는 '남진론'이 대립하였다.

했다. 이후 심문에서도 마쓰오카가 일소중립조약을 체결했음에도 불구하고 6월 22일에 독소전이 시작되자 마쓰오카가 천황에게 즉시 소련을 공격해야 한다고 상주한 일을 언급하는 등, 기도는 끝없이 마쓰오카를 혹독하게 비판했다.

그러자 서킷은 고노에가 어째서 그런 마쓰오카를 외무대신으로 등용한 것이냐고 물었다. 이에 기도는 마쓰오카는 제1차 세계대전 후에 개최한 베르사유 강화 회의 이후 고노에와 계속 친밀한 사이였다고 밝혔다. 그리고 "마쓰오카는 매우 행동적이고, 게다가 자신의 의견을 확실히 말합니다. 고노에는 많든 적든 마쓰오카의 활동과 의견을 자신의 것으로 받아들이고 있었다고 생각합니다"라고 대답했다. 또한 고노에가 마쓰오카를 외무대신으로 등용한 것은, 그때까지 외무대신의 약한 입장과 달리 마쓰오카는 "외교일원화"를 주장해서 군부의 외교 개입을 배제하는 강한 입장을 취했기 때문이었다고 설명했다. 더불어, 고노에와 마쓰오카가 결렬하게 된 것은 마쓰오카가 유럽방문 여행에서 귀국한 이후이고, 특히 독소전에 대한 마쓰오카의 태도에 고노에가 매우 실망했다고 말했다. 2월26일, 제21회 심문

특이할 정도의 기시 노부스케岸信介 옹호

개전 책임의 소재를 둘러싼 기도의 발언에서 군인을 제외한 문관으로서는 마쓰오카의 역할이 의도적으로 강조되어 있었지만, 우연히 2월 25일의 제20회 심문에서 기시 노부스케제2차 고노에 내각 상공차관의 역할이 문제가 되었다. 1941년 2월 26일의 「기도 일기」에 기도와 기시의 회합 내용이 있었기 때문이다.

서킷은 기시가 도조 내각에서 상공대신이 된 인물이라고 확인하고 기시가 우익인지 물었다. 기도는 이를 부정하고, "그는 아주 유능한 관료의

한 사람입니다"라고 대답했다. 기시는 보수적인 그룹으로 분류할 수 있는가라는 물음에도, 기도는 "그는 정부 공무원으로서는 대단히 진보적이었습니다"라고 답했다. 기시에 대한 기도의 옹호는 계속 이어져, 기시가 도조의 친구냐는 질문에 도조와는 오랜 친구는 아니지만, 만주에서 공무원으로 있었던 탓에 도조와 아는 사이가 되었다고 설명했다. 기시는 팽창주의자인가라는 질문에 기도는 남방자원의 획득에 대해서도 무력에 의지하지 않고 목적을 달성하기 위해 노력했다고 생각한다면서 기시를 감쌌다.

심문 조서에서 기도가 기시를 변호한 것은 특이한데, 이는 두 사람의 친밀한 관계를 암시하는 것이다. 두 사람 모두 출신부터 '죠슈長州'의 계보를 이었고, 게다가 기시는 도쿄제국대학 법학부를 졸업한 후 기도와 같은 농상무성에 들어갔다. 뿐만 아니라 기도는 상공성 임시산업합리국 제1부장이었던 시절에 그의 주임사무관으로 일했다. 기도는 도조를 수상으로 추천하여 도조 내각을 출현시키는 원동력이 되었으며, 전쟁 상황이 악화될 때까지는 도조를 깊이 신뢰하고 있었다.

하지만 1944년 사이판섬이 함락한 후부터 기도는 도조를 버렸다. 이에 도조 내각의 각료였던 기시는 은밀히 기도에게 호응하여, 궁정 그룹의 도조 내각 타도공작에 참가하여 내각총사직을 측면에서 실현시켰다. 기시는 '만주국'의 고관 시절부터 긴밀한 관계였던 도조를 단념하고 기도의 뜻에 따른 것이다.

심문에서 기도가 기시를 변호한 것은 과거 기시의 '충성'을 평가한 것이었을까? 같은 전범 용의자로 구금되어 있었던 기시도 심문에서 도조 등의 전쟁책임은 시사했지만, 역시 기도의 역할에 대해서는 추궁당해도 입을 닫고 말하지 않았다.

7명의 "대동아" 지도자

한편 서켓의 심문은 「기도 일기」의 기술에 따라 일본의 프랑스령 인도차이나 남부 진주, 독소전 개시를 둘러싼 문제를 거쳐, 1941년 7월 2일의 어전 회의御前會義에 이르렀다. 이 어전 회의는 육해군의 방침을 기본적으로 받아들여 "정세의 추이에 따른 제국국책요강"을 원안 그대로 결정한 것이다. 그 핵심은 첫째, 남진 정책의 실현을 위해서는 '대영미전을 그만두지 않는다', 둘째, '독소전쟁의 추이가 제국을 위해 유리하게 진전되면 무력을 행사해서 북방 문제를 해결한다'는 방침을 최고 국책으로 결정한 것이었다. 즉, 대영미전과 대소련전을 모두 할 수 있도록 준비한다는 남북병진 정책이 국가의사로 결정되었던 것이다.

7월 2일의 어전 회의 국책 결정 결과, 육군은 7월 28일 프랑스령 인도차이나 남부로 진주를 개시하면서, 대소전 준비를 위한 연습 명목으로 70만의 대병력을 만주에 집결시켰다.관동군특종연습(関東軍特種演習)[12] 그리고 미·영·네덜란드 각국은 일본의 구체화된 남진 정책을 당연히 남방작전의 첫걸음으로 인식했다. 미국은 이에 대한 보복 조치로 7월 25일에 재미일본자산을 동결하고, 8월 1일에 대일석유수출을 전면 정지하였다. 영국, 네덜란드령 동인도현재의 인도네시아 당국도 일본자산을 동결했다. 미일 관계는 극도로 악화되어, 미일교섭의 기반은 무너져 내렸다. 미국으로부터 군 최대의 전략물자였던 석유를 수입할 수 없게 되자, 육·해군 특히 해군은 큰 타격을 받았다. 육군뿐 아니라 해군에서도 조기개전론이 급속하게 퍼지고 있었다.

---

12 **[역주]** 독소개전 시에 만주 국경에서 관동군이 연습을 명목으로 한 군사 행동으로 약칭 '관특연(關特演)'이라고도 한다. 일소중립조약 체결중인 일본이 독일군과 협동하여 대소전을 예상하고 준비한 것이다.

서켓은 7월 2일 어전 회의 전후의 정세가 긴박하게 된 것을 언급하면서, 일본의 남진 정책은 중국, 프랑스령 인도차이나, 태국, 남태평양 등 '대동아'에서 일본의 지도권을 확립하기 위한 일환이라고 지적했다. 그리고 기도에게 '대동아'에서 일본의 지도권을 강압적으로 확립하려고 한 대표적 인물이 누구인지 재확인을 요구했다.3월 1일, 제23회 심문 서켓의 질문은 그때까지의 심문 내용을 중간 총괄하려고 한 것이었는데, 그가 여기서 거론한 이름은 도조, 마쓰오카, 이시와라 간지, 마사키 진자부로, 스즈키 데이이치, 무토 아키라, 사토 겐료였다. 기도는 이 7명에 대해서 각각 "그렇습니다"라고 동의했다. 기도는 이들 7명 모두 '대동아'에서 일본의 패권 확립을 위한 사상을 노골적으로 주장한 대표 인물이라고 재확인했다.

기도와 서켓의 중간 총괄

이 부분에서 기도가 마사키와 이시와라에 대해서도 곧바로 동의한 것은 이상한 일이다. 두 사람 모두 1941년에 예비역으로 편입하여 일본의 대외 정책 결정에 미치는 영향력은 지극히 작았다.

마사키에 대한 기도의 혐오감은 이미 지적했지만, 이시와라에 대해서도 마찬가지였던 듯하다. 기도는 2월 25일의 제20회 심문에서, 도조가 1941년 3월에 상당한 반대 분위기가 있었음에도 불구하고, 이시와라에게 대기 명령을 내리고 예비역 편입을 단행한 것은 도조가 잘한 일이라고 말했다. 기도는 질서를 최우선하는 관료 기질의 전형적 인물로 이 점은 도조와 공통적이다. 이러한 기도의 입장에서 보면, 민간과도 결탁하여 동아연맹운동을 추진하고, 반도조의 기치를 선명하게 드러냈던 이시와라는 배제해야 할 존재였던 것이다. 또한 앞의 7명에 더해 해군에서도 이러한 패권사상을 강하게 주장한 인물이 있었는가라는 서켓의 질문에 기도가 그런 인물은 없다고 대답한 것과 대조적이다.

이후 서킷의 심문은 「기도 일기」 중에서 중요한 시기인 1941년 7월 18일에 성립한 제3차 고노에 내각으로 넘어갔지만, 도중에 개전 책임을 져야 할 주요 인물을 여러 차례 확인하고 있다. 예를 들면, 3월 5일의 제25회 심문에서, 서킷은 일본의 남진 정책을 단순히 중일전쟁의 해결을 위한 것뿐 아니라, 나아가 남태평양지역에 군사기지를 확보하여 남방작전을 적극적으로 준비하려고 했던 인물로 육군의 도조 히데키, 무토 아키라, 이타가키 세이시로, 마사키 진자부로, 아라키 사다오, 스기야마 하지메 참모총장, 그리고 제3차 고노에 내각의 오이카와 고시로 해상, 도요다 데이지로 외상, 스즈키 데이이치 기획원 총재들의 이름을 거론했다. 이들 인물 중 기도가 적극적으로 긍정한 것은 도조와 무토였다.

또 해군으로 이야기가 이어지자, 기도는 야마모토 이소로쿠 연합함대 사령장관은 전쟁반대론자이고, 오히려 퇴역한 장관인 스에쓰구 노부마사末次信正와 나카무라 료조中村良三 두 대장이 강경론을 주장하는 청년 장교의 중심에 있었다고 설명했다.

결국, 이날 심문의 마지막에 서킷은 기도가 그때까지 대답한 내용을 요약하여, "당시 일본의 국책은 극동에서의 현상을 타파하고 일본을 지배 세력으로 만드는 것에 있었으며, 일본 정부 내에 평화적 방법으로 그 목적을 달성하려고 하는 파와 무력에 호소해서 실현하려는 파가 있었다는 것인가"라고 기도에게 물었다. 그러자 기도는 전면적으로 긍정했다.

그리고 기도는 서킷이 말한 무력해결파 지도자의 명단에 도조, 스기야마, 무토, 나가노 오사미永野修身 군령부총장, 시마다 시게타로 도조 내각 해상을 넣는 것에 찬성했다. 하지만 도요다 데이지로와 도고 시게노리 도조 내각 외상에 대해서는 두 사람 모두 마지막까지 미일교섭을 통해 전쟁을 회피하려고 노력했다고 말하면서, 그 둘을 명단에서 빼야 한다고 주장했다. 결국, 이 두 사람에 대해서는 앞서 기술한 무력해결파의 추종자였다는 것으로 기도와 서킷이 양해했다.

기도의 전쟁책임관

이어서 기도 고이치 심문 조서 중 1941년에 관한 내용을 소개해 보도록 하자.

심문 담당관인 서킷은 기도에게 매회마다 무력남진 정책과 대영미전쟁의 길을 적극적으로 추진한 인물을 캐물었지만, 1946년 3월 6일의 제26회 심문 이후에 특별히 새로운 인물은 출현하지 않았다. 서킷은 그때까지 추려낸 인물의 역할을 「기도 일기」의 기술 진행에 따라 재확인했다.

예를 들어, 최후의 심문이 된 3월 16일의 제30회 심문에서 서킷은 무력남진에 의해서 '대동아공영권' 확립을 강행하려고 했던 군부의 대표적인 지도자로 도조 히데키, 나가노 오사미, 오이카와 고시로, 스기야마 하지메, 무토 아키라의 이름을 거론했다. 이에 대해 기도는 오이카와 이외에는 거기에 해당한다고 동의했다.

기도는 30회에 걸친 심문에서 서킷의 질문에 답하면서, 만주사변 전후부터 태평양전쟁 개전에 이르는 시기까지 적극적으로 정치·전쟁책임을 져야 할 인물의 이름과 그 언동을 상당히 구체적으로 밝혀 왔다. 기도의 이 진술은 다른 전범 용의자와 관계자의 심문과 비교해도 국제검찰국의 피고 선정 활동에 직접적이면서 최대의 영향력을 미친 것이라 할 수 있다.

참고로 기도가 서킷의 질문에 답하면서 중대한 정치책임과 전쟁책임이 있다고 밝히거나 시사한 인물 중에, 결과적으로 도쿄재판의 피고로 선정된 것은 15명이나 된다. 전체 피고인 28명의 반을 넘는 인원이다.

15명의 내역은, 육군에서는 미나미 지로, 아라키 사다오, 고이소 구니아키, 이타가키 세이시로, 하시모토 긴고로, 마쓰이 이와네, 스즈키 데이이치, 도조 히데키, 무토 아키라, 사토 겐료 등 10명이다. 해군은 나가노 오사미, 시마다 시게타로, 오카 다카즈미岡敬純 등 3명, 그리고 외교관 마쓰오카 요스케와 우익 오카와 슈메이이다. 육군이 압도적이었다는 것에는 기도의 전쟁책임관이 반영되어 있을 것이다.

천황은 온건한 "불난집 도둑"파?

다음으로 1941년의 「기도 일기」 기사를 둘러싼 심문 중에, 천황의 언동에 관한 내용의 일단을 들어 보자. 동시에 내대신이었던 기도 본인의 언동을 둘러싼 응답도 검토해 보자.

「기도 일기」에는 당연히 2·26사건 이전보다 기도가 내대신의 요직에 있었던 1941년에 천황에 관한 기사가 자주 나온다. 일기에는 거의 매일처럼 기도가 천황을 '배알'한 기사가 나오고, 거기에서 천황이 직접 발언한 기사가 적혀 있는 경우도 있다. 서켓은 여기에 주목하여, 태평양전쟁 개전 전 천황의 언동을 확인하려고 매회 질문을 반복했다. 다만 후술하는 것처럼 이미 이 시점에서 검찰국장인 키난은 천황 면책 방침을 굳히고 있었기 때문에, 천황 문제에 대해서는 서켓도 마지막에 깊이 들어가는 것을 피하려는 태도가 엿보인다.

먼저 2월 23일의 제19회 심문에서는 1941년 1·2월경의 정세 특히 일본의 남진 정책의 강화를 둘러싼 천황의 태도가 문제가 되었다. 당시 태국과 프랑스령 인도차이나베트남, 라오스, 캄보디아 사이에 국경분쟁이 발생하여, 태국은 일본에 분쟁 조정을 요청했다. 이미 북부 프랑스령 인도차이나에 진주한 일본은 이 조정을 태국에 유리하게 해결함으로써 기지를 획득하여 남진의 발판을 굳히려고 했다. 결국 일본은 프랑스령 인도차이나에 압력을 가해서 태국에 영토를 할양하게 하고, 3월 11일에 태국·프랑스령 인도차이나 간의 국경가협정國境假協定을 맺게 했다.

서킷은 남방에서의 작전 준비를 위해서 프랑스령 인도차이나에 일본 기지를 획득하는 사안에 대한 천황의 태도는 어떠했는지 물었다. 이에 대해 기도는, 천황은 남진 정책이 이 지역에서의 전쟁확대로 이어지는 것을 심히 염려하고 있었지만 남진 정책 그 자체는 거부하지 않았다고 대답했다. 기도의 말에 의하면, 천황은 '지나사변중일전쟁'을 가능한 조속히 해결할 것을 열망하였고, 이를 위해서 남방에서 중국을 공격하는 것이 불가결하다고 통감하고 있었다는 설명이 된다.

또한 1941년 1월 30일, 대본영정부연락회의[13]는 '대프랑스령 인도차이나, 태국 시책요강'을 결정했다. 내용은 '프랑스령 인도차이나, 태국에 대해 군사, 정치, 경제에 걸쳐 긴밀한 결합을 설정할 것'을 목표로 '어쩔 수 없다면 프랑스령 인도차이나에 무력을 행사한다'는 방침이었다. 천황은 진작부터 이 남진 정책의 강화가 영미와의 관계를 급속히 악화시키는 것은 아닌가하는 불안을 가지고 있었지만, 결국 2월 1일에 이를 재가했다고 한다. 천황이 재가한 후 스스로의 심경을 기도에게 전한 말이 「기도 일기」의 2월 3일 항목에 적혀 있다. 즉, 천황은 "나의 신조로는 상대방의 약점에 편승하여 요구하는 듯한 소위 불난집 도둑의 방식을 좋아하지 않지만, 오늘날 세계의 대변국變局에 대처함에 이른바 송양지인宋襄之仁: 타인

---

13 **[역주]** 대본영(大本營, 청일전쟁부터 태평양전쟁까지 전시 중에 설치한 천황직속의 일본군 최고통수기관)과 정부 간의 협력을 위한 회의이다. 중일전쟁이 발발하고 나서 1937년 11월에 설치하였고, 의장은 내각총리대신이다. 정부에서는 외무대신·대장대신·육군대신·해군대신과 기획원총재, 통수부에서는 천황과 참모총장, 군령부총장이 참석했다.

에 대한 배려로 인해 반대로 자신이 손해를 보는 것을 당하는 결과가 되면 좋을 것이 없으니 그 안을 인정했다. 하지만 실행에 대해서는 신중을 기할 필요가 있다"고 말했던 것이다.

이미 유럽 전선에서는 동남아시아 각 식민지의 종주국이었던 프랑스, 네덜란드가 독일에 점령되었고, 영국도 독일의 공격을 받아 궁지에 처해 있었다. 천황은 이 '세계의 대변국'에 대처하여 '송양지인'의 어리석음을 피하고자 최종적으로는 무력남진도 어쩔 수 없다고 판단한 것이다. 「기도 일기」의 기사를 있는 그대로 읽으면, 천황은 결과적으로 '불난집 도둑' 의 방식을 선택한 것이 된다.

하지만 기도는 심문에서 천황이 언급한 '불난집 도둑의 방식은 좋아하지 않는다'는 심정을 누차 인용하면서 이것이 천황의 평화정신을 입증하는 증거라고 강조하고 있다. 2월 26일의 제21회 심문에서 기도는 천황이 프랑스령 인도차이나 당국과의 교섭에서 너무 가혹하게 해서는 안 된다고 말했다고 강조하면서, 이는 앞에서 언급한 2월 3일의 「기도 일기」에서 천황이 발언한 내용이라고 설명했다. 또 같은 날 심문에서, 기도는 6월 22일의 독소전 개시 직후 마쓰오카 외상이 천황에게 대소전 개전을 상주했지만, 천황이 이를 재가하지 않은 것도 타인의 약점을 노리는 불난집 도둑식의 짓을 매우 싫어했기 때문이라고 말했다.

남진 정책에 대한 서켓의 빈정거림

하지만 다른 한편으로 서켓은 "천황이 대소전을 재가하지 않았던 것은, 당시 무력과 상관없이 일본이 자원획득을 위한 남진계획에 지나치게 깊이 관여하고 있다는 것을 천황이 알고 있었기 때문에, 북방에서 전쟁을 시작하기에는 적당하지 않다고 판단했던 것은 아닌가"라고 물었다. 여기에 기도는 "그렇습니다"라고 답했다.

또한 3월 5일의 제25회 심문에서, 기도는 "나도 천황과 마찬가지로 세계의 대변동에 대처하여, 그냥 헛되이 수수방관할 수는 없으므로 불난집 도둑은 전혀 좋아하지 않지만, 이 기회에 평화적으로 남방에 진출하여 프랑스령 인도차이나 당국으로부터 양보를 받을 필요가 있다고 생각했다"고 서술했다. 이에 대해 서켓은, 기도가 일본이 프랑스령 인도차이나에 진주해서 대중국 작전을 위한 기지를 획득할 필요가 있다고 생각했다면, "당신은 그 목적을 달성하기 위해서 온건한 의미에서의 '불난집 도둑'에 찬성했던 것은 아닌가"라고 되물었다. 서켓도 빈정거림이 상당한 인물이었다.

역시나 기도라 해도 여기에는 제대로 대답하지 못했다. 대신 그대로 방관하고 있으면 국내의 불만이 폭발할 것이 뻔했기 때문에 남진으로 안전판을 삼을 필요가 있었다고 돌려 말해 대답을 회피했다. 서켓은 심문이 진행되는 가운데 기도와 천황이 온건한 '불난집 도둑'파에 속한다고 생각하게 되었다.

나아가 심문에서는 1941년에 열린 4회의 어전 회의 중 먼저 7월 2일의 어전 회의가 화제의 핵심이었다. 이 어전 회의는 앞에서도 소개한 것처럼, 첫째 남진 정책 실현을 위해서는 '대영미전을 불사한다'라는 방침과, 둘째 독소전의 추이가 일본에 유리하게 진전될 경우, '무력을 행사해서 북방 문제를 해결한다'는 방침, 즉 '남북병진南北倂進' 정책을 국가의사로 결정한 것이었다.

기도는 처음에 2월 27일의 심문에서, 이 7월 2일의 어전 회의 결정이 오직 독소전의 결과에 따라 일본의 대소 정책을 결정한 것이었다고 설명하고, '대영미전을 불사한다'는 방침은 고의로 말하지 않았다. 하지만 서켓은 심문 도중에, 미국은 이 어전 회의의 결정 내용을 일본 정부가 워싱턴의 주미대사에게 보낸 암호전보를 해독해서 알았다고 말했다. 그러자 기도는 자신의 정보는 전해 들은 것이어서, 그 쪽의 정보가 정확할 것이라고 회피했다.

기도는 어전 회의에서 '대영미전을 불사한다'고 결정한 사실을 어떻게든 감춰두고 싶었겠지만, 미국이 암호 해독으로 이 회의 결정의 전문을 입수했다고 하자, 무력 남진 정책 결정을 부정할 수 없게 되었던 것이다.

천황, 대미전을 결의하다

2월 27일의 심문 후반에는 이 어전 회의에 대한 천황의 태도가 문제시되었다. 이에 대해서 기도는 한결같이 천황이 속으로는 남진에 찬성하지 않았다고 설명하고 있다. 이에 서켓은 천황이 찬성하지 않았다면, 그래서 어떤 구체적인 지시를 정부나 통수부에 내렸는지 질문했다. 기도는 정부와 통수부의 일치된 주청에는 천황이 재가하는 것이 관례였다고 변명했다.

그리고 서켓은 "천황은 혹시 국제적인 마찰만 일어나지 않는다면, 사실은 프랑스령 인도차이나에 기지를 획득하는 정책에 전적으로 찬성했던 것은 아닙니까"라고 물었는데, 여기에 기도는 "그렇습니다"라고 대답했다. 여기에서 서켓은 천황이 기본적으로 남진 정책에는 찬성이었지만, 이 시점에서는 그것이 대미 관계를 악화시킬까 걱정했던 것을 확인하였다.

또한 서켓은 이후의 심문에서도 천황을 포함한 정부와 통수부의 지도자 모두가 남진 정책 그 자체에 기본적으로 찬성하고 있었으며, 의견 차이는 그것을 실현하는 수단의 차이에 불과하다는 것을 거듭 기도에게 확인했다. 결국 기도는 이를 긍정하고, 천황은 가능한 평화적 수단으로 남진을 실현하고자 했다는 점을 역설했다.

3월 1일의 제23회 심문에서는, 진주만 공격의 작전계획이 문제가 되었다. 이 점은 이미 제1회 심문에서도 소개했는데, 기도는 여기서도 개전 전에는 작전계획에 대해 전혀 몰랐다고 강조하고 있다. 천황은 통수부로부터 진주만 공격 계획을 들었지만, 천황은 기도에게 통수에 관계된 일을 말하지 않기 때문에, 자신은 개전 후에도 진주만에 대한 작전계획에 대해 알지 못했다고 단언했다.

기도는 이후의 심문에서도 진주만 공격에 대해서 천황은 알고 있었지만, 자신은 전혀 알지 못했다는 논리를 종종 주장했다. 아무래도 기도는 진주만 공격을 알지 못했다는 점이 개인변호의 열쇠가 된다고 생각한 듯, 이 점만은 심문에서 절대 인정하려고 하지 않았다.

한편, 3월 4일의 제24회 심문에서는 「기도 일기」의 1941년 7월 31일 기사가 화제가 되었다. 서킷이 바로 전날인 7월 30일에 해군 나가노 오사미 군령부총장이 천황에게 상주한 내용을 질문한 것이다. 천황과 나가노의 담화 내용에 대해 기도는, "나가노가 말씀드린 것은, 미국과의 전쟁은 극력 피하고 싶다는 점, 삼국 동맹이 있는 한 미국과의 국교 조정은 곤란하다는 점, 그리고 석유 비축량이 2년 정도이므로 미국과의 교섭을 길게 계속하는 것은 불이익이 되기 때문에 싸운다면 지금이라고 상주했다. 그리고 서면에서는 승산이 있다고 하지만 폐하로부터 (러일전쟁의 때의) 일본해 해전과 같은 대승리는 어렵지 않은가라는 질문에 일본해 해전의 승리는커녕 이길 수 있을지 없을지도 의문이라고 말씀드렸기 때문에, 폐하는 대단히 불안을 느껴 그런 자포자기하는 태도로는 곤란하다는 말씀이 있으셨다"고 요약했다.[14]

기도는 이 나가노의 상주에 대한 천황의 태도에 대해서 "폐하는 처음에는 미국과의 전쟁을 바라지 않으셨다. 그리고 자신의 의사로 국가를 전쟁 상태에 돌입시키는 데는 그 전에 승리에 대한 확신이 더 필요했던 것이다"라고 설명하고 있다. 기도의 이 설명에서, 천황은 이 무렵부터 점차 대미전을 피할 수 없다는 판단으로 기울었고, 무엇보다 대미전에서의 승산을 중시하게 되었다는 상황을 읽어낼 수 있다.

그리고 3월 6일의 제26회 심문에서는, 천황의 대미전 결의에 대해 서켓과 기도 사이에서 긴장감 도는 공방이 되풀이되었다. 이날의 심문에서는 「기도 일기」의 1941년 8월 11일 내용에서 천황이 현재 미일교섭의 진전을 심히 걱정하여, 기도에게 "지난날 고노에 수상이 상주한 (루즈벨트) 대통령과의 회담이 성공한다면 괜찮지만, 만약 미국이 일본의 제의를 단순하게 바로 수락하지 않을 경우에 실로 중대한 결의를 내리지 않을 수 없다고 생각한다"고 말한 부분이 문제가 되었다. 여기서 천황의 '중대한 결의'라는 것은 당연히 개전결의에 가까운 것이었을 것이다.

기도의 급소

이에 서켓은 기도에게 천황이 말한 '중대한 결의'가 무엇을 의미하는지에 대한 설명을 요구했다. 기도는 처음엔 대답을 회피하려 했지만, 다시 서켓이 물어오자 천황의 '중대한 결의'란 미국과 전쟁을 할 것인가, 그렇지 않으면 중국으로부터 모두 철병하여 미국에 전면 양보할 것인가의 두 가지 선택을 의미한다고 대답했다.

그러자 서켓은 "그때 천황은 기도에게 만일 미일교섭이 실패하면 두

---

14   木戸幸一, 『木戸幸一日記―東京裁判期』, 56~57쪽.

개의 선택 중 어느 쪽을 선택할 것인지를 시사했는가"라고 물었다. 기도가 끄덕이자 서킷은 "그렇다면 천황은 미국과 싸우기보다는 미국의 요구를 받아들여서 중국으로부터 철병해야 한다고 말했는가"라고 재차 설명을 요구했다.

이에 대해 기도는 막연하게 "폐하는 그런 뜻을 비치셨습니다"라고 대답하고 넘어가려 했다. 하지만 서킷은 이 회답에 납득하지 않았다. 그는 자신의 질문은 천황이 두 개의 선택 중 실제로 어느 쪽을 택해야 한다는 등의 언질을 주었는지 묻는 것이라고 고쳐 물었다.

기도는 "폐하는 언제나 전쟁을 회피하고 싶다고 말씀하셨지만, 중국에서의 철병 문제에 대해서는 실제로 수속이나 방법이 대단히 곤란하기 때문에 언제나 심히 고민하고 계셨다"고 대답했다. 그러자 서킷은 기도의 대답은 답이 되지 않는다고 말했다. 그리고 천황이 원래 미국과의 전쟁을 바라지 않았다는 것은 이해할 수 있지만, 자신의 질문은 혹시 미일교섭이 실패한다면 천황은 두 개의 선택지 중에 어느 쪽을 선택할 것인지 들었냐는 질문이라고 기도에게 확인했다.

이에 기도는 "가능하다면 폐하는 후자의 길중국으로부터의 철병을 택하고 싶어 하셨지만……"이라고 말하고 말문을 닫았다. 서킷은 다시금 "그때 천황은 만일 교섭이 실패한다면, 일본은 중국이나 프랑스령 인도차이나에서 철병하는 조치를 취하고 전쟁을 회피해야 한다고 말했습니까"라고 거듭 질문했다.

이에 대해 기도는 천황이 훨씬 이전부터 계속 철수할 것을 생각하고 있었다고 말하면서, "폐하는 만일 일본군의 체면만 지킬 수 있다면, 일본군이 중국과 프랑스령 인도차이나에서 전면 철병하는 것에 대찬성이셨다"고 대답했다. 당연히 서킷은 이 대답에 만족하지 못하고, 천황은 두 개의 선택 중에 어느 쪽을 선택했는가라는 지금까지의 질문을 거듭 되풀이했다. 그 대단한 기도도 서켓의 집요한 질문에 몹시 곤혹스러워 하면서 "그런 것은 나로서는 아주 대답하기 힘든 일이다"라고 중얼거릴 수밖에 없었다.

천황 소추인가?

"혹시 (미일)교섭에 실패하면 일본은 체면을 유지한 채 중국에서 철병할 수밖에 없음을, 일본에게 남겨진 유일한 선택은 미국과 싸우는 것이라는 의견을 천황이 당신에게 말하지 않았는가?"

이것은 1946년 3월 6일에 서켓이 기도 고이치에게 한 심문에 이어지는 부분이다. 서켓은 「기도 일기」 중에서 1941년 8월 11일 경에 천황이 기도에게 말한 '중대한 결의'의 구체적인 내용을 몇 번이고 집요하게 추궁하고, 앞에 서술한 질문으로 요약해서 기도에게 확인을 강요했다. 이에 기도는 이 시점에서 천황은 거기까지는 결의하지 않았다고 변명했다.

천황의 개전결의를 둘러싼 서켓의 질문은 이후에도 계속되었고, 기도는 1941년 12월 1일의 어전 회의에서 천황이 정부와 통수부의 의견을 받아들여 사태의 유일한 해결법으로 대미개전에 스스로 동의했다는 것을 결국 인정하게 되었다.

여기까지 그 일단을 소개한 것처럼, 서켓은 기도에 대한 심문에서 매회 천황의 언동을 둘러싸고 냉혹한 질문을 퍼부었다. 이에 대해서 기도도 단단히 방어전에 임했지만, 서켓의 날카로운 언변이 이어지는 장면에서는 천황 소추의 위기마저 느꼈을 것이다.

기도가 천황 문제에 대해서 간신히 안도의 숨을 내쉰 것은 1946년 4월 18일이 되어서였다. 이날 스가모형무소로 기도를 면회 온 종전연락중앙사무국終戰連絡中央事務局[15]의 오타 사부로 공사는 키난 국제검찰국장 쪽의 정보라면서 "폐하를 절대로 피고 또는 증인으로 취급하지 않는다"는 이야기를 들려주었다.

15　**[역주]** 일본 패전 후 GHQ와 일본 정부의 연락업무를 주로 담당했던 종전연락사무국의 중앙기관이다. 외무대신의 지휘·감독아래 총무, 군사, 정치, 기타 연합국군에 대한 통신 편의 제공, 배상, 경제적 조정, 포로억류자 등의 사항을 취급했다.

제 5 장

쇼와 천황의
전쟁책임 문제

1. 천황, 전범이 되지 않다

맥아더의 결의

스가모형무소의 기도 고이치는 절대로 천황을 피고 또는 증인으로 취급하지 않는다는 이야기를 듣고 일단 안심했다. 물론 미국 정부나 연합국 최고사령관 맥아더는 이보다 이른 시점에 도쿄재판에서 천황을 면책한다는 방침을 비밀리에 정해 놓고 있었다. 맥아더는 1946년 1월 25일에 아이젠하워 미 육군참모총장 앞으로 보낸 전보에서 천황이 저지른 범죄행위의 명백한 증거가 발견되지 않았다고 말하고, 천황을 전범으로 소추해서는 안 된다고 통보했던 것이다.

천황의 전쟁책임 문제를 둘러싼 미국의 정책에는 많은 곡절이 있었다. 그러나 본국에서는 1945년 10월 22일에 열린 국무·육·해 삼부조정위원회SWNCC 제28회 회의에서 SWNCC 55-6을 승인하여, 천황을 전범으로 할지 여부는 사실상 맥아더의 대답을 기다리는 형태가 되었다. SWNCC 55-6은 천황 히로히토裕仁가 국제법 위반에 책임이 있는지, 전범재판에 회부해야 할지 여부를 판정하기 위해 맥아더에게 극비리에 증거 자료를 수집하게 한다는 내용이다. 그리고 조사 결과를 권고 형식으로 보내게 하여 이 문제를 결말짓기로 했다.

이미 맥아더는 1945년 9월 27일에 가진 제1회 천황-맥아더 회견 이후 원활한 점령통치를 위해 천황을 최대한 이용하고, 천황을 전범으로 소추하지 않는다는 본심을 굳히고 있었다. 한편 미국 통합참모본부JCS는 1946년 1월 22일에 오스트레일리아 대표가 런던의 연합국전쟁범죄위원회UNWCC에 제출한 천황을 포함한 62명의 일본인 주요 전범 목록을 맥아더 앞으로 송부했다. JCS로부터 이 보고를 받은 지 3일 후인 1월 25일, 맥아더는 서둘러 앞서 말한 천황 면책을 워싱턴에 타전했다.

전보는 "종전까지 천황이 국사에 관여했던 방법은 대부분 수동적인 것이었으며, 보필자의 진언에 기계적으로 응한 것이었을 뿐이었다"라고 강조했다. 이어 뒷부분에는 천황을 전범으로 소추한다면 점령계획의 중요한 변경이 필요하며, 일본 측 게릴라 활동 등에 대처하기 위해 적어도 100만 군대와 수십만의 행정관 및 전시보급 체제 확립이 불가결하게 될 것이라고 썼다.[1] 절반은 거짓말이라고 생각할 만한 문장이다. 맥아더의 이 대답에 의해, 천황 면책으로 대세가 기울어져 있던 미국의 정책은 천황 불소추로 결정되었다.

검찰국은 천황을 소추할 의향이었다

그럼 국제검찰국IPS에서는 어떠했을까? 아와야 겐타로·NHK취재반 『도쿄재판으로 가는 길東京裁判への道』NHK출판, 1994의 관련 취재에서 IPS의 하이더, 도너하이 씨 둘의 증언에 따르면, 미 검찰진이 일본에 온 1945년 12월 6일 전후에 미 검찰진 내부에 천황 불소추라는 암묵적 이해가 이미 생겨났다는 것이다. 이는 키난의 지시에 의한 것이라고 생각되나, IPS 자료를 여러 번 찾아보아도 이 지시를 기록한 문서를 찾을 수 없었다. 역시 이는 구두로 말한 것이었을 것이다.

일본에 온 미 검찰진 멤버가 처음에는 모두 천황을 소추할 의향이었다는 것이 하이더, 도너하이의 새로운 증언이다. 또 하버드대학 법률대학원 도서관에 소장되어 있는 키난 문서에서 키난 자신이 1945년 12월 26일에 본국에 있는 친구에게 쇼와 천황에 대해 언급한 편지가 나왔다. 편지

---

1   山極晃, 中村政則 編, 岡田良之助 訳, 『資料日本占領〈1〉天皇制』, 大月書店, 1990, 463쪽.

의 내용은 "천황이 그 지위에 머무는 것이 많은 미국인의 생명을 구하고, 적대 관계를 종결시키는 데 도움이 되는 것은 틀림없으나, 내 의견으로 천황제는 지금도 극히 위험하며 제거해야 할 존재"라고 썼다. 키난도 이 시점에서는 천황제 폐지론자였다는 것이 매우 흥미로우며, 개인적인 의견으로는 천황의 전쟁책임을 인식하고 있었다고 생각된다.

천황 면책론이 비밀에 부쳐진 이유

그러나 키난은 미 검찰진에게 천황을 소추하지 말라고 지시했다. 이는 워싱턴의 방침이었을까, 아니면 맥아더의 방침이었을까? 키난은 12월 7일에 처음으로 맥아더를 방문했는데, 이 당시 키난의 회담 메모에 천황 문제는 기록되어 있지 않다. 천황 불소추라는 맥아더의 의향은 극비였기 때문에 기록하지 않았던 것일까? 앞에 언급한 맥아더와의 회담 후에 쓴 키난의 편지 앞부분에는 점령 통치에서 천황의 유용성을 인정하고 있다. 이는 맥아더의 천황 면책 발상과 통하는 것이며, 이 시점에서는 키난이 맥아더의 의향을 받아들였다고 추측할 수 있다.

키난이 유일하게 천황의 언동을 조사한 것은 1946년 1월 10일 다카기 야사카高木八尺, 도쿄제국대학 법학부 교수, 미국 헌법·미국정치외교사 전공와 와타나베 데쓰조 渡辺銕藏, 경제학자, 저서『反戦反共四十年』(自由アジア社, 1956) 두 사람에게 사정을 청취한 것이다. 각각 천황 면책을 염두에 두고 심문에 임했기 때문에 본격적인 조사와는 한참 먼 것이었다.

앞에 서술한 것처럼, 1946년 1월 19일에 공포한 극동국제군사재판소 헌장 제6조에는 피고인의 책임으로 "피고인이 어떤 시기에 보유한 공무 상의 지위 또는 피고인이 정부 및 상사의 명령에 따라 행동했다는 사실 은, 어떤 것도 그 자체가 해당 피고인을 소추한 범죄에 대한 책임을 면하게 하는 데 불충분하다"라고 비면책 조항을 규정하였다.

덧붙이면 이에 해당하는 뉘른베르크재판의 국제군사재판소 헌장 제7조에서는 "**국가의 원수든, 정부 각 부처의 책임 있는 지위에 있는 관리든** 관계없이, 피고인이 가진 공무상의 지위는 그 책임을 해제하거나 형을 경감하는 데 고려되지 않는다"『戦争犯罪裁判概史要』, 강조는 저자라고 되어 있다.

뉘른베르크의 이 조문을 도쿄재판에 그대로 적용하면, 곧바로 천황의 전범 소추가 초점이 된다. 전전戰前의 일본에서 공무상 전쟁 선포, 강화, 조약 체결의 권한을 가지고 있던 것은 천황 단 한 사람이었으며, 천황의 명령 없이는 전쟁을 수행할 수 없었기 때문이다. 도쿄재판의 헌장에서 '국가 원수' 부분이 누락된 것은 천황 면책을 위해 키난이 깔아 놓은 포석일 것이다.

그리고 재판소 헌장에 피고 선정은 최종적으로 연합국최고사령관인 맥아더의 승인을 받도록 되어 있었다. 따라서 천황 면책이라는 맥아더의 의사가 결정적으로 중요했다. 그리고 키난의 역할은 맥아더의 의사를 받아들여 검찰국이 맥아더에게 제출한 피고목록에서 미리 천황의 이름을 배제하는 데 있었다.

'히로히토裕仁'의 '평화에 반한 죄'와 '인도에 반한 죄'

검찰국의 피고 선정 작업에서, 정식으로 천황 소추를 요구했던 것은 오스트레일리아 한 나라뿐이었다. 오스트레일리아의 맨스필드 검사가 제출한 일본인 전범 목록에는 일곱 번째에 '히로히토'의 이름이 있었다. 천황의 전쟁범죄에 대해서는 '평화에 반한 죄', '인도에 반한 죄'를 지적하고 있다. 구체적으로는 '침략전쟁의 계획, 수행을 인정하고, 또 계획에 참여했다. 괴뢰 정권의 형성을 촉진, 장려했다. '평화에 반한 죄'와 '인도에 반한 죄'를 범하는 것을 허용하고 침묵했다. 그리고 이들 범죄를 방지하기 위해 유효한 수단을 취하지 않았다'는 이유가 간략하게 기술되어 있었다.

또 이들 전범 목록에 오스트레일리아 정부가 천황의 전쟁책임을 고발한 각서가 첨부되어 있었는데, 다음과 같은 취지가 기록되어 있다.

천황 히로히토는 개인적으로 평화적인 희망과 자유주의적인 사상의 소유자임이 틀림없어 보이나, 제국 헌법의 규정에는 전쟁 선포, 강화, 조약 체결의 권한이 천황에게 있으며, 침략전쟁을 승인했던 점은 전범으로서 개인적인 책임이 된다. 천황은 만주사변 당시 하야시 센쥬로林銑十郎 조선군 사령관의 독단 출병, 일본군의 금주錦州 출격, 그리고 1935년 일본군의 장성선長城線 월경 등에 대해 정지할 것을 명했으나, 나중에는 이들을 인정했다. 또 1937년 중국 침략중일전쟁을 정식으로 인가했고, 또 태평양전쟁은 천황의 개전 조서에 의해 개시한 것이다. 미국 국무부는 진주만 기습에서 천황의 책임을 군국주의자의 협박에 의한 것으로 보고 면제하려고 하고 있지만, 실제로는 그가 항상 군에게 협박당했던 것은 아니었다. 그가 정말로 평화주의자였다면 전쟁을 거부할 수 있었으며, 퇴위나 자결할복함으로써 항의했을 것이다. 설령 전쟁을 좋은 것으로 생각하지 않았다고 해도, 개전을 인가하였으므로 이것만으로도 책임이 있다.

오스트레일리아의 고발은 천황의 개전 인가에 초점이 맞춰진 것이었다. 오스트레일리아가 대일전쟁 범죄 정책을 작성하는 데 중요한 역할을 수행한 사람은 대전 중 오스트레일리아의 전쟁범죄조사위원회 위원장을 지냈던 웹Sir William Flood Webb이었다. 웹은 천황의 전쟁책임과 전쟁범죄 위반을 확신하고 있었으나, 오스트레일리아의 일본인 주요 전범 목록 가운데 쇼와 천황의 이름을 넣는 데는 최종 단계에서 신중해졌다. 천황의 기소는 고

재판장 웹

도의 정치적, 외교적 레벨에서 결정되어야 한다는 것이 웹의 의견이었다. 즉, 이 문제는 연합국 사이의 협의로 결정되어야 한다는 것이었으나, 결국 오스트레일리아의 목록에는 '히로히토'가 들어가게 되었다.

이렇게 오스트레일리아는 연합국 내에서 천황 전범을 주장하는 선봉이 되었다. 이에 대해 영국 정부는 "일본 국민을 통치하기 위한 도구로 천황의 옥좌를 이용함으로써, 인적 자원 및 다른 자원을 절약하길 희망하고 있으며, 우리의 견해에 따르면 현 천황의 기소는 가장 어리석은 행위일 것이다"라는 반론으로 오스트레일리아를 강하게 막았다. 영국의 입장은 맥아더와도 통하는 천황도구론이다.

오스트레일리아의 맨스필드 검사가 천황 소추를 제의한 것은 피고 26명을 선정한 4월 8일의 참여검사 회의장이었다. 추가할 피고로 천황의 이름을 거론했으나 검사 회의는 이 제안을 기각했다.

1946년 4월 9일 자, 오스트레일리아 외무성 전보

1993년 9월, 저자는 캔버라의 오스트레일리아 국립공문서관에서 1946년 4월 9일 자 오스트레일리아 외무부의 전보안 두 통을 입수했다. 전보에 의하면, 이 시점에서 오스트레일리아 외무부는 도쿄의 국제검찰국이 이미 천황을 피고에서 제외했다는 사실을 아직 모르고 있었다. 따라서 전보문 한 통은 워싱턴에 있는 오스트레일리아 공사관에 보낸 것이다. 내용은 "맨스필드 검사의 보고에 의하면, 천황에게는 일단 증거가 갖춰진

죄상이 존재하고 있으며 이 점에 관해서 키난은 반론하지 않지만, 천황을 피고 목록에 넣는 것에 대해서는 천황을 포함시키는 정치적 목적을 확실히 하자고 주장하고 있다. 그러나 법적 근거가 있는 인물은 모두 예외 없이 전범 목록에 올려야 하며, 정치적으로 배려할 필요가 더 있는 경우는 연합국최고사령관인 맥아더의 재량에 위임하는 게 아니라, 워싱턴의 극동위원회에서 각국 정부 대표가 처리해야 한다"는 것이다. 오스트레일리아 공사관은 이러한 내용을 미 국무부에 강하게 어필하도록 지시했다.

다른 한 통은 영국, 인도, 뉴질랜드 앞으로 보낸 것이다. 천황을 정치적으로 배려하여 주요 전쟁범죄인 목록에서 배제할 경우, 이 결정은 맥아더와 국제검찰국에 위임해야 하는 게 아니라 극동위원회에서 처리해야 한다는 의견을 도쿄 대일이사회의 영연방 대표오스트리아의 맥마흔 볼(W. Macmahon Ball)가 표명하면 동의해줄 것을 요구한 것이다.

정치적 배려 때문에 천황을 전범 목록에서 제외할 경우는 모두 극동위원회에서 결정하도록 하는 방침을 제시한 것이다. 그러나 두 통의 전보문을 실제로 보내지는 않았다. 그 이유는 극동위원회가 4월 3일에 이미 '극동에서 전쟁범죄인의 체포, 재판 및 처벌에 관한 극동위원회 정책 결정'을 채택하여, 미국의 기존 방침에 따라 천황을 전범에서 제외한다는 방침을 결정한 사실을 오스트레일리아 외무부가 마침내 알게 되었기 때문일 것이다. 이 문제는 극동위원회에서 이미 결말이 난 것이었으나, 이 결정에 대해 오스트레일리아 대표가 어떤 태도를 취했는지는 지금도 알 수 없다.

그럼, 오스트레일리아의 의향을 안 키난은 어떻게 대응했을까? 현 시점에서 검찰국 내에서 천황 문제를 정면으로 토의한 자료는 거의 없다. 아마도 키난은 미 검찰진이 의사를 통일한 후, 가능한 어떻게든 천황 문제가 표면화되는 것을 피하고자 이를 보류한 채 기정사실화하여 천황을 뺀 피고 목록을 결정하는 전술을 쓴 것으로 보인다.

서켓Henry R. Sackett은 왜 보류된 천황 문제에 집착했는가?

이러한 맥아더와 키난의 천황 면책 방침을 생각하면, 앞서 검토했던 기도 심문에서 서켓이 거듭하여 천황 문제를 추궁한 일은 상당히 이색적 입니다.

서켓은 1946년 1월 15일 제2차 심문에서, "나는 역사학과 정치학의 관점에서 이 문제에 흥미를 가지고 있습니다"라고 서두를 꺼내면서, 천황에 관한 질문을 시작했다. 그는 천황 면책이라는 미국의 국가 정책을 알면서도 천황의 최측근이었던 기도에게 질문할 때마다 천황이 전쟁에 주체적으로 관여했음을 밝히려 했던 건 아닐까? 천황을 언급한 심문 조서의 부분이 법정에서 활용되지 않았다는 사실은 분명하지만, 서켓은 천황 문제를 둘러싼 기도와의 응수를 무슨 일이 있어도 역사의 기록으로 남겨두고 싶었던 것 같다. 또 키난도 본래는 천황제 반대론자였기 때문에 서켓의 이 심문 활동을 묵인했을지도 모른다.

실제로 도쿄재판 법정에서 천황의 전쟁책임 문제로 긴박했던 것은, 1947년 마지막날에 있었던 도조 히데키의 증언을 둘러싸고 웹 재판장과 키난 검사가 응수한 장면을 제외하면 얼마 되지 않는다. 법정에서 "기도 고이치 내대신이 천황의 의사에 반한 행동을 취한 일이 있는가"라는 기도 변호인 로건의 질문에 대해, 도조 피고가 "일본 국민이 천황의 의사에 반하는 행동을 하는 일은 없다. 하물며 일본의 고관이라면 더욱 그렇다"라고 대답한 것이 발단이었다.

웹 재판장은 천황의 전쟁책임과 직접 결부된 이 발언이 얼마나 중요한지를 지적했다. 이후, 키난과 다나카 류키치田中隆吉, 마쓰다이라 야스마사

松平康昌 등이 공작하여 도조에게 증언을 철회하도록 했다. 이 공작으로 다음해 1월 6일 법정에서 도조는 "천황은 도조의 진언에 마지못해 동의했다"고 재차 증언했던 것이다.

증언조차 얻지 못하고

어쨌든 천황의 전쟁책임 문제는 도쿄재판의 무대에서 드러나지 않은 최대의 테마였다. 그런데도 미국 검찰진들은 천황을 재판의 증인으로 하든가, 천황으로부터 유용한 증언을 얻어내야 한다는 등의 의견을 내놓기도 했다. 1946년 2월 2일 검찰국 담당자 회의에서는 1927년에 다나카 기이치 수상이 천황에게 상주했다고 하는 「다나카 상주문」의 진위 여부가 논의되었는데, 대세는 조작 문서라는 의견이었다. 그러나 법무관 J. 쉬어 해군 중좌는, 천황에게 직접 묻는다면 사실을 밝혀낼 수 있다고 언급하면서 천황으로부터 증언을 얻어낼 필요가 있다고 말했다. 「다나카 상주문」뿐만 아니라, 천황으로부터 증언을 얻을 수 있다면 훨씬 정확도가 높은 정보를 입수할 수 있었을 테지만 키난은 이를 인정하지 않았다.

지금까지 도쿄재판을 기록한 것 가운데 중국, 소련, 뉴질랜드도 천황을 전범으로 지명했다는 의견이 있었지만 이는 오류이다. 중국에서는 여론이나 정부 고관 사이에서도 천황소추론이 유력했으나, 최종적으로는 장제스蔣介石의 판단으로 천황을 전범 목록에서 제외했다. 중국 정부의 입장은 국공내전의 절박한 위기 앞에서, '일본의 공산화'를 방지하기 위해 쇼와 천황의 전쟁책임을 면제하고, 일본 황실을 존속시키자는 것이었다. 천황에게 중대한 전쟁책임이 있다는 인식은 공유하고 있었지만, 중국 역시 정치적 배려를 우선하여 천황 소추 방침을 회피했다.

스탈린의 수수께끼 같은 대응

도쿄재판에 대한 대응에서 수수께끼였던 것이 소련의 동향이었다. 앞서 인용한 『도쿄재판으로 가는 길』에 중요한 자료가 소개되어 있다. 자료는 1946년 3월 20일 몰로토프Вячесла'в Миха'йлович Мо'лотов 외무장관이 도쿄재판 소비에트 대표단 앞으로 보낸 극비 지령이다. 이 지령으로 도쿄재판에 대한 소련의 기본 방침을 알 수 있다.

소련 외무부에 의해 작성된 일본인 전범 목록과 함께, 이 지령에서도 일본인 전범의 이름이 나열되어 있어 소련이 일본인 전범 목록을 작성했다는 사실을 알 수 있다. 소련이 전쟁범죄인으로 간주하는 일본의 전쟁 지도자가 특별히 정해져 있어 흥미롭다. 이에 따라 도쿄재판을 위해 독자적으로 전범 목록을 지참해 온 나라는 미국, 영국, 중국, 오스트레일리아, 소련 다섯 개 국가였다는 것을 확실히 알 수 있다.

또, '피고인 가운데 천황을 포함시키는 것은 문제삼지 말 것. 그러나 타국 대표가 이 제안을 내놓을 경우, 이를 지지할 것', '대자본가 조직의 주요 지도자를 피고에 넣을 수 있도록 노력할 것. 미국 측이 이 문제에 관해 단호한 자세로 나올 경우, 그들과 알력을 일으켜서는 안 됨'이라고 되어 있다.

소련은 천황 불소추의 입장이었던 것이다. 이는 스탈린의 결정에 의한 것이었다. 키리첸코의 「도쿄재판에서 스탈린은 무엇을 두려워했는가」『現代』, 1993.9는, NHK 취재반이 열람을 허가받지 못했던 KGB 비밀문서를 읽고 짤막한 글을 쓴 것이다. 이에 따르면 스탈린은 처음 세계전쟁의 지도자로서 쇼와 천황을 끝까지 단죄하려 했으나, 후에 시나리오를 바꿔 천황에 관해서는 미국 측에 주도권을 넘기고 소련 측은 나서지 않도록 지시했다고 한다. 그리고 이 전환에는 일본 공산당의 노사카 산조野坂参三[2]가한 조언이 한몫했다고 한다.

스탈린이 이렇게 방침을 전환한 진의에 대해서는 KGB의 도쿄재판을 위한 특별위원회 자료 등을 검토하지 않으면 확정하기 어렵다. 어쨌든 천황 불소추 방침과 함께, 재계인의 소추 방침에 대해서도 미국의 반대가 있다면 철회한다는 것이었다. 상당히 미국을 배려하는 방침이었다. 당시 소련의 신문과 방송에서는 끊임없이 천황과 재벌을 심판하라고 강조하고 있었기 때문에, 소련의 프로파간다와 실제 외교 정책과의 괴리를 실감할 수밖에 없다.

소련은 도쿄재판에서 미국이 가진 주도권을 기본적으로 승인하고 재판에 대한 전면적인 관여를 피했다. 그리고 재판에서는 러일전쟁 이후 일본이 러시아소련에 대해 일관되게 가져온 '침략' 정책을 고발하고 입증하는 데 전념한다는 자국 본위의 대응을 했던 것이다.

미국에 대한 소련의 타협적인 대응은, 대일 점령 정책의 주도권을 미국에 위임한다는 소련의 자세와 상통하는 부분일 것이다. 소련의 극동 정책은, 소련에게 유리하게 진행되고 있던 당시의 동구 정세와의 균형을 고려하여 글로벌한 시점에서 검토해야 한다. 소련의 대일 점령 정책에는 해결되지 않은 것이 많아 앞으로도 소련 측의 새로운 자료를 입수하여 규명해야 한다.

---

2   **[역주]** 노사카 산조(1892~1993). 일본의 정치가, 중의원의원 3기, 참의원의원 4기, 코민테른(공산주의 인터내셔널) 일본 대표, 일본공산당 제1서기와 의장을 거쳐 명예의장을 역임했다. 『주간문춘(週刊文春)』(1992.9~11)에 소련의 스파이였다는 보도가 연재되어 일본공산당 명예의장에서 해임되고, 중앙위원회 총회를 거쳐 일본공산당에서 제명되었다.

미결의 천황 전쟁책임 문제

1946년 1월 20일 『아사히신문』은 오스트레일리아와 함께 뉴질랜드도 천황을 포함한 전범 목록을 맥아더에게 제출했다는 외신을 실었다. 이 기사는 앞에 소개한 뉴질랜드 외교문서를 보면 오보라는 것을 알 수 있다. 뉴질랜드의 베란슨 극동위원회 대표는 1월 18일에 이 뉴스를 듣고 본국에 사실인지 아닌지를 조회했다. 뉴질랜드 외무부는 21일에 유용한 자료도 없어서 일본인 전범 목록을 작성하지 않았는데, 하물며 천황을 전범에 지명한 적은 없다고 답해 왔다. 일본 패전 직후에는 뉴질랜드의 외무부 고관 중에 천황의 전쟁책임을 인정하는 발언이 있었으나, 후에 뉴질랜드는 영국을 따라 천황을 온존하고 이용하는 방향으로 전환했던 것이다.

또, 나가이 히토시永井均의 연구[3]에 의하면, 필리핀도 한때 천황 소추의 자세를 보였던 것 같다. 1945년 11월 17일에는 필리핀 변호사회 전국평의회 의장이 트루먼 미 대통령 앞으로, 천황을 포함한 일본의 전쟁범죄인을 처벌하는 국제법정 설치를 요구하는 편지를 보냈다. 또 도쿄재판의 필리핀 대표 검사 P. 로페즈Pedro López는 재판 종료 후인 1948년 12월 말에 마닐라에서 기자회견을 통해, 천황을 소추할 증거가 충분히 있다는 것을 맥아더에게 전달했으나, 맥아더와 다수 검사들의 반대로 의견이 기각되었다고 말했다. 로페즈 검사가 일본에 간 것은 1946년 4월 2일이었는데, 그가 4월 8일의 참여검사 회의에서 천황 소추를 주장한 기록은 없다. 미국에게 의존했던 당시 필리핀의 입장에서 보면, 그도 천황 불소추라는 미국의 정책에 따를 수밖에 없었을 것이다.

국제검찰국은 도쿄재판의 피고 선정에서 쇼와 천황을 제외했다. 이 결

3　永井均, 「極東国際軍事裁判と「小国」の立場―フィリピンの場合」(アジアに対する日本の戦争責任を問う民衆法廷準備会編, 『問い直す東京裁判』, 緑風出版, 1995)

론은 쇼와 천황의 전쟁책임을 부정한 데서 나온 것이 아니라, 점령통치에는 쇼와 천황의 존재가 불가결하다는 미국의 입장에 다른 나라들이 추종하거나 동조한 결과에서 나온 것이다. 각국의 의도가 반드시 같지는 않았지만, 일본 패전 후 격동하는 국제 정세에 취한 각각의 대응이 이러한 결론의 배경이 되었다. 이리하여 연합국의 일본 점령에서 쇼와 천황의 전쟁책임 문제는 미결인 채 끝났다.

천황의 '일기'

한참 나중의 일이지만, 쇼와 천황을 둘러싼 중대 자료로 결국 국제검찰국[IPS]이 입수할 수 없었던 쇼와 천황의 '일기'가 있었다는 사실을 여기서 특별히 기록해 두고자 한다. IPS의 수사과장 모나한은 1947년 8월 12일에 키난에게 '천황의 일기'라는 제목의 요청을 극비로 보냈다. 여기서 모나한은 다음과 같이 말했다.

지금까지 때때로, 나는 다양한 정보원으로부터 천황이 근면하게 일기를 쓰고 있었다는 걸 알게 되었다. 내가 아는 한, GHQ의 다른 어떤 부서에서도 이 일기를 입수하려는 움직임을 보이지 않았다. 그러나 최근 본 과의 라시 수사관이 얻은 매우 신뢰할 수 있는 극비 정보에 따르면, 천황은 그가 11세였을 때부터 계속 일기를 규칙적으로 썼다고 한다. IPS에서 「기도 일기」나 「하라다·사이온지 메모」의 가치가 크다는 점이 인정되고 있는데, 천황의 일기는 지극히 중요한 가치가 있는 정보를 포함하고 있으리라 생각된다. IPS는 정보를 입수하는 데 정당한 요구를 할 수 있는 부서이며, 최고사령관을 통해 이 일기의 특히 1931년부터 1945년까지의 분량을 입수할 수 있도록 수단을 취해야 한다고 권고하는 바이다.

이와 같이 모나한은 키난에게 천황의 일기를 입수할 것을 요청했다. 키난이 어떻게 대답했는지에 대한 자료는 없으나, 역시 입수는 무리였을 것이다. 천황의 일기를 법정에 제출하면, 초점이 지나치게 천황에게 맞춰져 지금까지 미국이 취한 천황 면책 방침에 걸맞지 않기 때문이다. 키난이 개인적으로 흥미를 가졌을지는 모르나, 맥아더가 이를 허락했을 리 없다. 모나한이 수사과장으로서 당연히 가진 집념도 열매를 맺을 일은 없었던 것이다.

쇼와 천황의 일기에 대해서는 간로지 오사나가甘露寺受長도 『천황님天皇さま』日輪閣, 1965에서 그 존재를 지적하고 있으므로 존재한다는 것은 사실일 것이다. 이것이 공개된다면, 뒤에 서술할 '쇼와 천황 독백록' 공표 때보다 세상에 놀라운 충격을 주었겠지만 실현되는 건 요원하다.

2. '극비의 정보 제공자' 데라사키 히데나리

소추인가, 불소추인가

천황 불소추에 이르는 미국 정부·맥아더·국제검찰국의 동향은 비밀리에 진행되고 있어서 일본 측에서는 쉽게 헤아릴 수 없었다. 일본 정부와 궁중 관계자는 천황 문제를 둘러싼 연합국 측의 진의를 살피기 위해 다양한 루트를 이용하여 필사적으로 정보 수집에 힘썼다.

1945년 11월 5일 시데하라 내각은 '전쟁책임에 관한 건'을 결정하는 등 천황 면책을 향한 일본 정부의 의사 통일을 대강 마무리 하였으나, 여기서 일단락된 것은 아니었다. 오히려 상황은 천황의 전쟁책임을 추궁하는 국제 여론이 뿌리 깊어, 역으로 그 동향이 국내의 신문에도 보도되기 시작했다. 또 재건된 일본공산당이 천황 전범 소추의 목소리를 높이는 등 국내에서도 급진적인 움직임이 일부에서 생겨났다.

이 때문에 정부·외무성 그리고 천황의 측근들은 GHQ의 진의를 살피기 위해 맥아더와 GHQ간부와의 접촉을 시도하는 데 분주했다. 다카하시 히로시高橋紘·스즈키 구니히코鈴木邦彦『천황가의 밀사들天皇家の密事たち』現代史出版社, 1981에 의하면, 천황 퇴위 문제에 대해서는 11월 26일에 맥아더와 회담한 요나이 미쓰마사米内光政 해군대신이 "나는 천황이 퇴위해야 한다고 생각하지 않는다"는 맥아더의 발언을 가져와서 궁중 관계자들을 일단 안심시켰다.

나시모토노미야梨本宮 체포의 충격

1945년 12월이 되자, GHQ의 전범 체포 움직임이 본격화되었다. 이에 천황의 측근인 기도와 고노에를 비롯하여 황족인 나시모토노미야 모리마사梨本宮守正에게도 체포령을 내렸다. 전범 추궁이 천황에게까지 영향을 미치는 게 아니냐는 위기감이 강해졌다.

나시모토노미야는 1874년 구니노미야 아사히코久邇宮朝彦 친왕의 넷째 아들로 태어나 나시모토노미야 가문의 2대를 계승했다. 그는 육군에 들어가 1923년에 대장, 1932년에 원수로 승진한 후 군사참의관을 지냈으며, 대일본무덕회大日本武德會, 방공 협회防空協會, 재향군인회 등 여러 단체의 총재가 되었다. 1943년에는 이세신궁의 제주가 되었으며, 황족 군인의 최고 장로로서 '수염의 황족'으로도 유명했다.

나시모토노미야를 체포한 이유는 미국의 국무·육·해군 삼부조정위원회SWNCC가 작성한 전범 목록에 이름이 있었기 때문이다. 그리고 구금을 담당한 GHQ 민간 첩보국CIS의 파일에 의하면, "수십 년에 걸쳐 군국주의에 권위를 부여하기 위해 유용하게 쓰인 몇 안 되는 황족의 일원이므로 구금해야 한다"는 지시가 있었기 때문이다.

실제로 나시모토노미야 체포를 단행한 CIS국장이자 대적첩보부CIC 부장도 겸임하고 있던 E. R. 소프 준장은, 회상록에 "만약 황족이 신도神道의 명목상 우두머리라 할지라도 신도 자체가 일본의 침략전쟁을 고무했던 최대 추진력이며, 또 일본인에게 황족이라해도 전범에서 면제될 수 없다는 점을 보여주기 위해 구금했다"고 기록하고 있다.[4]

그러나 12월 6일에 일본에 도착한 키난은 나시모토노미야를 소추할 생각이 전혀 없었다. 키난은 1946년 1월 10일 종전연락중앙사무국의 나카무라 도요이치中村豊一 공사와 가진 회담에서 진의를 드러냈다. 키난은 일본 측에 '오프 더 레코드'라는 조건으로, 조만간 나시모토노미야를 석방할 방침이라는 입장을 밝혔다.

이리하여 키난은 참모 제2부GII와 법무국LS의 동의를 얻어 나시모토노미야의 석방을 실현시켰다. 맥아더는 4월 12일에 미쓰비시중공三菱重工 회장인 고우코 기요시鄕古潔와 나시모토노미야를 석방하라는 명령을 내렸고, 다음 날인 13일에 시행되었다.

나시모토노미야는 4월 4일에 처음이자 마지막으로 검찰국에서 심문을 받았다. 이때 자신은 러일전쟁 이후에는 군사 문제에 적극적으로 관여한 적이 없으며, 원수와 군사참의관의 지위는 전적으로 명예직에 지나지 않는다고 대답했다. 또 개인적인 면식과 정확한 정보가 있는 것은 아니지만, 1931년부터 1941년 시기에 일어난 모든 사건에 가장 책임이 있는 인물은 도조 히데키와 아라키 사다오라는 의견도 진술했다.[5]

---

4   Eliott Thorpe, *East Wind, Rain : The Intimate Account of an Intelligence Officer in the Pacific, 1939~49*, Boston : Gambit, 1969.

1939년 데라사키 일가. 왼쪽부터 동생 데라사키 타이라(寺崎平),
마리코, 그웬, 히데나리(柳田邦男, 『マリコ』新潮社, 1980)

일본과 연합국 쌍방에 '유익한 인재'

일본 정부와 궁중 관계자들은 비밀리에 키난으로부터 나시모토노미야 석방 방침을 알게 되어 일단 안도했으나, 천황 문제의 장래에는 아직 불안 요소가 많이 남아 있었다. 이러한 상황에서 맥아더와 GHQ의 천황 전범 문제에 대한 진의를 알아내기 위해 새로이 중요한 역할을 했던 인물이 외교관 데라사키 히데나리寺崎英成이다.

그는 1900년에 태어나, 도쿄제국대학 졸업 후 외무성에 들어갔다. 워싱턴의 일본대사관 재직 중 미국인 그웬드렌 해롤드Gwendolyn Harold와 알게 되어 만주사변 직후인 1931년 11월에 결혼했다. 이후 상하이, 아바나, 베이징 등에서 외근직을 지냈고, 1941년 3월에 다시 워싱턴에 부임했다.

---

5   『IPS尋問調書』제1권.

그는 일등 서기관 겸 뉴욕 영사가 되어 노무라 기치사부로野村吉三郎 대사를 보좌하여 긴박한 대미교섭을 담당했다. 형은 당시 외무성 미국국장이었던 데라사키 다로寺崎太郎였으며, 데라사키는 일본과의 암호전보 키워드에 외동딸인 '마리코'의 이름을 사용했다.[6]

데라사키는 1941년 11월에 브라질 근무를 명받았으나, 미처 부임하지 않은 사이에 미일전쟁을 맞아 억류된 후 1942년 8월에 미일교환선으로 외동딸 그웬 마리코Mariko Terasaki Miller와 함께 귀국했다. 귀국 후, 외무성 정무국 제7과장이 되었으나 몸 상태가 악화되어 휴직하게 되었다. 패전 후인 1945년 10월에 외무성에 복직하여 종전연락중앙사무국에 근무했다.

그리고 데라사키는 1946년 2월 하순에 궁내성 어용괘御用掛, 통역 담당에 임명되어, 같은 해 5월 말에 열린 제2회 천황·맥아더 회견을 시작으로 총 5회에 걸쳐 두 사람 사이의 회견에서 통역을 담당했다. 궁내성은 외무성에서 가장 뛰어난 지미파知美派인 데라사키를 등용하여 천황 문제에 대처하려 했다. 이에 데라사키는 천황의 측근으로부터 천황 퇴위에 대한 맥아더의 진의를 알아봐 달라는 특명을 받았다고 한다.

한편, 미국 측도 일찍부터 미국인을 아내로 둔 데라사키에 주목하고 있었다. 이미 1945년 9월 20일 자 해군정보국의 보고에, "데라사키는 기회주의자opportunist, 숙명론자라는 말을 듣고 있지만, 그는 서양의 생활에 정통하기 때문에, 일본이 패배하고 점령당한 지금, 미국에 유익한 인재로 생각된다"고 기록하고 있다.[7]

마찬가지로 데라사키에게 관심을 가진 것은 1946년 1월 말 일본에 온

---

6   데라사키가 미국에서 정보 활동을 한 부분에 대해서는 春名幹男, 『秘密のファイル―CIAの対日工作』上卷, 新潮社, 2003 참조.

7   「寺崎マリ子米国渡航関係書類」, 国立国会図書館憲政資料室, 1948.

국제검찰국 제2대 수사과장 로이 L. 모건이었다. 모건과 데라사키는 이전에 알던 사이였을 것이다. 모건은 1934년부터 1944년까지 FBI에서 근무했고, 태평양전쟁 개전 시 미국 정부를 대표하여 일·독 외교관과 재류민간인의 구금, 본국송환을 담당했다. 이때, 모건은 당연히 데라사키와 접촉했을 것이다. 덧붙이면 개전 직전인 1941년 11월 18일 자 FBI의 보고 전문은 이렇게 기록하고 있다.

데라사키 히데나리 — 일본대사관 서기관인 이 인물은 미국 내에서 일본의 첩보작전에 관한 조정, 지도를 책임지고 있다. 그리고 데라사키는 이전부터 필요할 때 수시로 북미 및 중남미의 일본인 관·공리를 방문하여, 정보 수집을 위해 그들에게 접촉하도록 지시받았으며, 그 명령을 수행하기 위해 충분한 금액을 받았다. 이 인물은 멕시코, 중미, 페루, 에콰도르 그 외 남미 여러 나라를 2만 마일 이상에 걸쳐 여행한 것으로 판명되었다. 이 인물의 미국 내 여행은 그가 미국에서 일본 스파이의 책임자 지위에 있었다는 것을 증명하고 있다.

'데라사키 히데나리의 진술'

모건은 과거의 경위로부터 데라사키에게 정보 제공을 의뢰했을 것이다. 1946년 2월 25일, 모건은 키난 앞으로 보낸 수사과 활동 보고의 앞부분에서 데라사키에 대해 언급하고 있다. 구체적으로는 "지난주, 일본외무성의 유능한 일원인 데라사키 히데나리비밀 정보 제공자로부터, 그가 일본 요인에게서 개별적으로 얻은 정보를 제공받았다. 내용은 주요 피고로 예정된 인물 다수에 관련된 것이며, 그들에 대한 심문에 충분히 활용할 수 있는 것"이라고 보고하고 있다.

데라사키가 제공한 이 정보의 구체적인 내용은, 2월 18일에 모건이 작성한 「데라사키 히데나리의 진술」이라는 보고서에 나타나 있다. 데라사키는 다음과 같은 내용을 서술하고 있다.[8]

1930년 런던 해군군축조약의 체결에 의해, 일본 육해군 사이에 격분이 강해졌다. 이에 궁극적인 군사적 지배권을 확보하려는 움직임이 강해졌으며, 오카와 슈메이大川周明, 기타 잇키北一輝 등 우익도 대두하였다. 또 육군에 사쿠라회桜会가 결성되어, 우가키 가즈시게, 미나미 지로, 다테카와 요시쓰구建川美次, 마쓰이 이와네松井石根, 이타가키 세이시로, 이시와라 간지, 도이하라 겐지土肥原賢二, 이소가이 렌스케磯谷廉介가 가입했다. 사쿠라회 그룹은 쿠데타를 기획하여 3월사건, 10월사건을 일으켰다. 정우회政友会, 정식 명칭은 立憲政友会의 모리 쓰토무森恪는 다나카 기이치와 마찬가지로 군부 세력이 우위를 차지하기 위해 획책하면서, 육군의 스즈키 데이이치鈴木貞一, 외무성의 시라토리 도시오白鳥敏夫 등과 함께 연일 아카사카의 요정 '나카가와中川'에서 회담을 가졌다. 만주사변 발발 후, 이들 그룹의 활동에 탄력이 붙어 스즈키 등 일파는 정부기구에 침투하여 마침내 외무성 권한 축소를 위해 대만사무국對滿事務局, 흥아원興亞院, 기획원, 대동아성大東亞省을 설립했다. 스즈키 일파의 책동을 군부 내에서 도운 것은, 아리스에 세이조有末精三 육군중장과 히라이데 히데오平出英夫 해군소장이었고, 군부 밖에서는 '신관료' '혁신 관료'인 시라토리, 고토 후미오後藤文夫, 가라사와 도시키唐沢俊樹, 기시 노부스케岸信介, 시이나 에쓰사부로椎名悦三郎, 사코미즈 히사쓰네, 미노베 요지美濃部洋次, 아베 겐키 등이 호응했다. 이 가운데 아리스에와 히라이데는 일·독·이 삼국동맹 체결과 태평양전쟁에 특히 책임이 있다. 또 2·26사

---

8   『IPS尋問調書』 제48권, 405~406쪽.

건 후, 대장성에서는 가야 오키노리賀屋興宣, 아오키 가즈오青木一男, 이시와타 소타로石渡荘太郎가 육군과 협력했다.

육군에서도 가장 책임이 있는 것은, 스즈키, 이소가이, 이시와라, 이타가키, 아리스에, 도조, 와치 다카지和知鷹二, 무토 아키라武藤章이며, 해군에서는 히라이데와 오카 다카즈미岡敬純였다. 또 실업계에서 군과 가장 협력한 것은, 이시하라 히로이치로石原広一郎, 쓰다 신고津田信吾, 아유카와 요시스케鮎川義介, 후지와라 긴지로藤原銀次郎, 나카지마 지쿠헤이中島知久平이다. 외무성의 친독적 '추축파枢軸派'는 마쓰오카 그룹의 오하시 주이치大橋忠一, 가세 도시카즈加瀬俊一, 마쓰모토 슌이치松本俊一와 시라토리파白鳥派의 구리하라 다다시栗原正이다.

이상은 데라사키가 제공한 정보를 요약한 것이다. 사쿠라회 소속원 등 일부 부정확한 지적이 있는데, 이는 요인들로부터 얻은 정보에 더해 군부의 정치 개입과 이에 호응한 '추축파' 외무 관료에 대한 그 자신의 분노와 불신이 가미된 것이리라.

'극비 인물'이 된 데라사키

데라사키는 검찰국으로부터 극비의 '정보 제공자'로 인식되었으나, 3월 7일 자 검찰국 문서에는 어떠한 인물도 수사과장의 승인 없이 데라사키와 접촉할 수 없다고 명시되어 있다. 같은 날, 모건은 '마쓰오카'라는 제목의 보고서를 작성했다.

"데라사키 히데나리는 최근 천황의 어용괘에 임명되었는데, 그는 내게 2월 28일경 궁중에서 천황의 점심식사에 배석했을 때의 일을 보고했다. 이 자리에서 데라사키는 천황에게, 세간에서 말하는 것처럼 마쓰오카 외상이 일소중립조약을 체결한 약 2개월 후에 대소개전을 주장한 것이 진실이냐고 물었다. 데라사키에 의하면 천황은 이를 긍정했다고 한다. 즉 조약체결 2개월 후, 마쓰오카가 천황이 있는 곳에 와서 소련에 대한 선전포고를 요청했으나, 천황은 마쓰오카에게 이 건에 대해 고노에 수상과 협의했냐고 물었고, 마쓰오카는 하지 않았다고 답했다. 이 때문에 천황은 마쓰오카의 요청을 인정하지 않았다고 한다."[9]

이처럼 데라사키는 어용괘가 되어 직무 중에 알게 된 천황의 전범 용의자에 관한 발언을 모건에게 알려주게 된 것 같다. 데라사키의 이 행동은 개인플레이로는 생각할 수 없고, 마쓰다이라 야스마사松平康昌의 종질료宗秩寮, 궁내청의 한 관직으로 황족 및 화족에 관한 사무 담당 총재 담당인 천황 측근의 의향이었을 것이다. 천황 문제에 대한 점령군 측의 정확도 높은 정보를 입수하기 위해서는 거꾸로 일본 측으로부터 정보를 제공할 필요가 있었다고 생각된다. 검찰국은 천황에 대한 직접적인 심문을 꺼렸지만, 간접적으로라도 천황의 '증언'을 반드시 입수하고 싶었던 것이다. 이러한 의미에서 데라사키는 양측의 중개 역할에 알맞은 인물이었다.

천황의 간접적인 '증언' 자

피고 선정을 담당하고 있던 검찰국 집행위원회의 의사록을 보면, 3월 18일 항목에 히로타 고키広田弘毅의 피고 선정을 기록한 후, 갑자기 「아리스에 ─ 천황이 이 남자는 왜 체포되지 않았는지 물었다고 한다」는 기사가 있다. 이는 당연히 데라사키에게서 나온 정보일 것이다. '아리스에'는 참모본부 제2부장인 아리스에 세이조 육군중장이다.

아리스에는 육군사관학교, 육군대학을 졸업한 군인으로 참모본부, 육

---

9 『IPS尋問調書』 제36권, 101쪽.

군성에 근무했고, 이탈리아 대사관 소속 무관을 지냈으며, 일·독·이 삼국동맹 추진파였다. 패전 당시 아리스에는 점령군을 맞이하는 아쓰기연락위원회厚木連絡委員会 위원장에 임명되어, 아쓰기비행장에서 미군을 맞이하였다. 또 GII의 C. A. 윌로비Charles Andrew Willoughby 소장과의 접촉을 돈독히 하여 공직추방에서 특별히 제외되었으며, 구 일본군 해체 후에도 아리스에 기관을 조직했다. 이후 윌로비로부터 전쟁사 편찬을 위촉받아 구 육군 간부 정예를 잔존시켜 일본 재군비에 대비한 인물이다.

천황은 '추축파'에서 패전 후 '친미'로 재빠르게 변신한 아리스에에게 화가 나서 발언한 것일지도 모른다. 결국, 아리스에는 본래 검찰국의 전범 목록에 이름이 없었으나, 새로이 검토 대상이 되었다. 그러나 이틀 후인 3월 20일 집행위원회에서 아리스에는 피고에서 제외되었다. 아리스에의 검토에 대해 GII가 개입한 것일지도 모른다.

이밖에도 데라사키는 정보 제공을 했을지도 모르지만 지금으로선 알수 없다. 어쨌든 그의 행동은 커다란 수확을 가져왔다. 3월 20일, 데라사키는 부인 그웬과 딸 마리코와 함께 맥아더의 군사비서인 보너 펠러스 Bonner Fellers 준장으로부터 저녁 식사 초대를 받았다. 펠러스는 그웬과 먼 친척에 해당하는데, 그는 식사 자리에서 맥아더가 1월 25일 자로 아이젠하워 미 육군참모총장에게 보낸 "천황을 전범으로 해선 안 된다"는 전보의 내용을 가르쳐주었다. 이렇게 궁중 관계자는 데라사키를 통해 맥아더의 진의를 알고 일단 안도의 한숨을 내쉬었다.

천황을 지킨 남자

이후에도 데라사키는 천황의 통역을 하는 한편, 총사령부에 천황의 의향을 간접적으로 전했던 듯하다. 후에 데라사키의 동생인 타이라平는 "형

은 총사령부가 천황을 지킨다는 방침을 견지하도록 열심히 움직였다고 들었습니다. 궁내청 상층부의 의향이 작용하고 있었던 듯합니다. 이 일을 하면서 형은 심신을 모두 소모했습니다"라고 회상했다. 柳田邦男, 『マリコ』 데라사키는 1951년 8월 21일, 50세의 젊은 나이에 뇌출혈로 사망했다.

데라사키는 건강이 다시 악화된 만년에 마리코가 미국에서 유학하길 열망했다. 1948년 가을, 그웬은 GHQ에 마리코의 교육을 위한 미국 도항 허가를 요청하는 신청서를 제출했다. 마리코는 일본 국적이었는데, 당시에는 일본 국적을 가진 자가 도미하는 것은 일반적으로 금지되어 있었던 것이다. 신청서에는 미국에서 마리코의 신원을 인수할 자로 미국에 귀국하여 변호사 개업을 한 전 국제검찰국 수사과장 로이 모건의 선서구술서 서류가 첨부되어 있었다.

모건은 종결이 가까워지고 있던 도쿄재판에 대한 데라사키의 노력에 이와 같은 형태로 답하려 했던 것이리라. 이때는 그웬과 마리코의 도항신청이 허가되지 않았지만, 다음해에 드디어 도미가 실현되었다. 천황 면책을 둘러싼 미일 관계자의 은밀한 교차는 한편으로 이와 같은 일화를 낳았던 것이다.

또 '극비의 정보 제공자' 파일 속에는 데라사키 히데나리의 형 데라사키 다로미일개전 시, 외무성 미국 국장, 고노에의 사설 비서 우시바 도모히코牛場友彦, 아사히신문사의 스즈키 분시로鈴木文四朗, 국가주의자 고바야시 준이치로小林順一郞에 대한 문서가 있다.

3. 「독백록」의 발견

누구를 향한 '독백'인가

『문예춘추文藝春秋』 1990년 12월호에는 「쇼와 천황 독백록」이하 「독백록」이 공표되어 큰 반향을 일으켰다. 「독백록」은 앞 절에서 말한 데라사키 히데나리의 딸 마리코 데라사키 밀러가 공개한 것으로 그 성격을 둘러싼 논쟁이 일어나기도 했다.

「독백록」은 1946년 3월부터 4월에 걸쳐, 마쓰다이라 요시타미松平慶民 궁내대신, 마쓰다이라 야스마사 종질료 총재, 기노시타 미치오木下道雄 시종차장, 이나다 슈이치稲田周一 내기內記부장, 데라사키 히데나리 어용괘 등 측근 다섯 명이 장쭤린 폭살사건張作霖爆殺事件, 1928.4에서 패전에 이를 때까지의 경위를 4일 동안 다섯 번에 걸쳐 쇼와 천황에게 직접 듣고 정리한 것이다.

『문예춘추』 1991년 1월호에 실린 「"독백록"을 철저히 연구한다」라는 좌담회에서, 하타 이쿠히코秦郁彦가 「독백록」은 도쿄재판을 위한 문서로 영어 번역문이 존재하는 것이 아닌가라고 논쟁을 시작했다. 이에 이토 타카시伊藤隆와 고지마 노보루児島襄는 「독백록」은 정치적인 성격을 가지지 않는 단순한 회고록이라고 반론하였으며, 특히 이토는 "하타 씨가 이야기한 영어 번역문이 나온다면 항복하겠지만요"라고 까지 확언했다.

「독백록」은 데라사키 히데나리의 유품에서 발견되었다. 저자는 앞 절에서 서술한 것처럼 데라사키 히데나리가 '극비의 정보 제공자'로 일본 정부와 GHQ 사이에서 기민한 행동을 한 사실을 알고 있기 때문에, 당연히 점령군과 관계가 있는 문서라고 생각했다.

이에 대해 저자와 후지와라 아키라藤原彰, 요시다 유타카吉田裕, 야마다

아키라山田朗 등의 역사가들이 좌담회 기록 『철저검증·쇼와 천황 「독백록」徹底検証·昭和天皇「独白録」』大月書店을 1991년 3월에 공개했다. 좌담회에서는 「독백록」을 도쿄재판 대책을 위한 쇼와 천황의 변명서로 자리매김하고, 다각적인 시점에서 그 성격을 검토했다. 그리고 요시다 유타카는 『쇼와 천황의 종전사昭和天皇の終戦史』岩波新書, 1992를 출판하여 「독백록」의 영어판이 존재함을 확인했다.

「독백록」 영어판의 의도

1997년 6월 15일에 방영된 NHK 스페셜 〈쇼와 천황 두 개의 「독백록」昭和天皇 二つの「独白録」〉에서는 맥아더의 부관이었던 보너 펠라스가 소장한 문서 속에서 「독백록」을 축약한 영어 번역문을 발굴했다. 그리고 이나다 내기부장의 비망록을 통해 도쿄재판에서 쇼와 천황에게 전쟁책임이 없다는 것을 변명하기 위해 「독백록」이 작성되었다는 사실을 밝혔다. 이 방송은 히가시노 마코토東野真의 저서로 출판되었다.[10]

히가시노는 펠라스의 경력을 쫓으면서 그의 일본 체험, '지일파' 군인으로서의 성장을 명확하게 밝혔다. 그리고 아시아·태평양전쟁 말기에 맥아더의 군사비서가 되어 맥아더가 이끈 남서태평양 미군의 심리작전 부장으로 대일심리작전, 선전전을 지휘한 일을 구체적으로 해명했다. 이 대일심리작전의 기본 방침이 천황 면책에 있었으며, 마침내 일본의 항복 후에도 그것이 미국의 방침으로 계승된다는 점을 분석하였기 때문에 설득력이 있다.

일찍이 저자는 미국의 대일 선전 정책이 전쟁 지도자와 일반 국민을 엄

---

10   東野真, 『昭和天皇 二つの「独白録」』, 日本放送出版協会, 1998.

중히 구별하여, 전쟁 지도자의 전쟁책
임을 엄격하게 처벌하고 일반 국민에
대한 관대한 처치를 강조하는 '지도자
책임관'에 입각해 있다고 분석했다.[11]
그리고 이 '지도자 책임관' 선전 정책이
독일과 비교해서 특징적인 것은, 천황
의 전쟁책임에 대해서는 언급하지 않
고 한결같이 군 지도자를 공격하는 전
술적 배려를 취했다는 점이다. 이는 미
군의 포로가 된 일본 병사의 심문이나
그 외 조사 결과를 통해, 일본 국민 대
다수가 천황제 이데올로기에 깊이 영
향을 받았기 때문에 천황을 공격하면

보나 펠라스

선전 효과를 잃을 것이라 판단했기 때문이었다.

　이러한 상황은 전쟁 시기 중국공산당과 노사카 산조 등 재중일본인 반
전동맹이 화북지역에서 일본 병사들을 대상으로 한 반전 선전에서 천황
공격을 피한 일과 일치한다. 이는 연합국 내 여론에서 천황의 전쟁책임이
엄중히 논의되었던 상황과는 완전히 대조적이었다.

　히가시노의 책은 펠라스 문서를 성실히 분석하여 '천황, 국민, 군국주
의자 사이에 쐐기를 박는다'는 미군의 심리작전이 천황 불소추 방침의
한 요인이 되었다는 점을 지적한다는 점에서 중요하다. 또, 앞에서도 밝
혔듯이 1946년 1월 25일에 맥아더가 아이젠하워 육군참모총장에게 보

11　栗屋憲太郎, 『東京裁判論』, 37~38쪽.

낸 천황 면책의 극비 전보도 펠라스의 각서를 바탕으로 한 것이었다.

한편 천황에게 전쟁책임이 없다는 점을 '논증'하기 위해서는, '전쟁을 종결시킬 힘이 천황에게 있었다면, 도대체 왜 천황은 전쟁 개시 허가를 내렸던 것인가'라는 비판에 대처해야 했다.

천황에게 거부권은 없었는가

펠라스가 데라사키에게 요구한 것도 바로 이 문제였다. 이 점에 관해 「독백록」의 일본어판에서는 쇼와 천황이 "석유 수입금지는 실로 일본을 궁지에 몰아넣었다. 이렇게 된 이상, 만에 하나 요행을 바라더라도 싸우는 편이 낫다는 생각이 결정적이었던 것은 자연스러운 분위기라고 말할 수밖에 없다. 만약 그때 내가 주전론을 억눌렀다면 국내 여론은 육·해전에서 다년간 연마한 정예군을 가지고 있으면서 어이없이 미국에게 굴복한다는 이유로, 반드시 쿠데타가 일어났을 것이다"라고 말하고 있다. 또 같은 일본어판 '결론'에서는 다음과 같이 서술한다.

개전 시, 내가 도조 내각의 결정을 재가한 것은 입헌정치하에서 입헌군주로서 어쩔 수 없는 일이었다. 만약 내가 선호하는 바는 재가하고, 선호하지 않는 바는 재가하지 않는다면, 이는 전제군주와 하등 다를 바 없다.

(…중략…) 내가 만약 개전 결정에 대해 '비토veto'군주가 대권으로 거부 또는 거절하는 행위했다고 하자. 국내는 반드시 큰 내란에 빠지고, 내가 신뢰하는 주위 사람들은 살해당했으며, 내 생명도 보증할 수 없다. 그건 좋다고 해도 결국 광포한 전쟁이 전개되어, 이번 전쟁의 몇 배나 되는 비참한 일이 일어났을 것이다. 그리고 결국에는 종전終戰도 할 수 없는 결과가 되어 일본은 멸망하게 되었으리라고 생각한다.

그리고 영어판에서는 다음과 같이 말하고 있다. (영어판의 강조 부분은 히가시노. 일본어판에는 없고, 영어판에만 기록된 내용이다)

1941년 11월 또는 12월경, 만약 내가 천황으로서 (개전 결의에 대해) 거부권을 행사했다면, 무서운 혼란이 생겨났을지도 모른다. 내가 신뢰하는 주위 사람은 살해당했을 것이고, 나 자신도 살해당하거나 유괴되었을지도 모른다. 실제로, 나는 감옥에 갇힌 죄인과 다름없이 무력했다. 내가 개전에 반대해도, 그것이 궁성 밖의 사람들에게 알려지는 일은 결코 없었을 것이다. 결국 흉포한 전쟁이 전개되어, 내가 무엇을 하든 그 전쟁을 멈추게 하는 일은 결코 불가능한 결말이 되었을 것이다.

헌법에 의하면, 천황은 내각의 결정에 따라야 한다. 만약 내가 자신이 선호하는 바는 재가하고, 선호하지 않는 바는 재가하지 않는다면 전제군주와 다를 바 없을 것이다. 각료 사이에 의견 불일치가 없는 한, 내각의 결정을 부인하는 것은 입헌정치에 위반하는 행위라고 나는 생각했다.

히가시노는 영어판에 '추가'된 부분은 데라사키가 쓴 것이라고 추측했다. 또 영어판이 일본어판보다 먼저 1946년 4월 23일경에 도쿄재판 대책으로 작성되었다고 추정했다.

「독백록」의 변명은 성립하지 않는다

어쨌든 쇼와 천황의 개전 용인이 불가피했던 이유는 첫째로 입헌군주였으므로 정부 결정을 승인할 수밖에 없었다는 입헌군주론, 둘째는 개전을 거부했다면 국민적 분개·흥분을 배경으로 쿠데타가 일어났을 것이라는 내란위기론이다.

첫째의 입헌군주론은 반드시 타당하지는 않다. 쇼와 천황은 앞에 서술한 기도의 심문 내용에서도 알 수 있듯이, 필요한 장면에서는 국정과 군작전계획에 깊이 관여했기 때문이다. 둘째의 내란위기론은 역사에서 가정의 문제이지만, 천황에게 완전히 순종적이었던 도조 수상이 육군 대신과 내무대신을 겸임하고 있었기 때문에, 만약 쿠데타가 일어났다고 해도 군과 경찰의 손으로 진압할 수 있었을 것이라고 생각한다. 국책 전환에 따른 혼란을 위한 치안 대책은 충분했으리라 생각되기 때문이다.[12]

「독백록」은 쇼와 천황에 대한 '심문'에 회답하는 '심문 조서'라고도 생각할 수 있다. 그러나 '일본어판', '영어판' 모두 도쿄재판에서는 사용되지 않은 채 끝났다. 국제검찰국이 이를 입수했을지 여부는 알 수 없으나, 맥아더는 읽었으리라고 생각한다. 어쨌든 「독백록」은 마리코 데라사키 밀러와 펠라스에게서 오랜 시간 잠들어 있었다. 펠라스와 데라사키의 비밀 루트는 여기서도 활용되었던 것이다.

---

12   자세한 내용은 『徹底検証·昭和天皇「独白録」』, 大月書店, 1991 참조.

제 6 장

기소장 제출

1. 피고 선정을 위한 14차례 회의

최초의 회의

지금까지 검찰국의 재판 준비를 위한 다양한 활동을 소개해 왔다. 이제 검찰 활동의 핵심을 이루는 피고 선정의 경위를 둘러싼 문제를 다루고자 한다.

검찰국의 피고 선정은 먼저 검찰국 집행위원회에서 실질적인 피고 선정을 하여 피고의 최종 명단을 작성했다. 그것을 키난 수석검사와 각국 검사로 구성된 참여검사 회의가 의결하여 결정안을 마련했다. 이 결정안을 맥아더가 승인하여 피고를 최종적으로 확정하고 기소장을 공표하는 과정을 거쳤다.[1]

그러면 집행위원회의 의사록[2]을 바탕으로 구체적 경과를 추적해 보자. 단, 피고 후보자로 의사록에 적혀 있는 것은 성姓뿐이지만 다른 자료를 참조하여 인물을 확정했다.

앞에서도 언급했지만 최초의 회의는 3월 4일이었다. 먼저 집행위원회 내부의 소위원회로 기초위원회, 사건 조약위원회, 증거 피고위원회 등 세 위원회의 설립이 결정되었다. 이밖에도 지금까지 계속되어 온 전범 용의자와 관계자에 대한 심문을 언제 종결할 것인가, 어전 회의 참석자의 보고를 작성하는 것 등이 논의되었다.

---

[1]   집행위원회에 제출된 전범 목록으로 일원화될 때까지 IPS 안에도 다양한 전범 목록이 있었고, 여기에 각국의 목록도 참조하여 최종안에 이르게 된 것이다. 앞의 『IPS文書A』 제2권에 수록되어 있다.

[2]   이하는 집행위원회 의사록을 분석한 것인데 이 문서는 앞의 『IPS文書A』 제3권, 176~260쪽.

이어서 3월 5일의 회의에는 각 심문 담당관도 동석했다. 위원회는 주요한 심문을 10일 이내에 마친다는 방침을 결정했다. (이것은 결과적으로 실현되지 않고 뒤에도 계속된다) 피고 숫자는 20명을 넘지 않고 15명 정도가 적당하다고 보았다. 이 단계에서는 피고를 15명으로 한정하려고 한 사실을 확인할 수 있다. 단순히 전쟁에 찬성표를 던진 것으로 이 15명에 포함시키기는 불충분하다고 보았다. 또 주요 피고 명단에 있는 인물을 증인으로 세우는 것도 고려하고 있었다.

「주요 피고 명단」 3월 6일 회의의사록에는 '제2회 회의'로 기록되어 있지만 횟수는 일치하지 않는다. 이하 회의의 횟수는 의사록에 기재된 대로 적고 따옴표를 붙인다

먼저 앞서 언급한 「주요 피고 명단」이 회람되었다. 저자는 이 명단을 입수하지 못했지만, 위원회의 피고 선정 토의는 이 명단을 바탕으로 이루어졌을 것이다. 그리고 거기에 기재된 이름은 이하 각 회의 의사 내용에서 제안, 토의된 인물들이었다고 생각한다. 즉, 집행위원회 설치 이전의 피고 선정 준비 작업을 통해 이 명단의 인원수까지 피고후보를 좁힌 것으로 보인다.

이어서 3월 5일의 심문 담당관 회의에서 도이하라 겐지土肥原賢二와 기도 고이치木戸幸一는 전쟁 정책에 개인적으로는 반대했다고 생각되므로 명단에 넣어서는 안 된다는 의견이 있었다고 소개하고 있다. 위원회에서는 이러한 이유가 피고에서 제외하는 데 충분한 것인지의 여부가 논의되었다.

나아가 이날 회의에서는 당시 심문이 진행되고 있는 다나카 류키치田中隆吉의 조서를 심문 담당관인 호나디에게 서둘러 제출하기로 합의했다. 도쿄재판이 개정된 후 검찰 측 증인으로 출석한 다나카의 역할에 관해서는 자주 언급되는데, 기소장 작성 단계에서도 그의 진술은 검찰 측이 피

고 선정을 하는 데 유력한 무기가 되었다는 점을 확인해 둔다.

검찰 측이 다나카에 주목한 것은 1946년 1월 10일이며, 2월 18일에 최초 심문이 시작된 후 2월 19·20·25일, 3월 3·4일에 계속 심문이 있었고, 재판 개정 후에도 심문은 이어졌다.

3월 8일 '제3회' 회의에서는 피고 선정에 관해서 따로 기록한 내용이 없다.

3월 11일 '제4회' 회의 피고 선정 개시

이날부터 드디어 피고피고예정자(Possible Defendants) 선정이 시작되었다. 물론 최종 결정은 키난과 모든 참여 검사가 함께 한다는 것을 합의하고 있었다. 회의 처음에 도조 히데키, 도고 시게노리, 스즈키 데이이치鈴木貞一 등 세 명을 피고에 넣는 것을 합의했다. 이유는 적혀 있지 않지만, 태평양전쟁 개전 당시 수상과 외상이었던 도조와 도고에 대해서는 이의가 없었을 것이다. 스즈키가 세 번째라는 것은 조금 의외인데, 제2·3차 고노에近衛 내각, 그리고 도조 내각의 기획원 총재였던 경력이 중시되었을 지도 모른다. 즉 기획원 총재의 영문이 "Chief of Cabinet Planning Board"이기 때문에 이것이 침략전쟁의 계획과 곧바로 연결되는 것이라고 생각했을지 모른다.

이어서 마쓰오카 요스케松岡洋右 전 외상의 선정을 합의했다. 마쓰오카에 관해서는 증거 자료를 갖추기 위해 심문에서 그의 저작과 연설에 대해 본인의 확인을 받기로 결정했다.

이어서 아라키 사다오荒木貞夫, 육군대장, 제1차 고노에 내각과 히라누마(平沼)내각의 문상(文相)가 심문 조서에 '자백은 없지만'이라고 설명한 다음 선정되었다. 그리고 이타가키 세이시로板垣征四郎, 육군대장, 제1차 고노에, 히라누라 내각의 육군대신는 중국

순서대로
도고 시게노리, 스즈키 데이이치,
아라키 사다오, 오시마 히로시,
마쓰이 이와네, 도이하라 겐지.

인 학생 5천 명의 대학살에 책임이 있다는 향向 검사종국의 언급 외에, 만주사변 때 '봉천奉天사건'에도 책임이 있다는 설명을 한 다음 선정되었다. 이날 선정된 마지막 인물은 오시마 히로시大島浩, 육군중장, 주독일대사이다. 그는 당시 증거 자료 면에서 난점이 있다는 코멘트가 붙어 있다.

이밖에 마쓰이 이와네松井石根는 난징대학살 때 난징을 점령한 사령관으로서 논의되었다. 마쓰이는 전장에서의 행동과 군무 외의 불법분자에 의한 행동을 구별하여 죄를 지은 자는 군법 회의에 회부했다고 주장하며 자기 책임을 부정하고 있다고 쓰여 있다. 또한 군사령관을 비난하는 것은 아니지만 난징을 약탈한 것은 아사카노미야 야스히코朝香宮鳩彦가 군사령관이었던 군대였다고 주장하고 있다고도 전해졌다. 마쓰이 건을 보고한 먼로 법무관은 마쓰이의 피고 선정을 강하게 주장했지만 이날에는 결정되지 않았다.

그리고 '추축피樞軸派' 외교관인 시라토리 도시오白鳥敏夫와 육군의 미나미 지로南次郎, 도이하라 겐지육군대장, 도이하라 기관 설립자, 다무라 히로시田村浩가 논의되었지만 결정은 연기되었다. 미나미에 대해서는 만주사변 당시 육군대신으로서의 책임에 관해 법무관 사이에서 의견이 교환되었다고 소개하고 있다. 도이하라에 대해서는 호나디가 다나카 류키치의 말에 근거해서 도이하라를 피고로 해서는 안 된다고 말한 것이 주목할 만하다. 다무라에 대해서는 포로정보국장 겸 포로관리부장의 경력이 문제가 되었다.

그리고 논의에서 주목할 것은 주일 독일대사였던 오트Eugen Ott와 슈타머Heinrish Georg Shahmer 두 사람이 의제에 올랐다는 것이다. 재판소 헌장에는 피고를 일본인으로 한정한다는 규정이 없었기 때문에 일본인 이외의 피고 가능성도 검토되고 있었던 것이다.

오트에 관해서는, 태브너Frank S. Tavenner 검찰관이 일본과 독일의 공동모의를 보여주기 위해 독일인 피고가 필요하다면 슈타머가 적당하다는 의견을 냈고, 결국 의견이 받아들여져 오토가 먼저 피고에서 제외되었다. 슈타머에 대해서도 반대가 많았다. 마쓰오카와 오시마 두 명으로 독일과의 공동모의는 설명할 수 있고, 슈타머를 넣는다면 재판소 헌장의 규정에 따라 법정용어를 영어와 함께 피고인의 국어인 독일어까지 추가해야 한다는 소극론이 나왔다. 결국 결정을 연기하기로 했다.

3월 13일 '제5회' 회의회의록에는 이 회의가 '제4회'로 적혀 있다.

이날은 먼저 기소 내용의 일부인 일본의 전쟁 준비를 위한 군사비의 팽창에 관해, 일본 측의 종전연락사무국이 대장대신의 경력을 가진 가야 오키노리賀屋興宣를 신뢰할 수 있는 증인으로 추천했기 때문에 토의가 시작되었다. 가야를 재판의 증인으로 삼을지 피고로 삼을지가 논의되었는데, 결정은 도조 내각에 대한 전면적인 검토 이후로 연기되었다.

이날 피고로 선정된 것은 호시노 나오키星野直樹, 기획원 총재, 도조 내각 서기관장, 하시모토 긴고로橋本欣五郞, 육군 대좌, 나가노 오사미永野修身, 군령부 총장, 시마다 시게타로嶋田繁太郞, 도조 내각의 해군대신 등 4명인데, 특별히 구체적인 코멘트는 적혀 있지 않다.

이밖에 아리타 하치로有田八郞, 제1차 고노에, 히라누마, 요나이(米內) 내각의 외상가 의제에 올랐다. 전제는 검찰 측에 제출된 「기도 일기木戶日記」에 아리타가 외상이었을 때 일본군의 프랑스령 인도차이나 파병에 동의했다는 기술이 있다는 것이다. 때문에 「기도 일기」의 다른 부분에서 아리타에 관해 어떻게 폭로하고 있는지 조사한 다음 피고 선정을 결정해야 한다는 의견이 나왔다. 결국 아리타에 대한 결정은 연기되었다.

하타 슌로쿠畑俊六, 아베, 米內 내각 육군대신에 관해서는 윌리엄 검찰관이 난징사건에 명백한 책임이 있고 아편 거래에도 관여했다는 내용의 보고서를 회람했지만, 중국으로부터 아편에 관해 정확한 증거가 제출될 때까지 결정을 연기하기로 했다.

이어서 무토 아키라武藤章, 육군성 군무국장에 대해 로빈슨 검찰관이 보고서를 회람했는데, 거기에는 「기도 일기」와 「어전 회의에 관한 각서」기도 일기와 도조, 시마다의 심문, 고노에 후미마로의 메모로 작성한 것으로 참석자의 이름이 적혀 있다가 첨부되어 있었다. 이때 앞으로 모든 피고 용의자의 토의 소재가 될 보고요약에는 「기도 일기」와 다나카 류키치의 조서, 「어전 회의에 관한 각서」에서 참조한 내용을 붙이는 데 합의했다. 무토에 관해서는 연기되었다.

한편, 오이카와 고시로及川古志郎, 제2차 고노에 내각 해군대신, 이토 노부미伊藤述史, 외교관, 정보국 총재, 시게미쓰 마모루重光葵, 도조, 고이소 내각 외상도 논의되었지만 연기되었다.

마사키 진자부로眞崎甚三郎, 육군대장, 참모차장도 의제에 올랐으나 로빈슨 검찰관이 마사키를 증인으로 세울 예정이기 때문에 석방해야 한다고 말하자, 법무관 울워스가 이에 반대했다. 결국 위원회에서 투표를 했는데 한 명만이 피고 제외에 반대해서 결정을 연기했다.

이후 마사키의 피고인 선정 문제는 미묘하게 전개되었는데, 울워스는 이미 3월 5일 자로 키난에게 마사키에 대한 보고서를 보내 마사키를 피고 명단에 실어야 한다고 강하게 주장했다. 그는 만주 침략에서 참모차장 마사키의 역할이 아라키 사다오와 같은 죄라고 말했다. 그리고 설령 마사키가 스스로 변호한 것처럼 '지나사변' 때 일본군을 만리장성 선에 머물도록 노력한 것이 진실이라 하더라도, 그 이전의 만주 점령과 중국에 대한 침략전쟁을 수행한 책임은 경감될 수 없다고 강조했다.

키난의 각서 발표

3월 15일 키난은 각서를 발표하여 이미 집행위원회 차원에서 도조, 도고, 아라키, 스즈키, 마쓰오카, 이타가키, 오시마, 시마다, 나가노, 호시노, 하시모토 등 11명이 선정되었음을 확인했다. 그리고 키난은 상황이 허락한다면 도조의 증언을 바탕으로 현존하는 도조 내각의 전 각료를 피고로 선정하도록 요구했다.

거론된 각료의 이름은 모리야마 에이이치森山鋭一, 법제국장관, 다니 마사유키谷正之, 외무대신, 정보국 총재, 가야 오키노리大藏大臣, 이와무라 미치요岩村通世, 법무대신, 이노 히로야井野碩哉, 농림대신, 기시 노부스케岸信介, 상공대신, 데라시마 겐寺島健, 체신대신, 핫타 요시아키八田嘉明, 철도대신이다. 키난은 앞에서 말한 도조 내각의 전 각료를 기소하고 싶다는 맥아더의 의향에 따라 요청을 했을 것이다.

같은 3월 15일에 '제6회' 회의가 열렸다. 이날 피고로 선정된 사람은 히라누마 기이치로平沼騏一郎, 國本社의 창립자, 수상였다. 그러나 병세가 악화되지 않는 한이라는 유보 조건이 있어서 자택 구금 상태에 둘 것을 결정했다.

한편 우메즈 요시지로梅津美治郎, 육군대장, 참모총장, 히로타 고키広田弘毅, 수상, 헌병사령관이었던 나카무라 아키토中村明人, 미나미 지로, 마쓰이 이와네, 고이소 구니아키小磯國昭, 수상, 내대신인 기도 고이치가 의제에 올랐는데, 조사를 기다린다는 등의 이유로 모두 결정이 연기되었다. 마쓰이에 대해서는 난징사건 같은 하나의 사건에 대한 책임만으로 피고로 삼아야 하는가라는 의문이 제기되었다.

기도에 관해서는 심문을 담당한 헨리 서킷이 '기도가 문제가 되는 유일한 공적 행위는 당시 도조의 사상과 의도를 알고 있었으면서도 그를 수상으로 추천한 것'이라고 말했다. 덧붙여 재판의 목적에서 보면 기도는 오히려 증인으로 삼는 것이 좋을 것이라고 말한 것이 주목할 만하다.

검찰국은 기도에 대한 제1회 심문이 끝난 뒤 「기도 일기」를 제공받아 큰 수확을 거두었다. 천황을 무죄로 만들기 위해서는 내대신이었던 자신이 무죄가 되지 않으면 안 된다고 확신한 기도는, 『기도 고이치 일기-도쿄재판 시기木戸幸一日記-東京裁判期』東京大學出版會, 1980에 적혀 있듯이 서켓에게 상세한 공술을 했을 뿐만 아니라 장문의 수기를 몇 차례에 걸쳐 제출했다.

검찰에게 기도의 역할과 이용가치는 다나카 류키치 이상으로 컸던 것이다. 심문을 담당한 서켓이 기도의 태도를 내부 고발에 의한 적극적인 협력으로 받아들인 것은 당연하며, 기도를 피고로서가 아니라 오히려 증인으로 활용하고 싶다는 감정이 강해졌을 것이다.

3월 18일 '제7회' 회의

처음에 키난의 견해가 소개되었다. 내용은 어떤 인물을 피고로 선정할 때 중대한 의문이 있을 경우라도 일단 기소장에 넣어야 하며, 또 피고의 수는 당초 예정과 달리 20명이 넘을지도 모른다는 것이었다. 위원회에서 의문이 있어 제안한 인물 가운데, 중요 인물의 경우는 기소장에 넣어야 하지만 그다지 중요하지 않은 인물은 제외한다는 합의가 있었다.

이날 피고 선정에서는 먼저 결정이 연기된 경우에 X : 여지가 있다면 넣는다, Y : 앞으로의 정보를 기다린다는 두 종류로 분류한다는 것이 결정되었다. 피고로 선정된 사람은 히로타 고키뿐이었다. 결정이 연기된 사람 가운데 미나미는 X 조건, 기도, 고이소, 오이카와, 사토 겐료佐藤賢了, 육군성 군무국장는 Y 조건이었다. 고이소에 관해서는, 한멜 법무관이 고이소는 거짓말쟁이이며 만주사변과 만주국의 건국 책임이 있기 때문에 피고에 넣어야 한다는 의견이 소개되어 있다. 또한 증거 자료를 통해 고이소가 기밀비에서 거액의 자금을 인출했다는 것도 언급되어 있다.

3월 20일 '제8회' 회의

회의 앞부분의 피고 선정에서는 지난번 제7회 회의에서 이미 결정되었는데 의사록에 빠져 있었다며 무라타 쇼조村田省藏, 大阪商船 사장, 제2차 近衛 내각의 체신대신 겸 철도대신, 태평양전쟁 중 필리핀 파견군 최고고문, 필리핀 주재 특명대사의 선정을 확인했다. 그러나 이후에 의사록과 그 밖의 자료에서 무라타가 피고로 선정되었다는 기록은 없다. 무라타가 왜 피고에서 사라졌는지 그 경위는 불분명하다.

이어서 무토, 고이소를 피고로 선정하고 오이카와, 시게미쓰를 제외한다는 합의가 이루어졌다. 오이카와에 관해서는 존 대쉬 검찰관이 도조에 대한 증인으로만 유용하다는 의견을 제시했다. 시게미쓰에 대해서는 하이더 검찰관이 피고 제외를 권고했다. 그는 시게미쓰의 유일한 책임이 외상 시절 포로의 대우를 개선하기 위해 아무런 행동도 취하지 않았던 것이라고 말했다. 시게미쓰도 증인으로 쓸 가능성을 남기고 제외했다.

이날 문제가 된 것은 동맹통신사 사장인 후루노 이노스케古野伊之助였다. 이미 '제5회' 회의에서 가능하다면 보도에 대한 국가통제와 선전 정책에 책임이 있는 피고를 선택해야 한다는 합의가 있었기 때문에, 명단에 있던 후루노가 문제가 되었던 것이다. 이 자리에서 로빈슨은 보도에 대한 국가통제의 책임을 육군성 군무국장이었던 무토에게만 지게 하는 것은 불충분하다는 의견을 내놓았다. 이에 대해 모건은 "후루노 대신 다니 마사유키는 어떠한가"라고 말했다. 어쨌든 후루노는 앞선 Y 조건으로 결정이 연기되었다.

3월 21일 '제9회' 회의

피고 선정의 기사는 간단하다. 오카와 슈메이大川周明가 지도적인 선전가라는 전체적 의견에 따라 피고에 선정되었다. 마사키는 제외가 결정되었다. 아리타, 도이하라, 아모 에이지天羽英二, 외교관, 정보국 총재, 이케다 시게아키池田成彬, 三井合名 상무이사, 제1차 近衛 내각의 대장대신는 보고를 기다리기로 하고 연기하였다.

3월 26일 '제10회' 회의

지난 회의와 마찬가지로 기술은 간단하다. 시라토리, 가야, 기도 세 명이 피고로 선정되었다. 우메즈, 아베 노부유키阿部信行, 육군대장, 수상, 가와다 이사오河田烈, 제2차 近衛 내각 대장대신, 곤도 노부타케近藤信竹, 군령부 차장, 오카다 게이스케岡田啓介, 수상, 나카무라 아키토, 이케다 시게아키는 제외가 결정되었다. 단 우메즈는 '당분간 배려에 의해 제외'라는 유보 조건이 붙어 있다. 또한 아베에 관해서는 제외하지만 증인으로 삼도록 노력한다는 추가 기술이 있다. 곤도도 증인으로 고려한다고 되어 있다.

현안이었던 후루노에 관해서는, 브레이브너 스미스가 후루노는 피고로 적당하지 않다고 발언하고 대신 육군 보도부장이었던 오히라 히데오大平秀雄의 이름이 거론되었으나 결국 결정이 연기되었다. 이어서 스미스는 해군의 오카 다카즈미岡敬純, 해군성 군무국장를 거명하면서, 오카는 시마다보다 해군을 대표하는 인물이며 육군의 무토에 필적하는 인물이라고 지적하며 검토를 요청했다. 이 때문에 오카도 계속 심의 대상이 되었다.

기무라 헤이타로木村兵太郎, 육군차관와 사토 겐료도 계속 심의하기로 했다. 이시다 오토고로石田乙五郎, 헌병사령부 본부장에 관해서는, 파킨슨이 이시다는 피고가 아니라 유용한 증인이 될지도 모르니 스가모형무소에서 석방하여 다나카 류키치와 협력하게 하는 것이 좋다고 말했다. 이시다도 검찰국에 대한 협력 태도가 돋보였을 것이다.

다무라 히로시, 아리타 하치로, 미나미 지로, 하타 슌로쿠는 결정이 연기되었다. 요나이 미쓰마사米內光政의 이름도 거론되었으나 그는 원래부터 명단에 없었던 점을 감안하여 증인으로 고려한다고 기술하고 있다.

3월 27일 '제11회' 회의에서 피고 선정은 의제가 아니었다.

3월 28일 '제12회' 회의

피고 선정은 하타 슌로쿠뿐이었다. 하타 요시아키, 나카지마 지쿠헤이 中島知久平, 나카지마비행기 창립자, 政友會 혁신파 총재, 아리타 하치로 등 세 명은 제외되었다. 도이하라, 다무라 히로시, 후루노 이노스케와 오히라 히데오는 보고를 기다리기로 하고 연기했다. 주목해야 할 것은 처음으로 이시와라 간지石原莞爾, 육군중장의 이름이 거론됐는데, 보고서를 이시하라 히로이치로石原広一郎, 이시하라산업 대표로 잘못 제출하여 이것도 연기되었다.

한편 하딩이 마사키와 미나미의 재검토를 발의하였고 집행위원회는 이것을 받아들였다. 사실 마사키는 21일의 '제9회' 회의에서 이미 제외되어 있었다. 21일 회의에서는 마사키의 제외를 강조한 로빈슨의 제안이 지지를 받았을 것이다.

로빈슨의 진의는 4월 1일 자로 집행위원회에 제출한 「마사키 진자부로를 전쟁범죄인으로 기소해야 하는가」라는 보고서에 제시되어 있다. 마사키는 심문 과정에서 일본이 제2차 세계대전에 참가한 경위에 대해 그의 풍부한 지식을 서술했다. 그리고 질문에는 치밀하게 대답하고 요구받은 자료도 모두 제출했던 것이다. 로빈슨은 전쟁범죄인 재판에서 정의를 실현하고자 하는 연합국에 협력을 꺼리지 않는 마사키의 자세에 매우 감명을 받았다고 말하고 있다. 로빈슨은 마사키를 피고로 삼는다면 재판에서 그를 증인으로 이용할 장점이 없어져 버린다는 이유로 마사키의 피고 제외를 주장한 것이다. 마사키의 협력이 대단했음을 짐작하게 한다.

이에 대해 울워스는 3월 20일 자로 집행위원회에 마사키에 대한 보고서를 제출했다. 만주 침략에 마사키의 책임이 있다는 근거로 기도가 심문 조서에서 한 발언을 16군데나 인용하며 마사키를 기소해야 한다고 강조했다. 28일의 회의에서는 울워스의 의견이 채택되어 마사키를 재검토하게 되었다.

법무관 울워스

4월 1일 '제13회' 회의

기무라 헤이타로, 사토 겐료, 다무라 히로시, 오카 다카즈미, 미나미 지로, 마쓰이 이와네의 피고 선정이 결정되었다. 특별히 구체적인 이유는 붙어 있지 않았다. 마사키에 관해서는 울워스와 로빈슨의 보고를 들은 다음 '일단 선정에 합의'했다. 전술했듯이 기도의 증언을 인용하면서 마사키의 선정을 주장한 울워스의 보고가 효과가 있었을 것이다.

슈타머, 다나베 모리타케田邊盛武, 참모차장, 제25군사령관의 제외가 결정되었다. 그리고 도이하라는 '유효한 증거가 없는 한'이라는 조건을 붙여 제외했다. 후루노와 오히라에 대해서는, 선전 정책의 책임은 피고로 선정된 무토로 충분하다는 이유로 결국 제외되었다. 이시와라 간지에 대해서는 최종 명단이 결정되기 전에 조사 보고가 가능할지도 모른다는 판단하에 결정이 연기되었다.

4월 5일 '제14회' 회의

이날의 논의는 29명을 지명한 「주요 용의자의 최고 기밀 명단」4월 4일 작성을 바탕으로 이루어졌다.

키난이 3월 15일에 11명의 피고 선정을 확인한 이후 집행위원회는 히라누마, 히로타, 무토, 고이소, 오카와, 시라토리, 가야, 기도, 하타, 기무라, 사토, 다무라, 오카, 미나미, 마쓰이, 마사키 등 16명을 피고에 추가했다. 그리고 집행위원회는 여기에 이시와라와 도이하라를 추가하여 29명의 명단을 작성했다.

키난은 코민즈 카 검찰관에게 이 명단의 29명을 25명으로 줄이도록 요구하고 제외자로 마사키, 다무라, 도이하라, 이시와라 4명을 거론했다. 이에 대해 코민즈 카는 다무라에 관해서는 B·C급 재판에 회부해야 한다고 권고했다. 이날 위원회에서는 의장 코민즈 카가 지금까지의 경위를 설명하고, 도이하라와 이시와라에 관해 증거가 부족하다고 말했다. 그러자 윌리엄이 하타와 마쓰이도 마찬가지로 증거 부족이라고 발언했다.

결국 위원회는 마사키와 다무라를 포함시키고 도이하라와 이시와라를 제외한 27명을 피고로 결정하여 키난에게 권고했다. 뒤의 두 명에 관해서는 참여검사 회의에서 피고를 최종 결정하기 전에 증거가 갖춰지면 재검토하기로 했다.

2. 피고는 26명인가 28명인가

참여검사 회의 개최

이처럼 집행위원회의 권고를 받아 4월 8일 참여검사 회의가 개최되었다.[3] 검사 전원이 모일 예정이었으나 소련과 독일 측 검사가 아직 도착하지 않았다. 이 자리에서 키난은, 재판소 헌장에서 검찰은 수석검사의 직접 지휘 아래에 둔다고 규정하고 있지만, 이전에 지시한 바와 같이 피고 선정에 관해서는 검사 전원의 다수결에 따르겠다고 말했다. 회의에서는 집행위원회의 원안대로 도이하라, 이시와라를 포함한 29명의 명단이 의결에 붙여지게 되었다. 표결 결과는 다음과 같다. (단, 표수는 기록되어 있지 않다)

29명 가운데 마사키, 다무라, 이시와라 등 3명이 제외되고 나머지 26명이 선정되었다. 26명 가운데 마쓰오카에 대해서, 피고는 현재 중병이지만 재판이 시작될 때까지는 출석할 수 있는 상태로 회복될 것이라는 코멘트가 붙어 있다. 기도에 대해서는, 이 피고의 공판을 유지할지에 대해서는 약간의 의문이 있지만 그럼에도 불구하고 검사 전원이 피고 선정을 지지했다는 코멘트가 붙어 있다. 히라누마에 관해서는, 피고는 고령이고 병중이지만 그럼에도 기소한다고 적혀 있다. 이타가키와 기무라에 관해서는, 싱가포르에서 연행한다고 되어 있다. 마쓰이에 관해서는, 충분한 증거가 있는지 의문이 들지만 난징사건에서의 역할로 선정을 결정했다고 되어 있다.

마지막까지 미묘했던 도이하라에 관해서는, 그의 책임을 바로 증명할 증거가 부족하다는 점이 다시 지적되었지만, 중국의 샹向 검사가 "도이하라는 중국에 대한 침략을 꾸민 중심 인물 가운데 한 명이며, 그 증거는 조만간 중국에서 나올 것"이라고 발언했기 때문에 최종단계에서 피고로 선정되었다.

반대로 마사키는 최종단계에서 제외되었다. 생각해 보면 마사키는 2·26사건 후의 군법 회의나 이번의 경우처럼 위태로운 상황에서 피고

---

3   『IPS文書A』 제3권, 160~161쪽.

가 되는 것을 면했다. 이번에는 2·26사건 이후 공직에 있지 않았던 것이 결과적으로 다행이었고, 또 마사키가 검찰 측에 적극적인 협력 자세를 보인 것이 효과를 발휘했을지도 모른다.

다무라는 제외되었지만 총사령부의 카펜터 법무국장에게 인도되었다. B·C급 전범재판에서 다루어야 할 것이라는 권고가 붙어 있었기 때문이다. 이시와라 간지도 최종단계에서 제외되었는데 필리핀의 로페스 검사가 이 인물은 필리핀으로 돌려보내 미국의 군사법정에서 재판해야 할 것이라는 의미를 알 수 없는 코멘트를 붙였다.

이시와라 간지가 소추되지 않은 이유

만주사변 음모의 중심 인물이었던 이시와라는 왜 도쿄재판의 피고가 되지 않았을까? 이것은 자주 논의되는 것이기도 하다. 자세한 것은 제8장 제2절에서 후술하겠지만 앞서 간략한 경위를 설명해 둔다.

이시와라의 이름을 최종단계에서 제안한 것은 기도나 다나카 류키치가 그를 만주사변의 책임자로 기술하고 있어 검찰 측도 이시와라가 중요 인물이라는 것을 깨달았기 때문일 것이다. 그러나 결정적으로 검찰 측은 이시와라에 관한 확실한 증거가 부족했다.

4월 1일 자로 하딩이 집행위원회에 보낸 이시와라에 관한 보고서에서는, 이시와라 본인의 심문이 하나도 없다는 점이 적혀 있다. 그리고 3월 13일에 담당관이 파일을 조회했을 때, 이시와라는 체신병원에 입원 중이었기 때문에 퇴원하면 즉각 심문하기로 되어 있었는데 현재까지 심문하지 않은 상태라고 지적했다. 이시와라에 관한 하딩의 보고서에는 이시와라를 동아연맹의 두목이며 만주병합의 음모를 세운 청년 장교의 한 명으로 보고, 일본의 침략계획에 다대한 영향을 끼친 것으로 알려져 있다고 서술하고 있다.

보고서는 정보 부족을 보충하려는 듯, 1945년 10월 8일 자 '민중의 소리'라고 적힌 익명의 투서를 인용하고 있다. 이 투서는 맥아더에게 이시와라의 전범 소추를 요구한 것이다. 투서의 내용은, "이시와라는 사쿠라회櫻會와 깊은 관련이 있고, 관동군에 소속되었다가 중일전쟁 중에 상하이로 옮겨 전쟁에 참가한 뒤 일시 귀국했다. 1941년 11월에 필리핀으로 건너가 바탄에서 작전을 지휘하고 이후 루손과 레이테 전선에도 참가했다"고 사실과 다른 경력을 적고 있다.

피고 선정을 서두른 검찰 측은 우연히 이시와라가 입원을 해서 심문 기회를 놓쳤기 때문에 최종 결정 단계까지 충분한 증거를 모으지 못했다. 그 결과 소추 결단을 내리지 못했던 것이다.

이시와라가 피고에서 제외된 배경에는 이러한 우연적 요소가 작용했다.

천황 소추 문제 제의

4월 8일에 열린 참여검사 회의에서는 26명의 피고를 선정한 뒤 처음으로 천황 전범 문제에 대한 제안이 있었다. 이것은 회의를 시작할 때 명단에 있는 인물 이외에 검토해야 할 인물의 추가를 인정한다는 설명이 있었기 때문에, 예전부터 천황 소추를 주장해 온 오스트레일리아의 맨스필드 검사가 정식으로 천황 소추를 제의한 것이다.

앞에서도 서술했듯이 오스트레일리아가 검찰국에 제출한 일본인 64명의 전범 명단에는 7번째로 '히로히토'의 이름이 있었다. 그리고 천황의 전범 용의로는 '평화에 반한 죄', '인도에 반한 죄'를 지적했다. 구체적으로는 '침략전쟁의 계획, 수행을 인정하고 참여했다. 괴뢰 정권의 형성을 촉진, 장려했다. 평화에 반한 죄와 인도에 반한 죄가 자행되는 것을 허용하고 묵인했다. 나아가 그 범죄들을 방지하기 위해 유효한 수단을 취하지 않았다'는 등의 이유를 붙였다.

오스트레일리아의 제안에 대한 결말의 기술은 간단하다. 즉, '토론이 이루어진 뒤, 검찰로부터 상부가 이를 인정하지 않을 것이라는 설명이 있었다. 천황을 소추하는 것은 잘못이기 때문에 천황을 포함시키지 않기로 합의했다'고 적혀 있다.

이 시점에서 검찰 측이 천황 소추를 실현시킬 방법은 없었다. 이미 4월 3일에 개최한 극동위원회FEC는「극동에서 전쟁범죄인의 체포, 재판 및 처벌에 관한 극동위원회 정책 결정」을 채택하여, 미국의 기존 방침을 추인하고 천황의 전범 제외를 결정해 놓았기 때문이다. 맨스필드의 태도는 실현성과는 별도로, 천황 소추를 요구하는 오스트레일리아 정부의 자세를 마지막까지 관철시키려 했던 것으로 보인다.

아울러 이번 취재에서 연합국 가운데 공식적으로 천황을 전범 명단에 넣거나 전범 소추를 제안한 것은 오스트레일리아뿐이었다는 사실을 확인할 수 있었다.

28명이 선정되다

이렇게 해서 키난은 4월 10일에 26명의 피고 명부를 맥아더에게 제출했다. 피고는 26명으로 최종 결정됐다고 생각했으나, 4월 13일에 소련의 판사와 검사가 도착하자 4월 17일 참여검사 회의가 열렸고,[4] 여기에서 피고 2명이 추가되었다. 이 회의에는 독일의 메논 검사만 불참했다.

의사록에 따르면, 먼저 소련의 고른스키 검사가 피고에 우메즈, 시게미

---

4   『IPS文書A』제3권, 165~167쪽.

쓰, 아유카와 요시스케鮎川義介, 만주중공업 총재, 후지와라 긴지로藤原銀次郎, 王子제지 회장, 도미나가 교지富永恭次, 육군차관, 육군중장를 제안했다. 그리고 토론이 이어져 'D 재벌'을 담당한 훅스허스트와 호윗츠가 보고를 하였고, 나카지마 지쿠헤이中島知久平도 재심리했다.

여기에서 키난은 재벌에서 가능하다면 신·구 재벌 모두를 대표하는 피고 한 명을 선정하고자 했으나, 소송 준비가 진행됨에 따라 조건을 충족하는 사람이 없어 어쩔 수 없이 재벌의 범주에서는 피고를 선정하지 않았다고 말했다. 키난은 당초부터 재벌 관계로 누군가를 넣고 싶었지만 결국 단념했던 것이다.

이 회의에서도 재벌 관계자는 제외되고, 표결 대상이 된 것은 시게미쓰와 우메즈 두 명뿐이었다. 시게미쓰는 6 대 4로 피고 선정이 결정되었다. 우메즈는 첫 투표에서는 5 대 2로 제외가 결정되었지만, 검토 후 재투표를 한 결과 이번에는 반대로 5 대 3이 나와서 피고로 선정되었다. 우메즈의 재투표 이유는 적혀 있지 않다.

이상이 국제검찰국에 의한 28명의 피고 선정 과정의 줄거리이다.

'통설'의 오류

지금까지 읽고 눈치를 챈 독자도 많겠지만 내가 재구성한 피고 선정 과정은 종래의 '통설'과 크게 다른 점이 있다. 그럼 '통설'의 오류를 지적해 보자.

먼저 영화 〈도쿄재판〉의 내레이션에서도 얘기하듯, 법정에 준비된 피고석이 28명이었기 때문에 편의적으로 28명의 피고를 선정했다고 하는데, 피고 선정의 경과를 보면 이것은 전혀 근거가 없는 속설이다.

또한 자주 참조하는 고지마 노보루兒島襄 씨의 『도쿄재판東京裁判』中公新書

호송버스 안의 A급 전범 용의자들

에도 중요한 잘못이 있다. 이 책에는 "3월 23일 현재 도쿄재판의 피고수는 확실히 25명으로 예정되어 있었다"는 기술이 있는데상권, 104쪽, 3월 25일 단계에서 집행위원회가 선정한 것은 16명무라타 세이조를 포함시키면 17명이다. 또한 키난이 29명을 25명으로 줄이라고 지시한 것은 4월 5일이며, 이 지시도 실현된 것은 아니다. 3월 23일 시점에서는 피고수가 20명을 넘을 것이라고 키난이 예상했다는 것이 정확할 것이다.

4월 22일에 소련 검사가 피고의 추가, 변경을 제의한 부분으로, "소련 측은 전 수상 아베 노부유키 육군대장, 마사키 진자부로 육군대장을 제외하고, 시게미쓰, 우메즈를 추가할 것을 제안했고 키난 검사도 이를 받아들였다"고 기술상권, 111쪽하고 있다. 이 부분은 영화 〈도쿄재판〉은 물론 야마사키 도요코山崎豊子의 『두 개의 조국二つの祖国』新潮社, 1983에서도 주인공의

대사로 인용되는 등 완전히 '정설'화되어 있는데 사실과는 크게 어긋난다. 아베는 이미 3월 26일, 마사키는 4월 8일에 피고에서 제외되었다. 더구나 소련이 시게미쓰, 우메즈 등의 추가를 제안한 것은 4월 17일이고 두 사람은 다수결로 추가 선정되었던 것이다. 아베, 마사키와 시게미쓰, 우메즈의 피고 교체라는 사실은 완전히 존재하지 않는다. 고지마 씨의 저서는 추정을 단정으로 바꾸고 잘못된 기술이 산견되는 것이 특징이다.

지금까지 검사 측의 움직임을 추적했는데 일본 정부의 정보가 피고 선정 과정에 관계했음을 특별히 기술해 둔다. 즉, 3월 2일 IPS의 브레이브너 스미스가 전쟁책임자에 관한 종전연락중앙사무국의 생각을 파악하기 위해 종전연락중앙사무국 제1부 전범사무실장인 오타 사부로太田三郎와 접촉했다. 그 결과 오타는 육군 소장장교와의 관계상 아라키, 마쓰오카, 도조, 무토, 오카와에 이어 육해군의 연결역으로 해군의 오카岡를 지명했다. 동시에 재판의 공정성을 일본인 자신에게 확신시키기 위해 일본인이 납득할 인물을 기소해야 한다고 호소한 것도 피고 선정 과정에 영향을 미친 것으로 주목해야 할 것이다.[5]

기소장 작성

피고 선정과 병행하여 기소장 작성도 진행하기 시작했다.

미국 검찰진의 기소장 제1차 초안[6]은 그것을 전한 1946년 2월 12일의 영국 문서를 통해 알 수 있다. 여기에서 미국은 뉘른베르크재판과 완전히 같은 초안을 준비했다.

5   日暮吉延, 『東京裁判の国際関係─国際政治における権力と規範』, 280쪽.
6   이 이전에 1945년 2월 4일 자 키난에 의한 기소장 초안도 있다. 앞의 『IPS文書A』 제3권, 199~201쪽.

기소 이유는 4가지뿐이다. 피고는 도조 히데키와 'other names'로 되어 있어 아직 다른 사람의 이름은 제시되지 않았다. 기소 이유는 ① '평화에 반한 죄', ② '통례의 전쟁범죄', ③ '인도에 반한 죄', ④ '공통의 계획 또는 공동모의'로, 완전히 뉘른베르크를 원형으로 한 기소장이다.

여기에서 흥미로운 것은 기소 이유인 '통례의 전쟁범죄' 가운데 그것이 일어난 지역으로 중국, 만주, 조선, 하와이, 필리핀, 인도네시아, 태국, 네덜란드령 등이 예시되었다. 조선은 기소 이유 ③의 '인도에 반한 죄'에도 들어가 있다. 미국은 조선으로 보내진 미군 포로의 학대를 염두에 두고 조선을 넣은 것이 아닌가 생각된다. 그러나 이 제1차 초안을 정독하고 조선에 대한 일본의 식민지 지배가 '통례의 전쟁범죄', '인도에 반한 죄'에 해당하는지 생각하면 중요한 사실이 떠오른다.

당시 조선인은 '제국신민'이었기 때문에 제국신민에 대한 학대 행위는 당연히 '인도에 반한 죄'에 해당한다. 그렇다고 한다면 조선인 강제 연행, '일본군위안부 문제'도 소추 대상이 될 가능성이 있었다. 그러나 당시 한국은 아직 독립하지 못하고 미군의 점령하에 있었다. 국가로서도 자립하지 못해 대표단이 없었기 때문에 이 '조선'이라는 지역은 후에 사라져 버린다. 또한 한국의 사정에 정통한 IPS 요원도 없었다.

이후 집행위원회가 설립되자 기소장 초안은 대폭 수정되었다. 기소 이유도 각국별로 나뉘어 처음 4개였던 기소 이유가 점차 확대되어 갔다. 위원회 내부에서는 영미법형의 나라와 비영미법형 나라의 대립도 있었고, 또 필리핀의 주장으로 기소장 모두에 '전문前文'을 삽입할지에 대한 논의가 이루어졌다.

결국 우여곡절 끝에 4월 27일에 완성된 기소장에 각국 검사가 서명하고,[7] 키난은 1946년 4월 29일 극동국제군사재판소에 기소장을 제출하여 5월 3일부터 재판이 시작되었다. 기소장의 기소 이유 내용과 피고의 해당 기소 이유는 다음의 〈표 1 · 2〉와 같다.

기소장은 전문, 기소 이유 55항목 및 부속서 A~E로 구성되었다. 그 가운데 범죄사실을 표시하는 기소 이유는 제1류類 '평화에 반한 죄'기소 이유(訴因)1~36, 제2류 '살인'기소 이유37~52, 제3류 '통례의 전쟁범죄 및 인도에 반한 죄'기소 이유53~55의 3부로 분류되었다.

또한 부속서 A에는 제1류 가운데 기소 이유를 정당화하기 위한 구체적 사실, 부속서 B · C · D에는 일본이 위반한 조약, 공식보장, 전쟁의 법규관례, 부속서 E에는 피고의 개인적 책임을 확증해야 할 사항 및 경력이 열거되어 있다. 뉘른베르크재판에 없는 '살인'이라는 기소 이유가 들어간 것은 맥아더의 요청에 의한 것으로 생각된다.

〈표 1〉 기소 이유의 내용(日暮吉延, 『東京裁判の國際關係』, 木鐸社, 2002)〉

제1류 평화에 반한 죄	
전쟁수행계획 포괄	
1	동아시아 · 태평양 등 지배를 목적으로 한 침략전쟁의 전반적 공동모의(1928~1945년)
2	만주 지배를 목적으로 한 대중 침략전쟁의 공동모의(만주사변)
3	중화민국 지배를 목적으로 한 대중 침략전쟁의 공동모의(중일전쟁)
4	동아시아 · 태평양 등 지배를 목적으로 한 미영 기타에 대한 침략전쟁의 공동모의(태평양전쟁)
5	세계분할 지배를 목적으로 독일, 이탈리아와의 제휴에 의한 미영 기타에 대한 침략전쟁의 공동모의(삼국동맹)
각 교전국별 전쟁의 계획 · 준비	
6	중화민국에 대한 침략전쟁의 계획 · 준비
7	합중국에 대한 침략전쟁의 계획 · 준비

---

7   日暮吉延, 『東京裁判の国際関係－国際政治における権力と規範』 제3장 제1절 참조.

제1류 평화에 반한 죄	
8	영국에 대한 침략전쟁의 계획 · 준비
9	오스트레일리아에 대한 침략전쟁의 계획 · 준비
10	뉴질랜드에 대한 침략전쟁의 계획 · 준비
11	캐나다에 대한 침략전쟁의 계획 · 준비
12	인도에 대한 침략전쟁의 계획 · 준비
13	필리핀에 대한 침략전쟁의 계획 · 준비
14	네덜란드에 대한 침략전쟁의 계획 · 준비
15	프랑스에 대한 침략전쟁의 계획 · 준비
16	태국에 대한 침략전쟁의 계획 · 준비
17	소련에 대한 침략전쟁의 계획 · 준비
각 교전국에 대한 전쟁의 개시	
18	1931년 9월 18일 경 중화민국에 대한 침략전쟁의 개시(만주사변)
19	1937년 7월 7일 경 중화민국에 대한 침략전쟁의 개시(중일전쟁)
20	1941년 12월 7일 경 합중국에 대한 침략전쟁의 개시(태평양전쟁)
21	1941년 12월 7일 경 필리핀에 대한 침략전쟁의 개시(태평양전쟁)
22	1941년 12월 7일 경 영연방국가들에 대한 침략전쟁의 개시(태평양전쟁)
23	1940년 9월 22일 경 프랑스에 대한 침략전쟁의 개시(인도북부프랑스령진주)
24	1941년 12월 7일 경 태국에 대한 침략전쟁의 개시(일본군의 타이진주)
25	1938년 여름 소련 공격에 의한 침략전쟁의 개시(장고봉전투)
26	1939년 여름 몽골인민공화국 영토 공격에 의한 침략전쟁의 개시(노몬한사건)
각 교전국에 대한 전쟁의 수행	
27	1931년 9월 18일~1945년 9월 2일의 중화민국에 대한 침략전쟁 수행(만주사변)
28	1937년 7월 7일~1945년 9월 2일의 중화민국에 대한 침략전쟁 수행(중일전쟁)
29	1941년 12월 7일~1945년 9월 2일의 합중국에 대한 침략전쟁 수행
30	1941년 12월 7일~1945년 9월 2일의 필리핀에 대한 침략전쟁 수행
31	1941년 12월 7일~1945년 9월 2일의 영연방국가들에 대한 침략전쟁 수행
32	1941년 12월 7일~1945년 9월 2일의 네덜란드에 대한 침략전쟁 수행
33	1940년 9월 22일 이후의 프랑스에 대한 침략전쟁의 수행
34	1941년 12월 7일~1945년 9월 2일의 태국에 대한 침략전쟁 수행
35	1938년 여름 소련 공격에 의한 침략전쟁 수행
36	1939년 여름 몽골인민공화국 영토 공격에 의한 침략전쟁 수행

제2류 살인 및 살인 공동모의죄	
선전 포고 전의 공격에 의한 살인	
37	1940년 6월 1일~1941년 12월 8일 불법 공격에 의한 상대국민의 불법살해 공동모의(헤이그조약 제3조 위반)
38	1940년 6월 1일~1941년 12월 8일 불법 공격에 의한 상대국민의 불법살해 공동모의(4개국조약, 부전조약 외 위반)
39	1941년 12월 7일 진주만 공격에 의한 합중국 장병·일반 주민의 불법살해
40	1941년 12월 8일 영국령 코타발루 공격에 의한 영연방 장병의 불법살해
41	1941년 12월 8일 홍콩 공격에 의한 영연방 장병의 불법살해
42	1941년 12월 8일 상하이 공격에 의한 영연방 해군 군인 3명의 불법살해
43	1941년 12월 8일 필리핀 남부 다바오 공격에 의한 미국과 필리핀 양국장병·일반 주민의 불법살해
포로 및 일반인의 살인	
44	1931년 9월 18일~1945년 9월 2일의 점령지에서 적국 장병·일반 주민의 불법살해 공동모의
45	1937년 12월 12일 이후의 난징 공격에 의한 중화민국 일반 주민·무장해제병원의 불법살해
46	1938년 10월 21일 이후의 광둥(広東) 공격에 의한 중화민국 일반 주민·무장해제병원의 불법살해
47	1938년 10월 27일 이후의 한커우(漢口) 공격에 의한 중화민국 일반 주민·무장해제병원의 불법살해
48	1944년 6월 18일 전후의 창사(長沙) 공격에 의한 중화민국 일반 주민·무장해제병원의 불법살해
49	1944년 8월 8일 전후의 형양(衡陽) 공격에 의한 중화민국 일반 주민·무장해제병원의 불법살해
50	1944년 11월 10일 전후의 구이린(桂林)·류저우(柳州) 공격에 의한 중화민국 일반 주민·무장해제병원의 불법살해
51	1939년 여름 노몬한사건에서 소련·몽골인민공화국 군대 약간명의 불법살해
52	1938년 여름 장고봉사건에서 소련인 약간명의 불법살해

제3류 통례의 전쟁범죄 및 인도에 반한 죄	
53	1941년 12월 7일(중국의 경우, 1931년 9월 18일) 이후의 전쟁법규 관례 위반의 공동모의
54	기소 이유 53과 동일 기간에 전쟁법규 관례 위반의 명령·수권(授權)·허가
55	기소 이유 53과 동일 기간에 전쟁법규 관례 위반의 방지의무의 무시

〈표 2〉 피고별 해당 기소 이유(앞의 책)

	피고	기소 이유	합계수
1	아라키 사다오(荒木貞夫)	1-19, 23, 25-36, 44-47, 51-55	41
2	도이하라 겐지(土肥原賢二)	1-44, 51-55	49
3	하시모토 긴고로(橋本欣五郎)	1-19, 27-32, 34, 45-47, 53-55	33
4	하타 슌로쿠(畑俊六)	1-17, 19, 25-32, 34-36, 44-55	41
5	히라누마 기이치로(平沼騏一郎)	1-47, 51-55	52
6	히로타 고키(広田弘毅)	1-17, 19-25, 27-35, 37-44, 52-55	48
7	호시노 나오키(星野直樹)	1-17, 19-25, 27-35, 37-44, 52-55	45
8	이타가키 세이시로(板垣征四郎)	1-19, 23, 25-36, 44-47, 51-55	41
9	가야 오키노리(賀屋興宣)	1-17, 19-22, 24, 27-32, 34, 37-47, 53-55	43
10	기도 고이치(木戸幸一)	1-17, 19-55	54
11	기무라 헤이타로(木村兵太郎)	1-17, 20-22, 24, 27-32, 34, 37-44, 53-55	39
12	고이소 구니아키(小磯國昭)	1-18, 26-32, 34, 36, 44, 48-51, 53-55	35
13	마쓰이 이와네(松井石根)	1-17, 19, 25-32, 34-36, 44-47, 51-55	38
14	마쓰오카 요스케(松岡洋右)	1-17, 23, 25-36, 38-44, 51-55	42
15	미나미 지로(南次郎)	1-18, 27-32, 34, 44, 53-55	29
16	무토 아키라(武藤章)	1-17, 19-24, 26-34, 36-47, 51, 53-55	48
17	나가노 오사미(永野修身)	1-17, 20-24, 27-34, 37-44, 53-55	41
18	오카 다카즈미(岡敬純)	1-17, 20-22, 24, 27-32, 34, 37-44, 53-55	39
19	오카와 슈메이(大川周明)	1-18, 27-32, 34, 44	26
20	오시마 히로시(大島浩)	1-17, 20-22, 24, 27-32, 34, 37-44, 53-55	39
21	사토 겐료(佐藤賢了)	1-17, 20-22, 24, 27-32, 34, 37-44, 48-50, 53-55	42
22	시게미쓰 마모루(重光葵)	1-18, 23, 25, 27-35, 44, 48-50, 52-55	37
23	시마다 시게타로(嶋田繁太郎)	1-17, 20-22, 24, 27-32, 34, 37-44, 53-55	39
24	시라토리 도시오(白鳥敏夫)	1-17, 27-32, 34, 44	25
25	스즈키 데이이치(鈴木貞一)	1-17, 19-22, 24-32, 34-47, 51-55	49
26	도고 시게노리(東郷茂徳)	1-17, 20-22, 24-32, 34-44, 51, 53-55	44
27	도조 히데키(東條英機)	1-24, 26-34, 36-44, 48-55	50
28	우메즈 요시지로(梅津美治郎)	1-19, 26-32, 34, 36, 44-51, 41 53-55	39

제 7 장

A급 전범 용의자
석방

1. 독일과의 비교

도쿄재판과 뉘른베르크재판

28명의 피고는 결정되었지만 다른 A급 전범 용의자^{이하 A급 용의자로 표기함}에 대한 GHQ와 일본 정부의 대응은 어떠했을까?[1] 결론을 말하자면 일본의 A급 용의자는 잇달아 석방되었다.

1946년 5월 3일에 도쿄재판이 개정되었을 때, 독일에서는 1945년 11월 20일에 이미 뉘른베르크재판이 개정되어 법정에서의 심리가 후반으로 치닫고 있었다.

뉘른베르크재판의 기소 이유는 도쿄재판의 55개 항목에 비해 4개로 단순화되어 있었다. 기소 이유 I은 '공동의 계획 또는 공동모의에 관여', 기소 이유 II는 '평화에 반한 죄', III은 '통례의 전쟁범죄', IV는 '인도에 반한 죄'였다. 피고는 24명이었는데 나중에 병과 자살로 두 명이 소추에서 제외되어 22명으로 줄어들었다. 또한 도쿄재판과 달리 개인만이 아니라 6개의 집단 내지 조직이 범죄성이 있는 단체로 소추되었다. 재판은 1946년 8월 31일에 결심이 이루어져 9월 30일과 10월 1일에 판결이 선고되었다. 12명이 교수형, 종신금고가 3명, 20년이 2명, 15년과 10년이 각각 1명, 3명은 무죄가 내려졌다.

뉘른베르크재판이 끝난 뒤에도 연합군의 각 점령지구에서 전범재판이

---

1   A급 전범 용의자의 석방에 관해서는 그 실태가 불분명한 점이 많았는데 1987년 12월 GHQ의 법무국(Legal Section)의 신자료(이하, LS문서)가 국립국회도서관에서 공개되어 그 경위가 매우 명확해졌다. 이 장에서는 이 LS문서와 다른 관련 자료를 대조하여 다수의 A급 용의자 석방을 둘러싼 정치적 역학을 구체적으로 해명했다.

뉘른베르크재판의 피고들.
1열 왼쪽의 서 있는 사람부터 헤르만 게링(교수형), 루돌프 헤스(교수형),
에른스트 카이텐부르너(교수형), 알프레드 로젠베르크(교수형), 한스 프랑크(교수형),
빌헬름 프릭(교수형), 유리우스 슈트라이하(교수형), 발터 푼크(종신형), 햘르머 샤하트(무죄).
2열 왼쪽부터 칼 데니츠(금고 10년), 에리히 레이더(종신형), 바르두르 폰 시라하(금고 20년),
프리츠 자우켈(교수형), 알프레드 요들(교수형), 프란츠 폰 파펜(무죄),
아르투르 자이스(인크바르트, 교수형), 알베르토 쉬페어(금고 20년),
콘스탄틴 폰 노이라트(금고 15년), 한스 프리츄(무죄).

속행되어 영국, 프랑스, 벨기에, 체코슬로바키아, 폴란드 등에서 '강제수용소재판'이 이루어졌다. 소련지구에서도 전범으로 지목된 자 외에 나치 친위대, 경찰 간부, 국방군 고급간부 등이 즉결재판에 회부되어 유죄자의 3분의 1은 시베리아 강제 노동에 처해졌다.

특히 주목할 것은 연합국 관리이사회가 1945년 12월에 독일인 및 무국적자에게 가한 범죄에 관해 발포한 법령이다. 그것은 독일인 재판관이 이를 심리하도록 위임하는 법령이었다. 이에 따라 독일 법정에서는 '인도에 반한 죄'를 일반 형법에 따라 소송을 할 수 있게 되어 국내재판이 개시되었다.中井晶夫,「日本の非軍國化とドイツの非ナチ化」, 中井 外編, 『第二次世界大戰と現代』, 東京大學出版會, 1986

12개의 계속재판

독일에서의 전범재판은 일본에 비해 훨씬 철저하게 이루어졌다고 할 수 있다. 도쿄재판과 관련해 여기에서 주목해야 할 것은, 국제군사재판에 이어 미국 점령지구인 뉘른베르크에서 1946년 10월 25일부터 1949년 4월 14일까지 미군 정부에 의한 12개의 계속재판이다. 즉, 뉘른베르크재판은 국제군사재판을 포함해 13개의 재판이 있었다고 말할 수 있다.

12개의 뉘른베르크 계속재판은 일본의 B·C급 재판보다는 A급 재판에 해당하는 것으로, 사실 피고의 일부에는 국제군사재판의 피고보다 더 거물이 포함되어 있다. 기소 이유도 '평화에 반한 죄', '통례의 전쟁범죄', '인도에 반한 죄' 외에 국제군사재판에서 인정된 범죄조직에 소속된 사례를 고발했다. 12개 재판의 통계를 보면 피고는 처음에는 185명이었는데 실제로 소추된 것은 177명이었다. 판결은 사형 24명처형은 12명, 종신형 20명, 유기형 98명, 무죄 35명이었다. 인정된 기소 이유의 합계는 '인도에

뉘른베르크재판소. 뒷쪽에 4동의 수용소가 보인다. 주요 피고인은 가장 오른쪽 건물에 수용되었다. 그 건물에 비스듬하게 연결된 작은 건물이 사형이 집행된 체육관이다.(조셉 E. 피시코, 白幡憲之 역, 『ニュルンベルク軍事裁判』, 原書房, 1996)

반한 죄'가 109, '통례의 전쟁범죄'가 83, '범죄조직에 소속'이 75, '평화에 반한 죄'가 3이었다.

또한 일본과 관련해 주목할 것은 의사재판제1호사건으로, 이것은 주로 포로수용소와 강제수용소의 피수용자에 대해 나치친위대SS의 의사나 국방군 군의들이 행한 인체실험과 병원 내 살인에 초점을 맞춘 것이다. 이 재판의 피고 수는 23명으로, 판결은 사형 7명, 종신형 5명, 유기형 4명, 무죄 7명이었다.[2] 일본에서는 미국에 의해 731부대 등 세균전부대 관계자가 면책되었는데, 독일에서는 인체실험을 행한 의사들이 미군에 의해 재판을 받았던 것이다.

한편 도쿄재판은 1948년 4월 16일에 결심이 이루어졌고, 같은 해 11월 4일에 판결문 낭독을 개시하여 11월 12일에 판결문 낭독 종료, 피고에 대한 형의 선고가 이루어졌다. 그리고 사형이 선고된 피고 7명의 교수

---

2   이상 상세한 것은 芝健介, 「ニュルンベルク裁判少考」, 『國學院雜誌』 89권 4호 참조.

형을 실시한 다음 날인 1948년 12월 24일, 남아 있던 19명의 A급 용의자 전원이 가운데 2명은 이미 사망에 대한 불기소 석방이 실시되었다. 이에 앞서 재판을 받지 않은 상태로 장기 구금되어 있던 A급 용의자를 대상으로 새로운 재판을 할 계획이 있었으나, 결국 해군의 도요다 소에무豊田副武 대장과 패전 시 육군성 정보국장 겸 포로관리부장직에 있었던 다무라 히로시田村浩 중장에 대한 GHQ재판을 실현하는 데 그쳤다.

계획된 새로운 재판은 후술하듯이 뉘른베르크 계속재판과는 내실을 달리하지만 그 기본 구상은 좌절되었다. 여기에서 독일의 경우와는 대조적인 일본 전범재판의 실체가 보인다.

2. 잇따른 석방

최초의 석방

28명의 피고가 기소되고 1946년 5월 3일에 도쿄재판이 개정된 이후에도, 소추되지 않은 A급 전범 용의자의 다수는 스가모형무소나 자택에 계속 구금되었다. 검찰국은 아직 제2·3의 A급 재판을 예정하고 있었기 때문이다. 그러나 검찰국 구성원은 실제 진행되고 있던 도쿄재판으로 매우 바빠서 A급 용의자의 조사에는 좀처럼 손을 쓸 수 없는 상황이었다. 막 개시된 재판이 언제 종료될지 알 수 없었기 때문에 제2·3의 국제재판에 대한 구체적 전망 등을 할 수 없는 상황이었다.

한편 도쿄재판의 개정 전후부터 A급 구금자의 석방이 그다지 주목받지 않는 형태로 조금씩 실시되고 있었다. 나아가 재판이 예상 이상으로 장기화하는 가운데 석방이 이어지게 되었다.

최초의 석방은 1946년 2월 27일의 우에다 요시타케上田良武 해군중장이다. 지정학 협회의 지도적 지위에 있었기 때문에 독일과의 협력 혐의를 받아 1945년 9월 15일에 구금되었다. 그러나 이 협회의 실체는 검찰 측이 예상했던 정도가 아니었고, 우에다는 이미 1929년에 예비역이 되어 있었기 때문에 석방되었다고 생각된다. 이어서 4월 13일에 황족인 나시모토노미야 모리마사와 미쓰비시중공업 회장을 역임한 고코 기요시鄕古潔가 스가모형무소에서 석방되었다. 검찰국이 GII참모 제2부와 법무국에 동의를 요청해 두 사람의 석방을 실현한 것이었다.

이후 A급 용의자의 석방에 관해서는 GHQ의 담당기관으로서 검찰국, 법무국, GII의 동의가 필요했다. 나아가 4월 하순부터 5월에 걸쳐 재계 관계자 4명의 석방이 잇달았다. 오코우치 마사토시大河內正敏, 이케다 시게아키, 후지와라 긴지로, 쓰다 신고津田信吾 등 네 명이다. 이 석방에는 GHQ의 세 기관 사이에 이견은 없었으며, 키난은 이미 천황, 황족 이외에 주요 재계인을 면책할 생각을 갖고 있었을 것이다.

'작은 히틀러' 윌로비

이후 A급 용의자의 석방에 관해 주도권을 쥔 것은 GII참모 제2부였다. GII 부장인 윌로비는 1946년 봄에 실시한 GHQ 조직의 재편성을 통해 A급 전범 용의자의 체포 책임을 가진 대적첩보부CIC와 민간첩보국CIS을 산하에 두게 되었고, A급 용의자의 처치에 대해서도 발언권을 갖게 되었다.

윌로비는 독일 출생의 철저한 반공주의자이자, 스페인의 독재자 프랑코의 숭배자로 GHQ 내부에서는 '작은 히틀러'라는 평가를 받았다. 그는 GHQ 안에서 민주화 정책을 추진하려는 민정국과 대립한 것으로 유명한데 민정국의 공직추방 정책에도 음과 양으로 반대를 획책했다. 아리스에 세이조^{有末精三} 등 일본군 정예를 전사 편찬의 명목으로 GII 아래 온존시키면서 일본 재군비의 계획을 갖게 된 윌로비가 처음부터 도쿄재판에 호의를 갖고 있지 않았던 것은 당연하다. 그는 CIC와 CIS를 관할 아래에 두게 되자 전범 석방 문제에서 GII의 발언권을 강조하고, A급 용의자의 석방을 집요하게 요구해나갔던 것이다. GII는 CIS에 의한 5월 27일 자 통첩을 통해 아리마 요리

윌로비

야스, 후루노 이노스케^{同盟통신사 사장}, 이노 히로야^{도조 내각 농림대신}의 무조건 석방을 GHQ의 참모장에게 권고하고 검찰국과 법무국의 동의를 구했다.

아리마에 관해서는 검찰국, 법무국 모두 '무조건'이라는 말을 제외할 것을 조건으로 석방에 동의했다. 한편 후루노와 이노의 석방에 대해서는 검찰국은 처음에 반대했다. 후루노에 관해서는 그가 공표한 의견과 보도 선전 분야의 활동을 통해 친군국주의였다는 사실이 판명되었다. 또한 이노는 도조 내각의 일원으로 대미 개전에 찬성했다. 두 사람이 피고가 되지 않았던 것은 한 회의 재판에서 피고 수가 한정된다는 편의적인 이유에 지나지 않았다. 검찰국은 현 시점에서의 석방을 동의할 수 없다고 GII에 통고했다. 그러나 GII의 석방 요구는 강경해서 맥아더의 동의를 얻어냈을지도 모른다. 결국 검찰국도 7월에 CIS가 기안한 석방 권고에 동의해 아리마와 함께 후루노, 이노도 석방했다. 이어서 9월에는 시오노 스에히코가 자택 구금에서 풀려나고 나아가 나카무라 아키토 등 네 명의 육군 군인이 스가모에서 석방되었다.

석방해야 할 50명을 석방해야

이처럼 A급 용의자의 석방이 실현되자, GII는 자신을 얻은 듯 10월부터 나머지 A급 용의자의 석방 권고를 연이어 발표했다. 그러나 검찰국은 곧바로 이에 동의하지 않았다. 다음의 A급 재판에 넘길 예정이라는 것이 그 이유였다.

1947년에 접어들어 석방이 실현된 것은 5월에 히가시쿠니 내각의 육군대신인 시모무라 사다무下村定의 경우뿐이었다. 이에 사태가 진척되지 않은 것에 안달이 났는지 윌로비는 1947년 6월 26일 「50명의 미소추 '주요 전범 용의자'에 대하여」라는 통첩을 법무국과 검찰국에 보냈다.

윌로비의 장문의 권고는 GHQ 내의 초보수파 대표 인물답게 A급 용의자들의 애국주의를 억지 논리로 변호한 것이 특징이었다. 그리고 검찰국의 약점을 찌른 것은 다음의 논리이다. 현재 50명의 전범 용의자가 소추되지 않은 채 20개월 가까이 구금되어 있는데, 이것은 사법 및 민주주의의 원칙에 반한다. 소추 이유가 없는 인물은 빨리 석방해야 할 것이며 또 스가모의 구금자는 노령으로 치안상의 위험이 되지 않기 때문에 자택 연금으로 바꾸어야 할 것이라고 강조한 것이다.

이어서 윌로비는 자택 구금 11명, 스가모형무소 수용 중인 39명 등 합계 50명의 전범 용의자에 대해 각각 GII가 이미 내놓은 권고를 다시 공표했다. 그 내용은 대부분 소추하지 않고 석방해야 한다는 결론을 붙인 것이다. 예외는 우익인 고다마 요시오와 사사카와 료이치笹川良一였다. GII는 고다마에 대해서 노령화한 국수주의자와 전쟁에 가담한 직업 군인보다 장래에 위험 가능성이 높은 인물이므로 소추를 전제로 엄중하게 조사해야 한다고 권고했다. 마찬가지로 사사카와에 관해서도 장래의 위험성을 지적하고 소추를 전제로 조사할 것을 권고했다.

검찰국이 취한 대응

이상과 같은 GII의 석방 권고에 대해 검찰국은, 대부분의 용의자를 현재와 같이 A급 전범 용의자로 구금하여 도쿄 국제군사재판에서 재판을 해야 한다는 권고를 붙여 반박했다. 즉, 다음 A급 재판에 회부한다는 것이다. 그러나 검찰국 요원은 이미 변호 측의 입증 단계에 들어간 현실 재판에 대한 대응만으로도 벅찬 상황이어서 실제로 다음의 A급 재판을 준비할 여유는 거의 없었다.

때마침 워싱턴에 출장 중이었던 키난은 GII의 권고가 발표되기 직전에 검찰국의 태브너 검사에게 소추하지 않고 구금되어 있는 A급 용의자를 인물 별로 파일링해서 워싱턴으로 보내도록 지시했다.

이러한 움직임을 보고 뉴질랜드의 퀼리엄 검사는 6월 25일에 본국의 샤나함 외무차관보에게 키난이 A급 용의자를 제2차 A급 재판에 회부하기 위해 행동하기 시작한 것일지 모른다고 경계했다. 그리고 현재의 재판만으로도 장기간 이어질 것이기 때문에 뉴질랜드는 제2차 재판에 찬성해서는 안 된다고 진언했다.

8월 10일 도쿄로 돌아간 키난은 다음 날 참여검사들에게 전혀 상의하지 않고 기자회견을 열어, 점령 당국은 A급 용의자가 가능한 빨리 적절한 법정에서 공정한 재판을 받도록 지시했다고 말했다. 그러나 구체적인 재판 방식에 관해서는 언급하지 않았다. 검찰국은 용의자의 조사를 진행하고 있으니, 피고의 선택이 끝나는 대로 재판을 개시하겠다고 말했다. 키난은 맥아더로부터 A급 용의자에 관한 지시를 받았을 것이다.

이 사실을 안 퀼리엄 검사는 이제 키난이 참여검사와 상의하지 않고 기자회견에서 독단으로 의견을 발표한 적이 많았다고 분개하며 본국에 실정을 보고했다.

국제 문제로 발전?

그러나 A급 용의자의 처치에 관련된 사태는 검찰국과 GHQ의 범위를 넘어 국제적 문제로 발전하기 시작했다. 1947년 8월 초, 워싱턴에서는 미국 국무부 법률고문실의 K. B. 화이트와 미국 주재 영국대사관의 에버슨 1등 서기관이 회담을 가졌다.

에버슨은 영국이 더 이상 재판 없이 A급 전범 용의자를 장기간 구금하는 것은 바람직하지 않으며 또한 장래 극동에서 새로운 국제재판에 참여할 의사가 없다는 것을 알렸다. 화이트는 현재 GHQ에서 기소되지 않은 A급 전범 용의자 50명의 처치를 검토하고 있으며, 사견이지만 미국 정부도 더 이상의 국제재판은 바라지 않을 것이라고 언명했다. 추가로 국제재판을 하기 위해서는 A급 전범 처벌을 규정한 극동위원회의 기본 방침 FEC007-3을 수정할 필요가 있다고 말했다. 이에 대해 에비슨은, 그러한 수정은 당연히 소련의 반대를 초래할 것이고 소련도 일본 산업계 인물에 대한 국제재판을 요구할 것이라며 향후 대책의 검토를 약속했다.

이에 따라 8월 20일, 미 국무부 육군부 관계자와 GHQ의 카펜터 법무국장이 회담을 갖고 A급 용의자의 처치를 검토했다. 이 자리에서 카펜터는 A급 용의자 50명 가운데 25명은 A급 전범으로 재판해야 하고 그 가운데 4~5명은 B·C급 재판에서도 가능하다고 말했다. 또 이 25명 가운데에는 여러 명의 산업가가 포함되어 있음을 시사했다.

이 회의에서 카펜터가 A급 용의자 가운데 25명이 A급 전범에 해당한다고 판단한 점이 주목할 만하다. 그러나 회의는 카펜터의 발언에도 불구하고 결국 더 이상의 A급 국제재판을 회피한다는 것으로 의견을 모았다. 그리고 소련이 일본인 산업가의 재판을 요구할 것이기 때문에, 그들은 미국 단독의 군사재판에서 재판한다는 성명을 내놓아야 한다는 의견이 나왔다.

그리고 10월 9일 영국 정부는 정식으로 미국에 각서를 제출했다. 영국은 FEC 007-3은 더 이상의 국제재판 개최를 요구하고 있지 않다는 새로운 해석을 밝혔다. 또한 도쿄재판과 같은 국제재판은 시간이 너무 걸려 효과가 감퇴하므로 앞으로의 국제재판에는 참여하지 않을 것이며, 필요가 있다면 각국이 단독으로 재판해야 한다고 통고했다. 나중에 뉴질랜드 정부도 이러한 영국의 각서에 전면적인 찬동을 표명했다.

카펜터 법무국장

이와 같은 내외 상황에 따라 검찰국은 8월 30일에 아유카와 요시스케, 마사키 진자부로, 쇼리키 마쓰타로正力松太郎 등 23명의 A급 용의자에 대한 석방과 구금해제에 착수했다. 이어서 9월과 10월에도 여러 명의 석방이 이어졌다. 모두 검찰국이 양보해 석방에 동의한 것으로 보인다. 여기에서 상기해야 할 것은 맥아더가 원래 도쿄재판과 같은 A급 용의자의 국제재판 방식에 찬성하지 않았다는 점이다. 이 때문에 윌로비가 제기한 A급 용의자의 석방은 맥아더의 승인을 얻기 쉬웠다고 생각된다.

3. A급 용의자 풀려나다

맥아더가 보낸 비밀전보

이렇듯 상당수의 A급 용의자가 석방되었는데, 이와 병행해서 GHQ 내부에서는 남겨진 A급 용의자의 처치에 있어 중대한 전환을 꾀했다.

맥아더는 1947년 10월 13일에 미 육군부에 긴급 비밀전보를 보냈다. 그 내용은 맥아더와 키난 국제검찰국장, 카펜터 법무국장이 3자회담을 한 결과였다. 현재 적어도 16명의 A급 전범 용의자가 스가모형무소에 수감되어 재판을 기다리고 있는데, 극동국제군사재판소의 심리가 완료된 뒤에 동 재판소가 이들 범죄인에 대한 재판을 할 가능성은 없다. 따라서 법무국이 B급 및 C급 소송을 다룬 것과 동일한 방식으로, 이들 나머지 용의자를 기소할 준비를 하고 있다고 보고했다. 그리고 A급 용의자를 B·C급으로 재판하는 군사위원회의 재판에 붙이는 권한을 SCAP, 즉 자신들에게 주도록 요구했다. (이하 A급 용의자의 처치에 관한 LS문서에 관해서는 국립국회도서관 헌정자료실이 작성한 번역을 참조했다)

즉, 맥아더는 담당 검찰국이 생각하고 있는 것처럼 A급 용의자를 A급 국제재판에 회부하는 것이 아니라, 법무국의 손으로 미국 단독의 B·C급 재판에서 심리한다는 방침으로 전환한 것이다. 같은 전보에서 맥아더는 "현재 국제적인 스캔들이 될지도 모르는 사태가 개선되고 있다"고 말했다. 이는 A급 용의자를 오랫동안 재판에 부치지 않은 상태로 구금한 사태가 국제적으로도 문제가 되고 있는 상황을 의식한 것으로 보인다.

A급 용의자를 B·C급에서 재판한다는 이러한 방침은 이전부터 맥아더의 지론으로 보이며, 그가 1947년 5월 12일 미국 통합참모본부에 보낸 전보에서도 같은 취지의 내용이 적혀 있다. 이렇게 맥아더의 의사에 따라 A급 용의자의 처리 방침은 대전환을 맞게 되었다.

한편, 키난은 이러한 방침 전환에 적극적으로 호응했다. 1948년 1월 13일 자로 육군부에 보낸 맥아더의 전보는 키난의 보고와 권고를 소개하고 있다. 키난은 현재 19명의 일본인이 가운데 자택 구금 3명이 A급 용의자로 구금되어 있는데, 자신의 판단으로는 이들 중 주요 전범의 범주에 해당하는 자는 없다. 이들 모두를 국제재판소의 재판에 회부하는 것은 현재 급속히 결심으로 향하고 있는 극동국제군사재판의 심리를 완전히 용두사미로 끝나게 하는 것이며, 또 새로운 A급 재판은 필시 장기간 이어질 것이므로 실시하지 말도록 강력히 권고한다는 것이다.

이어서 키난은 대신에 소수이더라도 B·C급에서 재판 가능한 인물을 법무국의 지령에 따라 재판에 회부하고, 이외는 구금을 풀어야 한다고 서술했다. 또 자국의 군사법정에서 그들을 재판하는 권리 행사를 희망하는 나라는 모두 그 기회를 갖고 있다고 보고했다.

도쿄재판이 장기화되어 초조해진 키난에게 새로운 A급 국제재판을 여는 것은 전혀 바람직하지 않은 일이었던 것이다.

'더 이상 A급 재판은 열지 않는다'

법무국은 원래 전범재판에서 B·C급 재판을 담당했는데 A급 용의자에 관해서도 독자적인 조사를 벌이고 있었다.

1947년 2월 5일 법무국 검찰과의 L. P. B. 립스콤은 법무국장에게 「여러 명의 A급 전범 용의자 석방에 따른 위험 가능성」이라는 보고서를 제출했다. 여기에서 문제가 된 것은 우익인 고다마 요시오, 구즈 요시히사葛生能久, 흑룡회 회장, 사사카와 료이치, 그리고 정신이상으로 도쿄재판의 심리에서 제외된 오카와 슈메이였다.

립스콤은 오카와가 소송을 면한 이후에 계속 정상이라는 사실을 알고 있었다. 립스콤은 네 명에 관한 서류를 정밀 조사한 결과, 네 명에 관해서는 B·C급 범죄를 이유로 소추할 가능성은 없다고 보았다. 그러나 그들을 석방해서 해가 되는 행위를 수행하도록 허용한다면, 점령과 민주주의의 장래에 회복 불가능한 타격을 줄 것이라고 보고했다. 그는 안전보장상의 방책으로 네 명에 대해 무언가 처벌 조치가 필요하다고 보고했다.

또한 법무국 국제전쟁범죄과는 미국 통합참모본부의 요청에 따라 6월 3일에 「일본인 주요 전범 50명의 재판구분 변경」이라는 보고서를 작성했다. 이 보고서는 구금되어 있는 50명의 A급 용의자에 대해 'a. A급 용의자로 도쿄에서 재판', 'b. B급 용의자로 요코하마에서 재판', 'c. 좀 더 조사하기 위해 구금', 'd. SCAP의 소송권을 침해하지 않기 위해 석방' 등 네 가지로 분류할 것을 제기했다.

보고는 각 용의자에 관해 매우 상세한 분석과 개별 권고를 첨부했다. 또, 마지막에 아유카와 요시스케, 기시 노부스케 등 39명을 A급 전범 용의자로 계속 구금하고 도쿄에서 국제군사재판에 회부하도록 권고했다. 그리고 조사를 위해 A급 용의자로 구금한다고 권고한 인물은 쇼리키 마쓰타로 등 5명, B급 용의자로 재판하기 위해 계속 구금하기로 한 사람은 다다 하야오多田駿 등 육군 군인 4명, 또 심문한 뒤 특정 범죄가 없다면 자택 구금을 해제하기로 한 것은 미즈노 렌타로水野錬太郎였다.

그리고 이들 용의자의 재판은 시간이 중요하기 때문에 1947년 9월 1일, 늦어도 10월 1일에 일제히 개시해야 한다고 권고했다.

이 국제전쟁범죄과의 보고서는 전술한 8월 20일의 워싱턴 회의에서 카펜터 법무국장이 보고할 때 소재가 된 것으로 생각된다. 단, 카펜터는 회의에서 A급으로 소추해야 할 숫자를 25명으로 줄였다. 6월 이후에 보고서에 무언가 수정이 있었던 것으로 보인다.

그러나 워싱턴 회의의 결론은 '더 이상 A급 재판은 열지 않는다'는 것이었다. 이후 50명 가운데 30명 가까운 A급 용의자가 석방되었고, 10월에는 맥아더가 나머지 A급 용의자를 국제검찰국이 아닌 법무국에서 B·C급 용의로 재판에 회부할 준비를 추진하기로 결정했다. 법무국은 A

급 용의자에 관해 B·C급 용의로 다시 수사하지 않을 수 없었다. 이 작업을 위해 법무국은 매우 많은 노력을 해야 했고 마침내 1948년 3월부터 본격적으로 조사를 개시했다.

A 및 B·C급 범죄 용의를 받은 전 각료 8명

법무국은 SCAP에 나머지 19명의 A급 용의자 처리에 관해 3월 30일 자와 4월 16일 자 두 차례의 잠정적인 권고를 제출하기에 이르렀다. 후자는 전자를 수정한 것인데 여기에서는 4월 16일의 권고를 중심으로 소개하고자 한다.

권고는 용의자를 세 개로 분류했다. 먼저 A·B·C급 범죄를 입증할 가능성이 있는 태평양전쟁기의 각료 8명을 지적했다. 8명이란 아베 겐키, 안도 기사부로安藤紀三郎, 육군중장, 대정익찬회 부총재, 내무대신, 아오키 가즈오靑木一男, 대장 관료, 대동아대신, 고토 후미오後藤文夫, 내무 관료, 국무대신, 이와무라 미치요사법 관료, 법무대신, 기시 노부스케, 다니 마사유키외무 관료, 정보국 총재, 외무대신, 데라시마 겐해군 중장, 체신대신 겸 철도대신으로 아베를 제외하고 나머지 7명은 모두 도조 내각의 관료였다.

각자에게는 구체적인 범죄 용의가 붙여졌는데, 포로의 노동력을 군수산업에 이용하거나 일본 본토에서 중국인의 노예노동을 이용하는 결정에 참여한 혐의, 도조 내각의 전쟁법규와 관습 위반 결정에 대한 책임, 마약 거래의 책임, 일본의 무장부대나 민간인이 범한 B·C급 범죄에 대한 책임 등이 적혀 있어 흥미롭다.

특히 도쿄재판에서는 충분히 다루어지지 않았던 중국인 강제 연행, 강제 노동에서 중국인에 대한 학대, 혹사, 학살의 책임이 거론된 것은 주목할 만하다. 이 점에 관해서는 아베, 안도, 아오키, 이와무라, 기시의 책임

도조 내각

을 추궁했다. 특히 기시의 경우는 농공대신, 군수차관으로서 중국인뿐만
아니라 조선인의 강제 연행과 노동에도 큰 책임이 있었다는 것을 확인해
두어야 할 것이다.

나아가 이들 8명의 각료에 대한 기소장의 잠정적인 형식은 세 가지 범
죄 유형을 소추하는 것이라고 보았다. ① 각각 각료가 참가한 내각의 결
정에서 그 자체로 전쟁의 법규와 관습 위반, 혹은 인도에 반한 죄를 구성
하는 것, ② 한 각료 혹은 그 부하의 명백한 행위, ③ 각료 재임 중 또는 그
지위의 특정한 책임 아래 무장부대와 민간인이 범한 B·C급 범죄를 제
기했다. 그리고 이 세 가지의 법적 근거는 매우 정당하다고 생각하지만
그것을 뒷받침할 정당한 선례는 없다고 하였다.

그런데 도쿄재판에서는 동일한 범죄 용의로 재판받는 각료 그룹이 있
고 그들은 A급뿐만 아니라 B·C급으로도 고발당한 상태이기 때문에, 그
들에 대한 최종적인 판정은 매우 단기간에 이루어질 예정이라고 하였다.

이 때문에 도쿄재판의 판결을 선례로 삼기 위해서 전 각료 8명의 재판에 관한 최종 결정은 도쿄재판 종료 후까지 보류할 것을 권고했다. 즉, 도쿄 재판의 판결을 기다린다는 것이다. 그리고 앞으로 증거 발굴을 위해 8명 모두를 계속 구치해야 한다고 권고하였다.

나머지 A급 용의자

19명의 A급 용의자 가운데 두 번째 구분은 각료는 아니었지만 B·C급 으로 입증할 가능성이 있는 3명이었다. 도요다 소에무연합대 사령장관, 군령부 총 장와 우익인 고다마 요시오, 사사카와 료이치이다. 도요다에 관해서는 임 기 중 그의 부하가 특수 전쟁범죄와 일반적 전쟁범죄를 많이 저질렀다 고 보고, 그를 B·C급으로 고발하기에 충분한 증거를 입수할 예정이라 고 지적했다. 고다마와 사사카와에 관해서는 육군의 상업대리인으로 헤 로인을 조달해 부를 축적하거나 국가주의적 결사 조직, 선전 보급, 협박 과 강요, 음모를 꾸몄기 때문에 석방하면 매우 위험한 인물이라고 보았 다. 또 B·C급으로 입증할 증거도 발굴 가능하다고 지적했으며, 3월 30 일 자 권고에서 고다마와 사사카와 두 명은 '정평이 난 악당'이라고 표현 되어 있다. 같은 3월 30일 자 권고에서는 이시하라 히로이치로이시하라산업 대 표도 포로를 자신의 광산과 공장에서 노동시킨 혐의로 두 번째 구분에 들 어 있었는데, 4월 16일 권고에서는 제외되었다. 결국 3명의 권고는 계속 구치한다는 것이었다.

세 번째 구분은 B·C급 범죄는 입증되지 않는다고 여겨진 8명의 용의 자로, 외무각료인 아모 에이지, 혼다 구마타로本多熊太郎, 스마 야키치로須磨 彌吉郎, 육군의 니시오 도시조西尾壽造와 다다 하야오, 해군의 다카하시 산키 치高橋三吉, 그리고 이시하라 히로이치로, 구즈 요시히사가 지목되었다. 아울러 3월 30일의 권고에서 니시오와 다다는 중국 정부에 의해 재판을 받았기 때문에 중국으로 인도한다는 권고를 했는데, 여기에서는 세 번째 구분에 포함되어 있다. 다다에 관해서는 과거 중국 정부가 기소하고 싶다는 희망을 표명한 적이 있었는데, 1948년 4월의 중국은 국공내전이 격화되어 국민 정부는 전범재판을 할 처지가 아니었을 것이다. 또 이 8명에 대해서는 당연히 석방을 생각하고 있었는데, 5월 10일에 법무국은 도쿄재판 종료까지 석방하지 않겠다는 견해를 표명했고 이후에 이것이 승인되었다.

또한 권고에는 어떠한 구분의 용의자도 앞으로의 수사 결과에 따라 변경 가능성이 있다는 점을 지적했다. 그리고 용의자의 재판에 관해서는 1948년 12월 31일까지, 준비가 된다면 이르면 6월 1일까지 완료할 예정이라고도 말하고 있다. 이는 도쿄재판의 판결이 조기에 나올 것으로 예상했기 때문이다.

극동위원회에 대한 키난의 보고

지금까지 서술한 GHQ의 방침 전환, 즉 A급 용의자를 A급이 아니라 B·C급으로 기소하여 미국 단독재판에 회부한다는 결정은 당연히 대일 점령 정책의 결정기관이었던 극동위원회FEC에 전달해 승인을 받을 필요가 있었다.

1948년 2월 1일, 미 육군 민사부 전범과장은 맥아더에게 이 방침 전환을 확인하기 위해 절차를 변경하는 특별 요청을 FEC에 제출할 필요가 있다고 전했다. 그리고 FEC에 요청한 사항이 결국 인정되더라도 승인을 얻기까지는 많은 시간이 필요하다고 말했다.

FEC에 전달하는 것은 1948년 3월 워싱턴에 일시 귀국한 키난에 의해

이루어진 것으로 보인다. 키난은 3월 31일에 FEC의 전범 담당 제5위원회에서 지금까지 도쿄재판의 성과와 전망에 대해 비공식적인 보고를 했다.

그 자리에서 키난은 일본에서 '평화에 반한 죄'에 해당하는 모든 인간을 재판하려고 한다면 평생이 걸려도 끝나지 않는다고 매우 과장된 표현을 했다. 또 도쿄재판은 원래 지배적이고 중요성이 있는 인물을 선택해 소추한 것이며 그 의미에서 상징적인 중요성을 지닌 재판이라고 평가했다. 그리고 수석검찰관으로서 앞으로 새로운 A급 국제재판을 열어서는 안 된다고 권고했다. 한편, 남은 전범 용의자 가운데 확실한 증거가 있을 경우에는 B·C급으로 소규모 재판에서 심리하는 편이 좋겠다고 언명했다. 또한 특정한 나라에서 재판을 받아야 할 전범 용의자가 재판을 받지 않는 것을 우려한다면, 충분한 근거가 있을 경우 그 나라는 용의자를 재판할 권리를 가진다고 말했다.

독주하는 미국, 저항하는 소련

이것을 듣고 S. S. 라미슈비리 소련 대표는 격렬히 반발했다. 그는 이미 '석방된 A급 전범 용의자의 조치는 누가 결정했는가', '수석검찰관의 권고에 따른 것인가', 아니면 '11개 재판구성국의 협의에 의한 것인가', '석방의 정확한 이유는 무엇인가'를 키난에게 따졌다. 이후 양자 사이에 긴박한 공방전이 이어졌는데 결국 제5위원회는 미국에 3개의 질문을 제출하게 되었다.

첫째는 범죄 용의자의 석방은 SCAP가 주요 전범이 아니라고 판단해서 이루어졌는가, 둘째는 이 조치에 대해 다른 나라는 협의에 관여했는가, 셋째는 석방된 용의자에 대해 앞으로 어떠한 재판이 준비되어 있는가이다.

이에 대한 회답은 시간이 상당히 지난 7월 16일이 되어서야 키난이 발표했다. 첫째로 1947년 8월과 1948년 2월의 전범 용의자 석방 이유에 관해서는, 검찰국 수사과가 1947년 8월까지 이들 용의자에 대해 철저히 조사했다. 그 결과 그들을 소추하기에 충분한 증거가 없다는 것이 판명되어 재판 없이 장기간 구금하는 것은 부당하므로 석방을 권고했다고 말했다. 두 번째로 석방 결정에는 검찰국의 각국 멤버가 나름대로 관여하고 있지만, 최종적으로는 수석검찰관으로서 자신의 책임으로 권고했다고 답했다. 마지막 셋째로는 석방자의 혐의에서 어떤 자는 침략전쟁에 일정한 역할을 한 자도 있지만, 그들에 관한 파일에서 '평화에 반한 죄'로 소추하기에 합당한 결론이 나오지 않았다고 답했다.

키난의 이 회답은 지난 3월 31일의 발언, 즉 일본에는 '평화에 반한 죄'에 해당하는 인물이 다수 있다고 시사한 발언을 사실상 철회한 것이다. 키난의 언동에는 수미일관성이 보이지 않는 것이 많은데 이 회답에서도 두드러진다. 석방에 관해서는 자신의 책임으로 권고했다고 답하고 있는

데, 피고 선정 때는 연합국이 공동으로 행한 것이라고 하거나, 석방 때는 단지 수석검찰관 한 사람의 권한을 행사했다고 밝히고 있다. 용의자 석방에 관해서는 미국이 계속 독주했던 것이다. 어쨌든 키난의 발언에는 다음의 A급 재판에서 소추가 필요하다는 이유로 GII의 석방 권고에 대항한 과거 검찰국의 입장을 버리고, 대외적인 설명으로 GII의 면책 논리를 채용한 것이 명확하다.

뉴질랜드 제안 전범재판의 중단

FEC에서는 A급 용의자의 석방 문제에 이어 전범재판 그 자체의 종결 방침이 논의되었다. 7월 29일의 FEC 제117회 총회에서 뉴질랜드 대표는 전범재판의 조기 종결 방침을 제기했다. 그것은 전쟁이 종결된 지 3년 가까이 지난 당시에 더 이상 일본인의 전범재판을 일시를 확정하지 않은 채 연장하는 것은 거꾸로 점령 목적에 반한다는 내용이었다. A급 재판은 더 이상 하지 말고, B·C급 재판에 관해서는 범죄조사와 소추를 1948년 12월까지 마치고 모든 전범재판을 1949년 6월 30일까지 종결해야 한다고 제안했다.

결국 뉴질랜드의 이 제안은 미국 대표에 의해 ①A급 재판의 종결 방침과 ②B·C급 재판의 기한 내 종결 방침으로 분할 수정되었다. ②B·C급 재판에 관해서는 각국 정부에 권고를 한 후 조사 및 소추 기한을 1948년 말까지로 하고 모든 전범재판을 1949년 6월 30일까지 진행한다는 두 문장에 모두 '가능하다면'이라는 문구가 추가되었다.

예상대로 FEC에서 이 제안을 결정하기까지 소련 등의 반대로 시간이 걸렸다. A급 전범재판의 종결 방침은 이미 도쿄재판이 종결된 지 3개월 이상이나 지난 1949년 2월 24일 FEC총회에서 가결되었고, FEC는 3월

15일에 이것을 맥아더에게 통달했다. 이 FEC 결정도 미국이 행한 기정 사실을 추인한 것에 불과하다. 한편 B·C급 재판의 종결 방침이 FEC에서 승인되는 것은 1949년 3월 31일의 일이었다.

B·C급 재판의 종결 지령을 받고

FEC에서 일본인 전범재판의 중단 방침이 제기되었을 때, 미국 정부 내에서도 대일 점령 정책 전환의 일환으로 일본인의 전범재판에 대한 종결 방침이 국가 정책 차원에서 확정되었다. G. 케넌 국무부 정책기획실장을 중심으로 입안되어 1948년 5월 26일에 국가안전보장회의에 제안한 「미국의 대일 정책에 관한 권고」NSC13-2가 그것이다.

이 권고는 10월 7일에 NSC의 승인을 받았고 9일에는 일부를 제외하고 트루먼 대통령의 승인을 받았다. NSC13-2가 '냉전' 상황에 대응하기 위해 미국의 초기 대일개혁 방침을 전면 전환시킨 것은 주지의 사실인데 전범재판에 관해서는 A급 재판의 종결, B·C급에 대해서도 가능한 한 조기에 개정하여 종료시킨다는 것을 명기하고 있었다.

이 NSC13-2가 한창 심의되고 있던 9월 18일, 로얄 육군장관은 1948년 10월 31일 이후에 극동지역에서 B·C급 재판을 개시하지 않는다는 방침을 맥아더에게 제시했다. 여기에는 B·C급으로 재판하려는 A급 용의자도 포함되었다. 이것은 NSC의 방침을 선취한 것이라 할 수 있다. 이러한 B·C급 재판의 종결 지령은 당연히 법무국이 준비하고 있던 A급 용의자를 B·C급으로 소추하기 위한 작업에 큰 제약이 되는 것이다.

한편 A급 용의자의 숫자를 보면 1948년 9월 이전에는 19명이었던 것이 두 명 추가되어 21명이 되었다. 이것은 원래 A급 용의로 체포된 후 제8군 재판법정B급의 관할 아래에 있던 육군성 포로정보국장 다무라 히로시가 법무국 관할로 이관되어 본래의 A급 용의자로 돌아갔기 때문이다. 또 한 사람은 오카와 슈메이로, 그는 도쿄재판의 피고였는데 정신이상을 선고받아 피고에서 제외된 뒤 재검사에서 정상이라는 진단을 받았다. 그러나 극동국제군사재판소의 심리는 보류된 채 A급 용의자로 B·C급에 해당하는지에 관한 법무국의 판단을 기다리게 되었다.

A급 용의자에 대한 처리

이후 이들 21명에 대한 처리가 어떻게 되었는지를 서술해 보자. 먼저 앞서 말한 8명의 전 각료는 도쿄재판과 관계가 깊기 때문에 후술하기로 한다. 4월 16일에 법무국의 잠정 권고로 석방 방침이 결정된 아모 에이지 등 8명은 도쿄재판 판결이 나온 뒤 석방을 시행하기로 하였다.

4월 16일의 권고에서 B·C급으로 입증 가능하다고 본 도요다 소에무, 고다마 요시오, 사사카와 료이치 가운데, 법무국이 12월 2일에 SCAP 참모장에게 보낸 보고에서는 고다마와 사사카와를 B·C급으로 입증 불가능하다고 판단했다. 오카와 슈메이도 동일하게 판단했다.

법무국은 특히 고다마를 중시해, 고다마를 담당하고 있는 G. 오닐 검사를 2개월간 사이공과 고다마 기관의 본부와 지부가 있었던 중국의 상하이, 난징, 부코蕪湖, 한커우漢口, 항저우杭州 등에 파견했다. 오닐은 고다마와 관계가 있었던 인물이나 고다마 기관 관계자 등 많은 인물을 인터뷰했다. 귀국 후 오닐은 매우 두툼한 「중국에서 고다마에 관한 조사 보고서」를 제출했는데, 각자의 증언과 증거로는 고다마를 재판에 회부하기에 불충분하므로 그를 전범 용의자에서 제외하는 것이 적당하다고 보고했다. 결정적인 증언을 얻지 못했기 때문이다. 이리하여 고다마, 사사카와, 오카와 세 명에 관해서는 석방 방침이 정해졌다.

한편 도요다와 다무라는 10월 29일에 개정한 GHQ재판에 B급 용의로 소추되었다. 개정 기한인 10월 31일 직전의 일이었다. 나중에 도요다는 무죄, 다무라는 중노동 8년의 유죄 판결을 받게 된다.

전 각료들

나머지는 기시 노부스케 등 전 각료 8명의 처리인데 이에 관해서는 도쿄재판의 판결을 기다린다는 방침이었다는 것은 전술했다. 법무국은 당초 도쿄재판의 판결이 6월 15일 혹은 7월 1일경에 내려질 것으로 예상하였는데, 예상을 크게 빗나갔다. 그리고 육군부가 10월 31일 이후에는 B·C급 재판을 개정해서는 안 된다고 지시했기 때문에, 법무국은 도저히 그 기한 내에 재판을 개정하는 것은 불가능하다며 예외적으로 1949년 1월 1일까지 개정하는 것으로 변경해달라고 요청했다. 이것은 미국 본국의 승인을 받았다.

대망의 도쿄재판 판결문은 마침내 11월 4일부터 12일에 걸쳐 낭독되어 각 피고의 형이 선고되었다. 법무국은 이 판결문을 검토한 후 12월 2일에 판단을 내렸다. 법무국에서는 도쿄재판의 판결 검토를 완료한 결과, 전 각료 8명을 B·C급으로 재판한다는 계획이 불리해졌다고 판단하기에 이르렀다.

도쿄재판의 피고로 1941년 10월부터 1945년 8월 사이 각료의 지위에 있었던 사람은 가야 오키노리, 시게미쓰 마모루, 시마다 시게타로, 스즈키 데이이치, 도고 시게노리 등 5명이었는데 그들은 다른 피고와 마찬가지로 전쟁의 법규와 관습을 위반했다 하여 두 개의 기소 이유訴因 54, 55로 모두 기소되었다. 그리고 도쿄재판은 법의 일반 원칙을 명시하는 것이기 때문에, 이것이 선례가 되기 위해서는 각료 5명이 두 개의 기소 이유 가운데 적어도 하나에서 유죄가 되어야 한다. 그러나 5명 가운데 유죄가 된 경우는 기소 이유 55가 적용된다고 판단한 시게미쓰 전 외상뿐이었다.

일반적으로는 5명의 피고에 대해 도쿄재판에 제출된 B·C급 기소 이유에 관한 증거는 도쿄재판의 피고에 필적하는 지위를 점한 A급 용의자 각료 8명의 B·C급 재판에 예정된 증거의 유형과 동일하다. 기소 이유 54, 55 어느 하나라도 유죄가 된 것은 히로타 고키, 시게미쓰를 제외하고 나머지는 모두 육군 군인이었다. 사형 판결을 받은 자도 기소 이유 54, 55의 어느 한쪽을 위반했다고 판단된 피고들로, 그들은 전원 육군의 전투 작전에 직접 관련되어 있다. 예외인 히로타의 사형 판결은 외상으로서 난징사건에 관한 범죄상의 과실에 의한 것이었다고 법무국은 말했다.

그리고 법무국은 전 각료 8명의 A급 용의자가 앞서 말한 육군 군인이 아니라고 확신한 다음, 이들을 B·C급 재판에서 유죄로 확정하는 것은 매우 의문이라고 밝혔다. 이들 8명을 포함해 기소되지 않은 A급 전범 용의자는 모두 석방해야 한다고 판단했던 것이다.

이상이 8명의 전 각료를 B·C급 재판에 회부할 수 없다는 법무국의 논리이다. 이 결론에서 소수였지만 기소 이유 55가 적용된 히로타와 시게미쓰의 경우는 완전히 사상되어 있다. 또한 8명의 범죄를 추궁한 시기는 1941년 10월 도조 내각부터 태평양전쟁까지의 책임에만 한정되었던 것도 분명하다.

결국 전원 석방

어쨌든 법무국의 판단에 따라 A급 용의자 19명은 전원 석방되었다. 석방일은 도쿄재판에서 사형 선고를 받은 피고 7명의 교수형을 실시한 다음 날인 12월 24일이었다. 다다 하야오와 혼다 구마타로는 각각 12월 16일과 18일에 사망했기 때문에 실제로 석방, 구금해제된 것은 19명이었다.

석방과 관련해 카펜터 법무국장의 성명이 발표되었다. 성명은 먼저 석방된 A급 용의자에 대해 "이들은 극동국제군사재판소 또는 이와 비슷한 법정에서 주요 전쟁범죄인으로서 재판받을 예정으로 체포되었다. 그러나 그들을 A급 전범 혹은 주요 전범으로 재판하지 않는다는 결정이 내려지자, 연합국최고사령관은 법무국에 이들을 B·C급 전범으로 기소할지 조사하도록 지령했다"고 말했다. 이에 법무국은 자세히 조사했지만, 그들을 B·C급 전범으로 기소할지에 대한 최종 결정은 도쿄재판의 판결을 검토하여 그들에게 적용할 수 있을지 판명될 때까지 불가능했다고 말했다. 또한 도쿄재판의 기소는 침략전쟁 및 기타 A급 범죄의 기소 이유에 전쟁의 법규와 관습 위반에 대한 기소 이유[54, 55]를 추가하고 있다. 그런데 "이들 기소 이유로 기소된 각료 및 태평양전쟁 중 일본 정부 내에서 동등한 지위를 차지하고 있던 다른 피고에 대해, 극동국제군사재판소가 내린 **무죄의 판결**은 범죄의 구성 여부를 매우 의문시하는 판례를 수립한 것"[강조는 저자]이라고 말했다.

즉 문제의 전범 용의자에 대해서는 도쿄재판의 판결을 선례로 삼아 유죄로 하는 것이 어렵게 되었기 때문에 그들에 대해 B·C급 용의의 기소는 하지 않는다는 것이다. 따라서 앞으로 어떠한 추가 재판도 하지 않기로 결정했다고 발표했다.

이 법무국장의 성명은 앞의 12월 2일 자 법무국 보고의 내용을 요약한 것인데, 그때까지 GHQ에서 비밀리에 진행한 A급 용의자의 처리 방침 과정을 알지 못했던 많은 사람들에게는 매우 알기 힘든 내용이었을 것이다.

또한 A급 용의자인 전 각료 8명과 같은 유형의 도쿄재판 피고가 기소

스가모형무소를 나오는 전범 용의자

이유 54, 55에서 전원 무죄인 듯이 표현하는데, 이는 사실에 부합하지 않는다. 히로타 고키와 시게미쓰 마모루가 유죄 판결을 받았다. 특히 태평양전쟁 중으로 한정하면 시게미쓰가 기소 이유 55로 유죄가 된 사실을 여기서는 작위적으로 누락하고 있다. 시게미쓰의 경우를 선례로 삼는다면 적어도 외상이었던 다니 마사유키의 유죄는 끌어낼 수 있었을 것이다.

B·C급으로조차 재판하지 않고

지금까지 A급 용의자의 석방과 마지막으로 남겨진 19명의 석방 과정을 추적해 보았는데, 두 명을 제외하고 전원이 석방되어버린 과정에서 보이는 문제점은 무엇일까.

먼저, 원래 A급 전범 용의로 구금된 사람들을 처음에 검찰국이 예정하고 있었던 제2·3의 A급 재판에서 재판한다는 계획을 바꾸어 B·C급 용의만으로 재판하려 한 것은 기본적으로 부적합했다고 할 수 있다. B·C급 용의자에 대한 미국의 단독 군사재판 구상은, 미국에 의한 뉘른베르크 계속재판과는 비슷하지만 다른 것이었다.

뉘른베르크 계속재판의 기소 이유는 A·B·C급 모두 포함한 것으로, A급을 제외한 것은 아니었다. 뉘른베르크의 선례를 따른다면, 도쿄에서도 A급을 포함한 미국 단독재판을 실시하는 것이 가능했다. 그렇다면 도쿄재판의 판단을 선례로 삼아 따른다고 해도 A급 용의자 19명 가운데 대부분은 소추 가능했을 것이다.

역시 여기에는 맥아더가 A급 용의자에 대해 A급을 제외하고 B·C급으로 소추하려는 방침으로 전환한 것이 중요하다. 원래 맥아더는 전범재판에 대해 도쿄재판과 같은 A급 국제재판에 호의를 갖고 있지 않았다. 그는 마닐라에서 열린 야마시타 도모유키山下奉文, 혼다 마사하루 재판과 같은 B급 재판을 일본 국내에서도 열기를 바라고 있었던 것이다. 그러나 도쿄재판에 관해서는 본국의 방침도 있어서 자기의 구상을 밀어붙이는 것이 불가능했다. 이에 맥아더는 A급 용의자의 처리에 관해서 A급 국제재판을 더 이상 열어서는 안 된다는 의견을 이용해 B·C급만으로 소추한다는 방침을 실현시킨 것이다.

또한 A급 용의자를 B·C급으로 소추하기 위한 작업을 담당한 법무국이 도중에 B·C급 재판 중단 기한을 본국으로부터 통보받고, 결국 8명의 전 각료에 대해서 도쿄재판의 판결을 기다리는 자세를 취한 것이 계기가 되었다. 도쿄재판의 판결은 유력한 무기로는 작용하지 않았던 것이다.

용두사미로 끝난 처리

여기에서 유의할 것은 뉘른베르크재판에 비해 도쿄재판에서는 A급의 '평화에 반한 죄'의 비중이 높아서, B급의 '통례의 전쟁범죄'와 C급의 '인도에 반한 죄'의 기소 이유가 현저하게 적었다는 사실이다. 전체 기소 이유 55개 가운데 '평화에 반한 죄'는 36개이고 '통례의 전쟁범죄 및 인도에 반한 죄'는 불과 3개이다. 사실상 도쿄재판에서 '인도에 반한 죄'는 단독 기소 이유가 되지 못하고 '통례의 전쟁범죄'로 처리했던 것이다. 이 때문에 재판의 심리는 '평화에 반한 죄'를 중심으로 이루어지고 판결의 유죄 인정도 '평화에 반한 죄'를 중시하게 되었다. 판결에서도 25명의 피고 가운데 유죄 확정자가 A급에서는 24명이었던 데 비해 B·C급에서는 불과 9명이었다. 이에 비해 뉘른베르크재판의 경우는 A·B·C급의 유죄인정 비율이 거의 비슷했다.

이렇듯 도쿄재판의 심리는 A급에 비중을 두게 되면서, 이 판결을 선례로 삼아 B·C급에서 유죄를 도입하려고 한 법무국의 방침 자체에 무리가 있었다고 말할 수 있다.

또한 앞서 말한 A급 용의자 19명에 대한 법무국의 석방 이유는 형식적으로는 일단 합리적인 것처럼 보이지만, 더 이상 새로운 전범재판을 열고 싶지 않다는 미국 본국의 의향에 억눌렸다는 것이 속내이지 않았을까.

그리고 A급 용의자의 처리가 결국 용두사미로 끝난 것은 역시 도쿄재판이 예상 이상으로 긴 시간을 소모했다는 사실도 지적할 수 있다. 뉘른베르크 계속재판의 경우는 국제군사재판이 1년도 채 걸리지 않고 종료되었기 때문에 그 뒤에 실시할 수 있었다. 도쿄재판의 경우는 1947년이 되어도 종결 전망이 보이지 않았고, 미국은 냉전 상태가 격화되는 가운데 전범재판 자체의 속행에 대한 열의를 상실했던 것이다. 또 한때 A급 용의자 일부의 인도를 요구한 중국 국민 정부도 국공내전이 확대되는 가운데 일본인 전범재판을 할 상황이 아니었다. 15년전쟁에서 가장 큰 피해를 입은 아시아 국가들은 한창 내전과 독립전쟁을 하고 있어서 일본의 전쟁 책임 문제에 발언하고 압력을 가할 상황이 아니었다. 또한 당시 일본의 여론도 A급 용의자의 석방에는 큰 관심을 보이지 않았다.

이리하여 도쿄재판은 일막극으로 끝나고 석방된 17명은 무죄의 증거를 얻었다는 듯이 사회에 복귀하게 되었던 것이다.

제8장

소추와 면책의 기로

1. '재벌에게는 전쟁책임 없음'

재계 12명의 전범 용의자

도쿄재판의 키난 수석검사는 1947년 10월 『시카고트리뷴*Chicago Tribune*』지의 기자 인터뷰에서 "우리들은 저명한 경제인이 전쟁을 계획, 개시한 사람들과 공모했다는 증거를 받지 않았으며 또 발견도 하지 못했다. 이 점은 독일과 완전히 다르다. 독일에서는 히틀러가 주도해 나갈 때 산업인이 뒷받침을 하고 있었다. 일본에서 은행가나 경제계 지도자가 뒷받침을 하고 있었다면 그것은 총으로 위협을 당해서 한 것이다"라고 대답했다.^{T.}

코엔, 『日本占領革命』 上卷, TBS브리태니커, 1983

1947년 10월 10일 자 『닛폰타임즈*Nippon Times*』에도 천황과 실업가에게는 전쟁책임이 없다는 취지의 키난 담화가 실려 있다. 이미 1946년 5월 5일에 모스크바방송은 일본의 자본가와 천황을 전범으로 재판하라고 주장하고 있었다. 미국과 소련을 양극으로 '냉전'이 긴박해지는 가운데, 키난은 소련의 도쿄재판 비판에 반박하기 위해 태도를 바꾸어 강하게 나서는 듯한 발언을 공표한 것이다.

분명히 도쿄재판에서는 경제계의 대표적 인물이 피고가 되지 않았고, '재벌'에 대한 전쟁책임도 정면에서 추궁하는 일이 없었다. 그러나 키난은 당초 재계인에서도 피고를 선정할 예정으로 검찰 활동을 지휘했다. 그렇다면 재계인의 전범 용의자는 왜 피고에서 제외되었던 것일까?

앞서 말했듯이 키난은 1945년 12월 28일에 A부터 H까지 작업 그룹별로 미국 검사진을 재배치했다. 이미 총사령부에 의해 구금되어 있던 A급 전범 용의자를 각 그룹으로 나누고, 담당하는 법무관에게 전범 용의자와 관계자의 심문, 사실조사를 지시하고 피고 선정을 위해 보고서의 작성을 요청한 것이다. 작업 그룹 D가 재벌이었다. 담당관은 S. 호윗츠Solis Hor-witz와 H. A. 혹허스트Henry A. Houxhurst 두 명이었다. 할당된 전범 용의자는 아유카와 요시스케鮎川義介, 만주중공업 총재, 후지와라 긴지로藤原銀次郎, 오지(王子)제지 회장, 도조 내각 국무상, 고이소 내각 군수상, 후루노 이노스케古野伊之助, 동맹통신사 사장, 고코 기요시鄕古潔, 미쓰비시중공업 회장, 이케다 나리아키라, 이시하라 히로이치로石原広一郎, 이시하라산업 대표, 무라타 쇼조村田省藏, 오사카상선 사장, 제2~3차 고노에 내각 체신상 겸 철도상, 필리핀주재 특명대사, 나카지마 지쿠헤이中島知久平, 나카지마비행기회사 설립자, 제1차 고노에 내각 철도상, 세이유카이 혁신파 총재, 오코우치 마사토시大河內正敏, 리켄(理研)콘체른 총수, 오쿠라 긴모치大藏公望, 만철 이사, 동아교통공사 총재, 쇼리키 마쓰타로正力松太郎, 요미우리신문사 사장, 쓰다 신고津田信吾, 가네보(鐘紡) 사장, 대일본방적연합회 회장의 12명이었다.

키난은 두 명의 담당 법무관에게 '평화에 반한 죄'에 해당하는 주요 작업 그룹 A~C의 조사와 관련해서, '재벌' 그룹의 인물 가운데 누가 전반적인 공동모의에 중심 인물로 참여하고 있었는지 판정하도록 지시했다. 또 재벌의 정치적 지도자와 관료 및 육군의 지배적 인물과의 긴밀한 관계를 세밀하게 조사하도록 했다. 그리고 만주사변 후에 만주를 개발한 '만주재벌'에 대해 아유카와와 그의 처남 구하라 후사노스케의 행동을 포함해서 조사하도록 지시했다.

'재계의 전쟁책임을 추궁하라'

키난이 지시한 12명의 전범 용의자에는 CIS민간첩보국 등의 기관이 작성한 참고 자료가 첨부되어 있었다. 또 미국 전략폭격조사단의 일원으로 일본에 온 T. A. 빗슨의 저서 『일본의 전쟁경제』1945.9의 발췌문도 작성했다. 빗슨은 미국에서 퍼진 일본의 재벌 지도자를 '평화 인물'로 간주하는 '기괴한 이야기'에 반박하고 재벌의 전쟁책임을 추궁했다.

참고 자료 가운데에는 스즈키 모사부로鈴木茂三郞의 「재계는 무엇을 했는가」라는 1945년 10월 자 논고도 있었다. 스즈키는 이전에 노농파 계열 무산운동 지도자였고, 패전 후에는 일본사회당 결성에 참여했다. 그는 『도쿄니치니치신문東京日日新聞』의 경제부 기자라는 경력도 있어서 재벌에 관한 논평이 많았다.

스즈키는 이 논고에서 재벌의 전쟁책임을 철저히 추궁해야 하는 이유로, 첫째 전쟁의 도발자로서 재벌의 책임을 들었다. 즉, "전쟁의 도발이 군벌이나 우익파쇼 측에 많았다는 것은 말할 필요도 없지만, 닛산日産의 구하라 후사노스케와 이시하라산업의 이시하라 히로이치로, 후지흥업의 나카지마 지쿠헤이 등이 선전비를 살포하고 스스로 전쟁 도발의 진두에 나설 때, 그들의 대담한 풍채는 아직도 국민의 눈 속에 각인되어 증오의 기억으로 남아 있습니다. 나는 거대재벌이라 하더라도 한 번 기밀비가 강권에 의해 사용되었다면 책임을 벗어나기 어려운 점이 많을 것이라고 추측합니다."라고 말했다.

두 번째로 스즈키는 재벌의 '전시금융과 군수생산, 즉 전시경제에서 최고 지도자로서의 책임'을 들고, "군벌에 끌려다녔다던가 전시 이득이 적었다"는 변명은 성립되지 않는다고 강조했다. 나아가 스즈키는 국제법상이 아니라 국내적인 전쟁범죄로 재계 상층부의 군인과 관리에 대한 뇌물, 임원의 부당이득, 부정 행위도 조사해야 한다고 지적했다.

'평화에 반한 죄' 의 해석

그러나 두 명의 법무관은 재벌의 전쟁책임을 강조한 빗슨이나 스즈키의 지적을 그다지 중시하지 않았던 것으로 보인다.

호윗츠나 혹허스트는 1946년 1월 23일에 키난에게 중간 보고를 제출했다. 보고에 따르면 할당된 전범 용의자 외에 새로 고바야시 이치조小林一三, 도덴(東電) 회장, 제2차 고노에 내각 상공상, 오구라 마사쓰네小倉正恒, 스미토모본사 총이사, 제3차 고노에 내각 대장상도 검토 대상으로 삼았다고 한다. 그리고 만주의 경제개발이나 '만주재벌' 관계에서는 통제경제 정책을 실시한 중심 인물인 호시노 나오키星野直樹나 기시 노부스케岸信介도 이 그룹에서 검토하기로 했다. 또 조사에는 현역 신문 기자 두 명의 협력을 받았는데, 쇼리키 마쓰타로에 관해서는 전쟁을 위한 선전을 중심으로 심문과 조사에 임하겠다고 전했다.

두 명의 법무관은 현재 조사 단계에서 피고의 가능성이 있는 인물로 만주 관계에서는 호시노, 기시, 아유카와 요시스케 3명과 앞서 기술한 쇼리키, 그리고 재벌의 대표격으로 이케다 나리아키라의 이름을 들었다.

이후에도 두 명의 법무관에 의한 재벌 관계자의 조사, 심문은 계속되었지만 신통한 결과가 나오지는 않았다. 혹허스트는 이미 집행위원회에서 피고 선정이 시작된 3월 14일에 키난에게 총괄 보고서를 제출했다.

혹허스트는 재벌 관계자에 대한 조사에서 키난이 처음에 내린 지시, 즉 '평화에 반한 죄'를 둘러싼 전반적인 공동모의에 참여한 용의로 소추할 수 있다는 것을 엄밀하게 해석했다. 즉, 재벌이 단순히 정부의 명령에 따라 군수생산을 추진하거나 정부의 호전적인 목적을 달성하는 것을 도와 전시 이득을 얻었다는 용의만으로는 실업가를 '평화에 반한 죄'로 소추하기에 불충분하다고 판단했던 것이다.

그래서 실업가의 용의점을 추궁하기 위해 두 가지 방법을 생각했다. 첫 번째는 재벌의 산업 지배를 일본의 경제구조 전체를 포괄적으로 규명하면서, 군부나 정부가 실업가의 적극적인 협력이나 참가 없이 그들의 계획이나 정책을 수행할 수 있었는지를 추궁하는 것이다. 두 번째는 이 성과를 바탕으로 어느 실업가가 전쟁의 공동모의에 자진해서 참여했는지를 추출하는 방법이라고 혹허스트는 지적했다.

그러나 그는 단기간에, 더구나 단 두 명의 인원으로 재벌에 대한 포괄적인 조사를 행하는 것은 불가능하다고 생각했고, 처음부터 이 방법을 취하는 것은 단념했다고 적고 있다. 또 재벌의 군수생산에 의한 막대한 전시 이득과 경제 지배력의 해소는 현재 활동을 추진하려고 하는 지주회사 정리위원회持株會社整理委員會에 의해 실현될 것이라고도 지적했다. 즉, 재벌에 관한 상세한 조사는 점령군의 재벌 해체 정책 쪽에 일임했던 것이다.

혹허스트의 곤혹

그래서 혹허스트 등이 실제로 취한 방법은 재벌에 관한 포괄적인 조사를 하지 않은 상태에서 전범 목록 중 지시받은 실업가를 바로 조사하는 것이었다. 그러나 각 용의자별로 제공된 참고 정보는 인사흥신록에 실려 있는 정도의 정보였고 더구나 몇 사람을 제외하고 중요한 정치상의 공직을 맡지 않은 인물이 많았다.

이 때문에 용의자의 심문에서도 대부분 공직 재임 중에 일어난 사건에 대한 관여를 추궁한다는 방법을 취하기 어려웠다. 더구나 이들 용의자는 지적 수준도 높아 심문에서 자신에게 불리한 발언을 할 리도 없었다. 혹허스트는 심문에서 상대방의 변명을 뒤집어엎을 전문적인 지식이나 유효한 비책이 없어 답답한 심정을 토로했다. 그는 나아가 파트너인 호윗츠가 도중에 다른 검찰 활동에 몰두한 것에 대한 불만도 기술하고 있다.

혹허스트는 당시 64세로 일본에 오기 전에 40년 가까운 경력을 가진 오하이오주의 변호사였다. 변호사로서는 노련한 그였지만, 일본 문제의 전문가도 아니고 하물며 재벌에 관한 확실한 지식도 없었을 것이므로 그가 곤혹스러웠던 게 당연하다. 또한 호윗츠는 태평양전쟁 중에 일본어의 학습과 일본 연구를 한 적은 있었지만 특별히 재벌 관계의 전문적 지식이 있었던 것은 아니다.

액면 그대로 받아들인 진술

이렇게 두 명의 법무관은 시간에 쫓겨 심사가 불충분한 상태로 재벌 관계의 피고 선정에 관한 의견을 제출하였는데 그 결론은 매우 소극적인 것이었다. 즉, 재벌 관계의 용의자 가운데 먼저 아유카와 요시스케, 후루노 이노스케, 고코 기요시, 오코우치 마사토시, 쇼리키 마쓰타로, 나카지마 지쿠헤이에 대해 현시점에서는 피고로 권고하지 않는다는 것이다. 이유는 심문에서 나온 각 용의자가 전쟁에 반대했다는 진술을 대체로 받아들인 것이다.

예를 들면 당시 요미우리신문 쟁의에서 전쟁책임을 추궁당해 사장직에서 퇴진할 수밖에 없었던 쇼리키는, 심문 과정에서 전시 중에 전쟁 의욕 고양에 대한 책임이 오로지 정부의 검열과 용지통제의 압박에 있다고 대답했다. 그는 또한 도조 수상과 호시노 나오키 서기관장에게 일본의 선전 정책은 잘못됐고 국민에게 거짓말을 했다고 항의한 사실도 강조했다.

한편 1월 31일에 혹허스트 등은 제1차 요미우리쟁의에서 조합 측이 승리한 결과 편집국장이 된 스즈키 도민鈴木東民에게서도 사정을 들어 보았다. 스즈키는 군부와 정계, 재계 지도자의 전쟁책임을 지적했는데, 쇼리키에 관해서는 열렬한 초국가주의자이며 군국주의자이고 호전적인 정치 세력과 협력을 했다고 강조했다. 이에 대해 쇼리키의 심복이었던 다카하시 유사이高橋雄豺 전 사장으로부터도 사정을 들었는데, 다카하시는 쇼리키가 미일전쟁에는 반대했다고 하는 등 쇼리키를 전면적으로 옹호했다. 혹허스트는 쇼리키 등의 변명을 거의 액면 그대로 받아들여 그를 피고로 권고하지 않았던 것이다.

또 친군적인 정당정치가로 유명한 나카지마는 심문에서 자신이 군부와 군부의 중국 정책에 반대했으며 정우회도 민정당도 중국 침략에 반대했다고 진술했다. 이는 사실에 완전히 반하는 말이다. 그러나 혹허스트는 이를 받아들여 나카지마가 제1차 고노에 내각의 각료였다는 점이 문제지만, 다른 각료도 전범이 되지 않는다면 그를 특별히 피고로 삼아야 할 것은 아니라고 주장했다.

이밖에 후지와라 긴지로, 이케다 나리아키라에 관해서는 후지와라가 도조 내각과 고이소 내각의 각료였고 이케다가 제1차 고노에 내각의 각료와 추밀고문관이었다는 점에서 피고로 삼을 가능성이 있지만, 양자 모두 고령이고 또 병든 몸으로 자택 구금 상태에 있다며 유보했다. 여기에서도 혹허스트는 군부에는 반대했다는 양자의 진술을 그대로 긍정적으로 기재하고 있다.

또 이케다 파일에는 '극비 정보의 제공자'인 우에다 슌키치殖田俊吉가 아유카와 요시스케로부터 들은 이야기라며 정보가 첨부되어 있다. 즉, 육군의 이시와라 간지의 요청에 따라 이케다와 쓰다 신고가 일본과 만주의 신질서 건설을 위해 설립한 일만재정경제연구회의 상담역이 되었다는 것이다. 그러나 이케다는 심문에서 사실과 반대로 동 연구회에 대한 관여를 부정했다.

유죄를 확신할 수 없는 검찰

한편 검찰에 협력한 다나카 류키치田中隆吉는 이케다가 우익인 기타 잇키北一輝에게 자금 원조를 했지만 대미전쟁에는 반대했다고 말했다. 나아가 게이오의숙慶應義塾 숙장이었던 고이즈미 신조小泉信三는 1945년 12월에 맥아더에게 편지를 보내 고령이고 병자인 이케다를 스가모형무소에 구치하지 말고 자택에 구금하도록 요청했다. 고이즈미는 그가 게이오의숙 평의원회 의장이며 반군국주의 주장을 일관했기 때문에 항상 군부나 파시스트 자객의 표적이 되어 있었다고 이케다를 변호했다.

또한 이 시점에서는 무라타 쇼조, 이시하라 히로이치로, 쓰다 신고에 관해서는 심문이 종료되지 않았지만 나중에 혹허스트를 대신해 심문을 담당한 법무관이 피고 제외를 권고했다. 결국 혹허스트가 적극적으로 피고로 삼아야 한다고 권고한 것은, 재계인이 아니라 만주경제개발에서 오랫동안 '만주국'의 책임 있는 지위에 있었고 도조 내각의 내각서기관장을 맡았던 호시노 나오키뿐이었다.

이상의 조사 결과에 따라 집행위원회에서 실업가로 피고 선정 의제의 대상이 된 것은 이케다, 무라타, 후루노 세 명뿐이었지만 모두 피고 제외로 처리되었다. 이러한 집행위원회의 결정에 대해 나중에 혹허스트는 "일본에서 제반 사정으로 판단하여 확실히 유죄 판결을 받을 수 없는 한 실업가를 기소하는 것은 득책이 아니었다. 그들이 무죄 판결을 받는다면 일본의 실업계와 실업가의 전쟁책임이 전면적으로 부정되었을 것이기 때문이다"라고 회상하고 있다.[1]

요컨대 호윗츠도 그가 속한 작업 그룹의 조사 결과가 불충분했기 때문에 유력한 증거 자료를 수집할 수 없었고, 실업가를 유죄로 삼을 확신을 갖지 못했다고 말했다. 모두에서 소개한 키난 특유의 허풍스러운 발언보다도 호윗츠의 이 설명이 재계인이 소추되지 못했던 사정을 정확하게 전달하고 있다.

---

1   R. H. マイニア, 『勝者の裁き』, 福村出版, 1972.

뒤늦게 일본에 도착한 소련 검찰진은 4월 13일의 참여검사 회의에서 추가 피고 5명을 제안했는데, 거기에는 아유카와, 후지와라 두 명의 실업가가 포함되어 있다. 그러나 다른 나라 검찰진의 반대가 있었는지 두 명은 의결에 들어가기 전에 추가 피고에서 제외되었다.

이 자리에서 키난은 재벌을 대표하는 피고 한 명, 가능하면 신흥, 구 재벌 모두에 관여한 인물을 선정하기 바랐지만, 소송 준비가 진행됨에 따라 조건을 채우는 사람이 한 명도 없어 어쩔 수 없이 재벌의 카테고리에서는 피고를 선정하지 못했다고 발언했다. 어쨌든 키난은 당초 '군벌'만큼 중시하지 않았지만, 한 명 정도는 재벌 관계자를 피고로 삼고자 했다는 것은 확실하다.

재계인 불소추의 배경에는 담당 작업 그룹의 인원 부족과 전문지식이 없는 상태에서 단기간에 결론을 낼 수밖에 없었던 '허술한 수사'라는 내막이 있었던 것이다.

2. 면책받은 육군 군인

이시와라 간지의 심문

앞서 서술했듯이 피고 선정의 최종단계에서 간신히 제외된 사람은 이시와라 간지石原莞爾, 마사키 진자부로真崎甚三郎, 다무라 히로시田村浩 등 세 명의 육군 군인이었다. 반대로 도이하라 겐지土肥原賢二에 대해서는 유력한 증거가 없고 도이하라의 자술도 얻지 못했다. 심문 담당자는 피고 선정에 소극적이었지만, 중국 대표 검사들이 강하게 요구하여 도이하라는 피고에 들

요양중에 야마가타현 아쿠미군(山形県飽海郡)의 자택에서 리어카로 사카다시(酒田市)의 임상법정으로 향하는 이시와라 간지(1947년 5월)

어갔다. 도이하라는 나중에 교수형 판결을 받았는데 피고 선정 단계에서는 미묘한 사례였다.

피고에서 제외된 세 명 가운데 다무라 히로시는 나중에 포로 학대의 책임을 물어 GHQ 재판에 기소되어 중노동 8년의 중형을 받았다. 따라서 여기에서는 화제가 많았던 이시와라와 마사키 두 명이 피고에서 제외된 이유와 심문조서의 내용을 소개하고자 한다.

이시와라는 류타오후柳條溝사건을 발단으로 한 만주사변 모략의 주도자로 '15년전쟁'의 제1단계 책임자이기도 했다. 그렇기에 그가 왜 도쿄재판의 피고가 되지 않았는지 의문의 목소리가 많다.

그러나 이시와라는 만주사변에서 숨어 있는 주역이어서 국제적으로는 저명하지 않았다. 직책도 중일전쟁 발발 당시 참모본부 작전부장이 최고 지위였고 이후 도조 히데키와 대립하여 좌천된 뒤 곧이어 퇴역했다. 이 때문에 중국을 포함해 연합국이 지참한 전범 명단에 이시와라의 이름은 없었고, 미국의 법무총감부가 작성한 전범 명단에 겨우 이시와라의 이름이 올라와 있을 뿐이었다. 이러한 이유에서 이시와라는 전범용의자로 구금되지 않은 상태였다.

그런데 심문이 진행됨에 따라 이시와라의 이름이 떠올랐다. 다나카 류키치, 기도 고이치, 오카와 슈메이를 비롯해 많은 증언자가 만주사변의 주모자로 관동군 참모였던 이타가키 세이시로板垣征四郎와 이시와라를 거명했다. 그래서 IPS도 이시와라를 주목하게 되었는데 이시와라는 당시 지병으로 체신병원에 입원한 상태여서 좀처럼 접촉할 수 없었다. IPS의 이시와라 파일을 보더라도 유력한 조사 자료도 없고 만주사변과의 관계를 입증할 수도 없었다.

그렇지만 피고를 선정한 4월 8일 참여검사 회의에서 이시와라가 29명의 전범 명단 속에 들어가 있었는데, 이 시점에는 이시와라 본인의 심문도 실현되지 않아 피고로 선정할 유효한 증거가 거의 없었다. 조사가 불충분하다는 것이 이시와라를 피고에서 제외한 최대 이유였다.

이시와라의 제1회 심문일은 1946년 4월 25일로 이미 28명의 피고가 결정된 뒤였다. 이때 이시와라의 자격은 증인이었다. 이후 네 차례 심문이 이어졌다. 이시와라가 심문에서 말한 요점은 다음과 같다.

이시와라는 일본에 있던 1928년 이전에는 필요하다면 무력으로 만주를 확보하여 일본 제국의 영토로 삼아야 한다고 생각했지만, 만주사변 발발 후에는 일본은 즉각 만주 전토를 점령해야 한다고 생각했다. 만주사변으로부터 몇 주 후, 이시와라는 현지에 사는 사람들에 의해 운영되는 독립국가를 건설해야 한다고 의견을 변경하고 소수의 일본군이 남겠지만 적절한 시기에 일본인을 포함한 외국인은 퇴거할 것으로 생각했다. 이 의견은 이타가키 세이시로의 동의를 얻어 마침내 '만주국'이 건국되었다.

류타오후는 부인, 만주 건국의 이상을 강조한 이시와라

이시와라는 이렇게 만주사변의 구상을 언급했지만 일반적으로 만주사변의 발단으로 여겨지고 있는 류타오후의 철도선로 폭파에 대한 관여는 철저하게 부인했다. 다른 곳에서는 철도 폭파는 중국인이 행한 일이라는 인상을 갖고 있다고도 말했다. '만주국' 건국 구상에 관해서는 자신만만하게 말했지만 자신의 구상의 핵심이었던 중요한 철도 폭파 모략에 관해서는 일관되게 은폐했던 것이다.

또한 혼조 시게루本庄繁 관동군 사령관에 대해서는 결코 꼭두각시가 아니며, 만주사변 발발 후 곧바로 중국군에 대한 공격 명령을 내렸다고 말했다. 그는 혼조가 확고한 의견을 지닌 사람이라는 점을 패전 시 멋지게 자결한 것에서도 알 수 있다며 자결에 실패한 도조와 비교했다.

한편 이시와라는 현재의 세계 상황에서 보면 큰 책임을 느끼고 있다고도 말했다. 분립국가인 만주국을 건설한 것이 일본의 국제연맹 탈퇴를 초래하고 그것이 마침내는 이번 세계대전을 이끌었기 때문이다. 그러나 이시와라는 만주에 분립국가를 건설한다는 본래의 구상에 관해서는 동양의 안정을 가져오기 위해 지금도 정당한 일이었다고 생각한다고 말했다.

이시와라에게는 이상주의적인 '만주국' 건국 구상이 현실에서는 좌절했다는 점이 문제였던 것이다. 이상과 현실의 괴리가 이시와라에게 만주사변에 대한 양가적인 감정을 갖게 하였을 것이다. 또한 이시와라는 "만주사변 후에 관동군이 어떻게 만주 정권을 지배했는가"라는 질문을 받자, "맥아더가 지금 일본 정부를 조종하고 있는 것과 같다"고 대답했다. 평소 독설을 하는 이시와라의 일면이 보인다. 중일전쟁에 관해서는 자신이 확대 정책에 반대했기 때문에 참모본부에서 관동군으로 좌천된 것 같다고 말하기도 했다.

그는 변함없이 도조에게 신랄하여 도조는 자신의 독자적 의견 없이 명령을 실행할 뿐인 인물이었다고 말했다. 또한 도쿄재판에는 히틀러나 무솔리니와 같은 중요 인물이 한 명도 없고 대부분의 피고가 자신들의 뜻에 반해 전쟁에 돌입했을 뿐이라고도 말했다. 그러나 필요하다면 재판의 증인으로 출정할 수 있다고 첨언했다.

이시와라의 조서를 읽어보면 지금까지 이시와라 신봉자들이 자주 말한 것과 같이 "왜 자신을 전범으로 삼지 않느냐"라고 검찰관을 압박하는 것 같은 의연한 모습은 보이지 않는다. 모략이라는 부정적인 성격을 지니는 류타오후사건에 관해서는 부인하고 오히려 '만주국' 건국의 이상을 강조한 것이다. 물론 피고가 되는 것은 바라지도 않았다.

육·해군 군인 피고들

도쿄재판의 28명 피고 가운데 육해군 군인은 모두 18명이었다. 육군은 아라키 사다오, 도이하라 겐지, 하시모토 긴고로, 하타 슌로쿠, 이타가키 세이시로, 기무라 헤이타로, 고이소 구니아키, 마쓰이 이와네, 미나미 지로, 무토 아키라, 오시마 히로시, 사토 겐료, 스즈키 데이이치, 도조 히데키, 우메즈 요시지로 등 15명이고, 해군은 나가노 오사미, 오카 다카즈미, 시마다 시게타로 등 3명이었다.

앞서 서술했듯이 미국의 전범 명단에는 이름이 없었으나 피고가 된 군인은 육군의 무토 아키라, 사토 겐료, 기무라 헤이타로와 해군의 오카 다카즈미 등 4명이다. 이외의 인물은 이미 검찰 활동이 개시되기 전부터 미국과 다른 연합국에 의해 지명되어 있었다. 기무라는 호주의 전범 명단에 이름이 포함되어 있었다.

무토, 기무라, 사토, 오카는 군인 피고로는 가장 나이가 적은 50대였다. 4명 모두 일본인 관계자의 심문을 통해 피고로 부상한 인물이다. 앞에서 서술했듯이 기도 고이치와 다나카 류키치를 비롯해 많은 인물이 무토와 사토의 전쟁책임을 강조했다. 무토와 사토 모두 도조 내각 당시 육군성 군무국장이었는데, 마찬가지로 해군성 군무국장이라는 균형을 취해 오카도 피고에 편입되었던 것이다.

나아가 피고 선정의 최종 단계에서 겨우 제외된 사람은 마사키 진자부로와 이시와라 간지였다. 이어서 마사키에 초점을 맞춰 보자.

'황도파' 마사키 진자부로

　마사키는 1876년 사가현佐賀縣 출생으로 육군사관학교, 육군대학을 졸업하고 육군사관학교 교장, 제1사단장을 거쳐 1931년에 타이완군 사령관이 되었고, 1932년 1월에 참모차장으로 승진했다. 1933년에 대장이 되어 교육총감 겸 군사참의관으로 전보되었는데, 1935년 7월에 교육총감에서 경질되었다. 육군내 파벌인 '황도파'의 수령으로 지목되었고 2.26 사건 때는 궐기한 청년장교들이 당초 마사키를 수반으로 한 군사 정권 수립을 목표로 했다. 마사키도 그 와중에 군사 정권 수립을 위해 여러 가지로 획책했다. 사건 진압 후 마사키는 예비역이 되어 '반란 방조' 용의로 육군 군법 회의에 회부되었다. 조사에서 마사키는 사건에 대한 관여를 전면 부인하고 청년장교들이 멋대로 착각해서 궐기한 것이라며 용의를 계속 부인했다. 결국 마사키는 중일전쟁 발발 직후인 1937년 9월에 재판을 받은 결과 판결 주문은 유죄라고도 볼 수 있는 내용이었으나 증거 불충분으로 무죄가 되었다.

　1945년 11월 17일, 마사키에 대한 전범 체포 명령이 내려져 그는 12월 10일에 스가모형무소에 입소했다. 스가모 입소에 앞서 12월 2일에 이례적으로 제1호텔 816호실에서 마사키에 대한 제1회 심문이 이루어졌다. 출석한 심문 담당관은 J. J. 로빈슨, D. R. 카, B. E. 서킷 등 3명이었고, 외교관이었던 마사키의 장남 히데키秀樹가 조언을 겸해 통역을 맡았다. 그리고 마사키가 스가모에 입소한 뒤에는 1946년 1월 15일, 2월 6일, 2월 23일 세 차례 심문이 이루어졌는데 심문을 담당한 것은 로빈슨과 G. S. 울워스,

H. B. 헬름이었다.

마사키 진자부로

추종적일 정도로 친미를 강조

마사키의 심문조서를 읽고 놀란 것은 그가 미국 법무관 앞에서 추종적일 정도로 자신의 친미주의를 강조한 점이다. 나아가 자신의 정적에 대해 노골적인 적의를 불태우며 공격하고 고발하였으며, 반대로 자신의 책임에 대해서는 끈질길 정도로 변명을 반복했다는 점이다.

철저한 친미주의 발언은 12월 2일의 심문에서 보인다. 마사키는 태평양전쟁 개전 계획에 관해서는 아무것도 몰랐다고 답한 뒤 미국에 대한 최대한의 찬사를 다음과 같이 토로하고 있다.

특히 나는 미국에 대해 존경과 친애하는 마음을 품고 있습니다. 이는 나의 선생이 미국인이었고 또 내가 미국에 체재했을 때 매우 친절한 대접을 받았기 때문입니다. 나는 지금 일본이 스스로 천황의 힘을 통해서조차 실현시킬 수 없었던 일이 미국의 힘에 의해 달성되었다는 것을 실감하고 있습니다. 이 때문에 현재 나의 감정은 기쁨과 후회가 뒤섞여 있습니다.

여기에서 마사키의 기쁨은 일본의 패전으로 숙적인 '통제파'가 붕괴했다는 것이었을까? 그리고 마사키의 미국인 선생이란 사가佐賀중학교 시절의 영어 교사 J. K. 시에라라고 그는 대답했다. 저자는 '황도파' 영수로서 마사키가 철저한 반소주의자였다는 것은 알고 있었으나 중학교 시절부터 계속 친미주의자였다는 것은 처음 들었다. 어쨌든 심문관의 환심을 사려고 하는 마사키의 친미적 발언은 심문 때마다 등장했다.

라이벌들에 대한 적의敵意를 뿜어내다

한편 12월 2일의 심문 중 마사키는 일본에서 진정한 음모가는 '조슈벌長州閥'이며 중심 인물은 내대신이었던 유아사 구라헤이湯淺倉平와 기도 고이치, 데라우치 대장아버지 마사타케(正毅)인지 아들인 히사이치(壽一)인지는 불명이었다고 강조했다. 마사키는 육군에서 "조슈가 아니라면 사람이 아니다"라는 상황이었고, 도조 히데키도 조슈벌의 일원이었는데 그는 조슈벌의 잔심부름꾼에 지나지 않았다고도 말했다.

도조가 조슈벌의 일원이었다는 것 역시 '색다른 의견'이다. 도조의 아버지 히데노리英教는 이와테현岩手縣 출신으로 육군대학 수석이었는데 조슈벌에 가로막혀 불우한 상태로 중장으로 예비역이 되었다. 도조도 제1차 세계대전 후 반反 조슈벌을 내걸고 군대의 합리화를 꾀한 육군 중견장교의 횡단적 결합이었던 후타바카이二葉會, 잇세키카이一夕會의 일원이었다. 도조는 반 조슈벌로 일관했는데 마사키에게 걸리면 가차없었다.

또한 앞에서 기술했듯이 기도 고이치에 대한 '고노에·마사키 그룹'의 적의는 공통된 것이었는데, 기도에 대한 마사키의 증오는 무시무시했다. 1월 15일의 심문에서 만주사변부터 1945년 8월까지의 시기에 기도와 회의한 적이 있었는가라고 묻자 마사키는 한 차례도 없었다고 대답했다. 그리고 마사키는 기도야말로 일본의 현재 상황을 초래한 책임자로 비난을 받아야 할 인물이라고 말하며, 만약 자신이 기도를 만난다면 얼굴에 침을 뱉어주고 싶다고 항상 생각했다고 말했다.

1945년 1월2월의 잘못 고노에가 천황과 만나 우가키 가즈시게와 마사키를 육군 현역으로 복귀시키지 않으면 일본을 구할 수 없다고 호소했는데, 이 이야기가 육군 군벌에게 누설되어 고노에와 연루된 자들이 체포되었다. 이 정보를 육군에 누설한 사람이 기도였다고 마사키 자신은 믿고 있었다. 이러한 이야기는 요시다 시게루吉田茂로부터 들은 것이라고 마사키는 말했다.

염원하고 있던 현역 복귀를 기도에게 저지당했다고 생각한 마사키는 기도에 대한 원한이 끓어올랐던 것이다. 나아가 마사키와 대립한 육군 군인에 대한 적의도 내뿜었다.

도조는 육군을 모두 마음대로 지배하였고 도조 아래에서 육군 군벌의 유력한 특수 그룹을 형성한 것은 이케다 스미히사, 아키나가 쓰키조, 무토 아키라, 하시모토 긴고로 등이었다. 데라우치 히사이치는 무토 그룹의 도구에 지나지 않았고 스기야마 하지메杉山元도 나이가 들어 과거의 준수함을 상실해 다른 사람의 의견에 좌우될 뿐이었다. 미나미 지로와는 친밀하지 않았고 마사키 자신의 생각은 미나미와 완전히 달랐다. 우메즈 요시지로는 교활하고 추종적인 남자로 그것이 그의 출세 이유였다.

이렇게 마사키는 심문 담당관이 들이미는 육군 군인에 대해 아라키 사다오 등 '황도파' 이외의 인물에 대해서는 저주라고도 할 정도의 발언을 반복했다.

엉터리 변명

그리고 만주사변에 질문이 집중되었다. 마사키는 12월 2일 심문에서 주모자가 관동군의 이타가키 세이시로와 가타쿠라 다다시片倉衷, 그리고 오카와 슈메이와 후지타 이사무藤田勇라고 답했고, 나중에는 사변의 지도자가 이타가키, 이시와라 간지, 하나야 다다시花谷正 등 관동군 장교라고 강조했다. 또한 혼조 시게루 관동군 사령관에 대해서는 자신과 육사 동기이며 정직한 남자로 아무런 죄가 없다며 그는 사실상 자택에 구금되어 사변에 관해서는 아무것도 알지 못했다고 말했다.

만주사변이 발발했을 때 자신은 타이완군 사령관으로 사변의 계획에 관해서는 전혀 알지 못했고, 일본군이 북만주로 진출하자 혼조에게 군을 철수해야 할 것이라고 의견을 보냈다고도 말했다. 또한 마사키는 만주사변과 9개국조약중국의 주권, 독립과 영토적·행정적 보전 등을 규정과의 관계에 대한 질문에 만주사변이 발발한 후 이것은 9개국조약 위반이라고 실감했다고 답하고, 일본의 만주 점령도 이 조약을 위반하였다고 느꼈다는 매우 약삭빠른 답변을 했다.

그러나 그 의견을 군인이나 정치적 지도자 누구에게라도 말했는가라고 되묻자 그는 자신이 요직참모차장에 부임했을 때 전화戰火가 이미 진정되었기 때문에 의견을 말할 기회가 없었다고 변명했다. 그리고 자신은 모든 악에 반대했기 때문에 '군벌'로부터 혐오를 받은 것이라며 무언가 정신주의적인 정당화를 강조했다.

물론 마사키가 1932년 1월 참모차장에 취임했을 때는 전화가 진정되기는커녕 제2차 와카쓰기若槻 전前 내각의 '불확대' 방침의 틀을 깨고 육군 중앙도 관동군에게 적극적으로 동조하여 만주 전토의 점령을 서둘렀다. 또 1932년 1월에는 상하이사변도 일어났다.

마사키는 상해에 제9·14사단과 혼성 24여단을 증파하는 명령을 내린 것을 인정했는데 심문관이 그때 중국의 주권을 보장하고 있는 조약이 떠오르지 않았느냐고 질문하자 마사키는 사실 9개국조약의 내용은 잘 알지 못한다고 변명했다. 그리고 일본군이 전멸 위기에 있었기 때문에 일본군의 증파에 대해 조약 위반 등을 논의할 여지가 없었다며 궁색한 설명을 했다.

또한 파병을 정당화하기 위해서인지 마사키는 적이었던 중국군에는 팔로군도 있다고 믿고 있었다고 강조했다. 중국공산당이 지도한 홍군이 국공합작의 결과 국민혁명군 제8로군으로 재편된 것은 훨씬 나중인 1937년 8월이었기 때문에 마사키의 변명은 상당히 엉터리였다. 어쨌든 마사키는 이러한 식으로 자신이 만주사변의 반대자이며 전투가 만리장성을 넘어 중국 본토로 확대되는 것을 일관되게 반대했다고 계속 변명했던 것이다.

격조가 낮은 조서

한편 2·26사건에 관해서는 그다지 질문을 받지 않았는데 청년장교들에게 지지를 받은 이유를 묻자 마사키는 자신이 언제나 진실 이외에는 아무것도 말하지 않았기 때문이라고 당당하게 말했다. 그리고 자신은 청년장교에게 정치에 관여하지 말라고 말한 유일한 장군이라고 말하며, 청년들이 부패한 정당이나 자본과 관계를 갖지 않은 자신을 일본을 구원할 유일한 인물로 생각했을 것이라며 득의양양하게 말했다.

그리고 마사키는 2·26사건의 군법 회의에서 마사키의 심리를 담당한 재판자 이소무라 도시磯村年와 마쓰키 나오스케松木直亮, 오가와 간지로小川關治郎 재판관에 관해 질문을 받았다. 그는 특히 오가와에 대해 육군의 전체주의자로부터 자신을 유죄로 한다면 육군성의 법무국장의 지위를 보장해주겠다는 약속을 받았는데 굳이 압력에 대항해 자신을 무죄라고 주장했다며 칭찬했다.

그러나 같은 국제검찰국문서 가운데에서 저자가 찾아낸 도쿠가와 요시치카德川義親 전 후작侯爵의 '일기'는 오가와로부터 조사를 받은 마사키의 전혀 다른 모습을 전하고 있다.

오가와 간지로 씨 내방. 법무관 중장이며 2·26사건의 법관이다. 마사키 대장 조사에 관한 서류를 가지고 와서 문고에 보관하기를 부탁했다. 마사키 대장의 조사 중 태도가 비굴했다고 말했다. "각하는 그렇게 생각하실지도 모릅니다만" 이라는 말투. 대답이 막힐 때는 염주珠數를 꺼내 빌었다고 한다. 온통 책임을 면 하려는 태도.

오가와가 전하는 이러한 마사키의 모습은 국제검찰국의 취조를 받던 그의 태도와 연결지어 보면 아무래도 진실로 보인다.

마사키 인맥에 속하는 인물들은 마사키의 높은 인격을 칭찬했다. 그들 은 '용맹한 장수 마사키' 등 '황도파'가 육군으로부터 추방되지 않았다면 중일전쟁도 태평양전쟁도 일어나지 않았을 것이라는 '황도파 사관'의 속 설을 지금도 내보내고 있다. 그러나 거꾸로 청년장교를 배반한 마사키를 규탄하는 논자도 많다. 과잉된 자기 변호와 책임 전가, 더구나 음습하고 집념이 깊다는 종래의 마사키 이미지는 도무지 부정할 수 없다.

"일본의 국운을 맡길 거물 장군이라고는 생각하지 않지만, 천하를 노리 는 큰 도둑이 되기에는 도량이 부족하고 그 본질은 강자를 돕고 약자를 괴롭히는 소심한 관료형 야심가가 아니었을까"라는 하타 이쿠히고秦郁彦 의 지적은 마사키 상像을 과장 없이 보여주고 있다.『昭和史の軍人たち』, 文藝春秋, 1982 어쨌든 저자가 지금까지 읽은 심문조서 가운데 마사키의 조서는 가 장 격조가 낮은 것 중의 하나였다.

두 번이나 목숨을 부지한 마사키

그런데 앞에서도 서술했듯이 마사키에 대한 국제검찰국 집행위원회의 피고 선정은 두 번, 세 번 바뀌었다. 결국 집행위원회는 4월 4일에 마사키를 포함한 29명의 '주요 용의자의 최고기밀 명단'을 작성하였고, 이것이 4월 8일 참여검사 회의에서 피고 선정의 원안이 되었다. 결국 참여검사 회의는 29명 가운데 육군의 마사키, 이시와라 간지, 무라타 히로시 세 명을 제외하고 26명을 피고로 결정했던 것이다.

마사키는 2・26사건의 군법 회의에 이어 다시 한 번 위험한 때 목숨을 부지했다. 검찰국은 처음에 피고를 15명에서 20명으로 한정하려고 예정했으나 점차 피고 예정자가 증가했다. 키난은 피고 수를 줄이기 위해 이전 집행위원회의 29명 명단 가운데 마사키 등 4명을 제외하도록 지시했다. 4명 가운데에는 도이하라 겐지만이 막바지에 피고가 되었으나 3명의 제외는 참여검사 회의에서 인정되었다.

마사키에 관해서는 검찰국 내에 이견이 있었던 점, 그리고 2・26사건 후 그가 공직에 취임하지 않는 점이 결과적으로 다행이었다. 마사키에게 있어서는 두 번째 구금이므로 각오는 되어 있었을 것이다. 검찰에 대한 그의 아첨이라고도 생각되는 협력은 법무관 한 명을 움직여 아슬아슬한 형태로 피고 제외라는 결과를 가져왔던 것이다.

3. 국가주의자에 대한 추궁

일본 국가주의단체에 대한 지식의 빈곤과 혼란

이미 서술했듯이 결국 국제검찰국의 작업 그룹 'D 재벌'에 할당된 전범 용의자에서는 누구도 피고로 선정되지 않았다. 이밖에 정치집단별 작업 그룹에는 'E 팽창주의적 초국가주의단체', 'F 육군 군벌', 'G 관료벌'이 있었다.

여기에서는 'E' 그룹의 동향에 관해 자세히 검토할 예정이다. 아울러 처음에 할당된 전범 용의자 가운데 'F'에서는 하시모토 긴고로橋本欣五郎, 육군대좌와 미나미 지로南次郎, 육군대장가, 'G'에서는 히라누마 기이치로平沼騏一郎, 전 수상와 호시노 나오키도조 내각 서기관장가 피고로 소추되었다.

키난은 1945년 12월 28일에 'E'의 담당관으로 B. E. 서킷 검찰국 수사과장을 지명했다. 먼저 이 작업 그룹에 부여된 지시는 1930년대부터 1942년까지 초국가주의단체 지도자와 그 활동을 수사하는 것이었다. 그리고 아시아로의 팽창주의적 활동을 촉진하기 위해 전반적인 계획을 작성하고, 이것을 실현하기 위해 군부나 정치 관료와 협력한 초국가주의단체의 주요한 간부와 활동의 실태를 밝히도록 요청했다.

한편, 주요한 단체의 예로는 현양사, 흑룡회, 국본사, 행지사行地社, 신병대神兵隊의 이름이 거론되었다. 전범 용의자로 구금 명령을 받은 인물은 도이하라 겐지土肥原賢二, 육군대장, 히로타 고키広田弘毅, 전 수상, 가노코기 가즈노부鹿子木員信, 언론보국회 전무이사, 고다마 요시오兒玉譽士夫, 고다마기관(兒玉機關) 관장, 고이소 구니아키小磯國昭, 전 수상, 구즈 요시히사葛生能久, 흑룡회 회장, 오가타 다케토라緒方竹虎, 고이소 내각 국무상, 오카베 나가카게岡部長景, 도조 내각 문부상, 신도 가즈마進藤一馬, 현양사 사장 등 9명이다.

이러한 키난의 지시를 보면 일본 국가주의단체에 대한 지식의 빈곤과 혼란이 역력히 드러난다. 현양사는 "Black Ocean Society", 흑룡회는 "Black Dragon Society"라는 영어 이름이 붙여져 있어 국제적으로는 유명했는데, 그 주요한 활동은 15년전쟁기 이전이었다.

또 다른 세 개의 조직도 무언가 뒤죽박죽으로 선택되었다. 나아가 지정된 전범 용의자도 각각 국가주의운동과 관계는 있었지만, 피고가 된 도이하라, 히로타, 고이소 세 명 외에 오가타, 오카베 등은 이 그룹에서 조사하기에는 오히려 부적당했다. 결국 국가주의운동의 지도자 대표격으로 피고가 된 것은 주요 작업 그룹 C1939년 8월~1942년 1월에 할당되었던 오카와 슈메이大川周明뿐이었다.

오카와 슈메이의 순종적인 회답

오카와로 말하자면, 도쿄재판 개정 벽두인 1946년 3월 기소장 낭독 중 피고석 앞에 앉아 있던 도조 히데키의 대머리를 철썩 하고 때려 퇴정당한 희극같은 해프닝으로 유명하다. 오카와의 정신이상 증상은 이 직전부터 두드러졌는데, 1946년 3월까지 검찰국의 심문에서는 완전히 제정신으로 핵심적인 진술을 하고 있었다.

1946년 3월 5일의 심문을 비롯해 오카와 심문은 네 번 이루어졌다.

당시 오카와의 정신 상태는 명확하게 알 수 없지만, 헬름 심문관에 대한 오카와의 답변은 솔직한 것을 넘어 순종적이었다. 헬름은 오카와의 저작을 상당히 확보하여 그를 팽창주의 사상의 창조자로 확정하려고 했다.

오카와는 헬름이 자신의 저작이나 연설의 일부를 읽고 확인을 요구하자 곧바로 그것을 긍정했다. 헬름이 오카와의 저작이나 연설의 최대 주제가 아시아를 백인으로부터 해방하고 세계를 천황의 지휘 아래에 두는 데 있는 것인가라고 질문하자, 그는 쉽게 이를 인정했다. 오카와가 유일하게 반발한 것은 헬름이 오카와를 선동가처럼 취급했을 때이며, 오카와는 자신이 선동가가 아니라는 것을 거듭 강조하였다. 오카와에게는 이론가로서의 자부심이 강했던 것으로 보인다.

오카와 슈메이

오카와가 관여한 다양한 사건에 대한 발언도 대체로 긍정적이다. 1931년 3월사건의 쿠데타 계획에 관해서는 자신이 계획에 적극적으로 참여했다는 것을 인정하고, 우가키 가즈시게宇垣一成 육군대신이 오카와에게 사건을 진압하지 않겠다는 점을 시사했다고 말했다. 또 같은 해 9월의 만주사변과 관련해서는 만철 선로 폭파를 중국인이 한 것처럼 위장했지만 일본군이 실행했다는 점을 긍정했다.

만주사변의 모략에 관해서는 약 3개월 전에 대강의 줄거리를 알고 있었다고 말했다. 모략의 계획자로는 가장 먼저 이시와라 간지石原莞爾를 언급하고, 관동군의 이시와라와 이타가키 세이시로板垣征四郎가 계획의 중심이 되어 일본에 있었던 하시모토 긴고로, 시게후지 지아키重藤千秋, 조 이사무長勇 등 육군 군인과 제휴하고 있었다는 것을 인정했다.

또한 국내에서 만주사변에 호응한 하시모토 등 사쿠라회櫻會 급진파의 10월사건 쿠데타 계획에도 자신이 관여했다고 인정했다. 그리고 하시모토 등이 관동군의 이타가키, 이시와라 등과 긴밀하게 연락을 취하고 있었다는 것을 긍정했다. 5·15사건1932년에 관해서는 궐기하는 해군장교를 원조하기 위해 3천 엔과 권총 등 무기를 건넸다고 말했으나, 그들이 누구를 살해하려는지는 알지 못했다고 답했다.

2·26사건에 관해서는 적극적인 관여는 인정하지 않았고, 궐기한 장교가 오카와의 추종자였는지 질문하자 바로 부인하고 "그들은 적이었다"

고 답했다. 청년 장교들이 오카와와 대립 관계에 있던 기타 잇키의 영향 아래에 있었다는 점에 반발감이 다시 솟구쳤을 것이다.

우익도 모두 면책

오카와의 진술은 대부분 자기 변호나 다른 사람에 대한 책임 전가가 아니라, 심문관이 바라는 대로 거의 자백에 가까운 회답이었다. 헬름은 오카와가 우익으로 최대의 영향력을 가진 인물이라는 점을 확인하고 3월 21일 집행위원회에 22쪽에 걸친 오카와에 관한 보고서를 제출했다.

보고서에는 오카와의 조서 내용이 보기 좋게 연대순으로 분류되어 있고 또 다나카 류키치의 심문으로부터 '참조'도 붙여져 있었다. 다나카는 오카와가 중심이 되어 설립한 만철의 동아경제조사국이 장래의 아시아에 대한 일본의 팽창을 위한 준비조사기관이었다는 점을 서술하고, 오카와의 대아시아주의에 대한 절대적인 영향력을 언급했다. 그리고 1938년부터 오카와가 도조 히데키의 원조로 육군기밀비에서 매년 5만 엔을 받아 남방을 대상으로 한 일본인 청년의 스파이양성학교를 운영했다고 폭로했다.

헬름은 조사서의 결론에서 오카와는 일본을 세계의 정복자로 만들기 위해 일생을 바쳤고, 그의 목적은 아시아로부터 백인을 쫓아내고 일본이 천황 아래에서 아시아뿐만 아니라 전세계를 지배하는 점에 있었다고 단언했다. 그리고 오카와를 '평화에 반한 죄'로 소추할 것을 권고했다. 집행위원회는 이 보고를 받아들여 3월 21일에 그를 도쿄재판의 피고로 선정했다.

오카와의 심문 조서를 읽어보면 심문관의 질문에 너무나 솔직하고 또 너무나 긍정적이어서 정신적 갈등이 거의 느껴지지 않는다. 이대로 법정으로 나갔다 하더라도 과거 대아시아주의 논객의 모습이 재현될 것이라고는 도무지 생각되지 않는다.

5월 3일에 퇴정한 후 오카와는 두 번 다시 법정에 등장하지 않고 이듬해 4월에 소추 면제가 되었다. 또 제정신이었을 때 오카와의 심문 조서가 법정 증거로 제출되는 일도 없었다. 그가 마쓰오카 요스케松岡洋右처럼 법정에서 건재했다면 재판의 전개가 어떻게 바뀌었을지 상상을 하게 만드는 특이한 인물이다.

어쨌든 재야의 우익, 국가주의운동가 중 오카와 외에는 누구도 소추되지 않았다. 면책된 우익 전범 용의자이자 록히드사건2 등 전후 일본사에 숨겨져 있는 검은 저류低流와의 관련으로 다양하게 언급된 사람은 사사카와 료이치笹川良—와 고다마 요시오였다.

'인류 모두 형제' 의 연원

검찰국의 심문에 대한 응답 태도 등 스가모형무소에서 사사카와와 고다마의 인물상은, 이미 야마우치 도오루山內徹의 『중신重臣들의 스가모』구루베出版社, 1983에서 검찰국 자료를 이용해 허식을 벗겨낸 모습을 조망하고 있다. 저자도 검찰국의 사사카와, 고다마의 관계 자료 파일을 읽어 보고 두 사람을 둘러싼 실상과 허상의 현저한 격차에 놀랐다.

검찰국의 조사에는 의연한 태도로 일관했다는 것이 지금까지 두 사람 주변에서 미담처럼 유포된 '스가모 체험'의 '전설'이었다. 그러나 검찰국 자료 속에서 두 사람의 실상은 오히려 복종과 자기변명의 자세였다.

사사카와 료이치는 록히드사건의 피고 고다마가 죽은 뒤에도 선전에

2　**[역주]** 1976년 7월 27일에 다나카 가쿠에이 전 총리가 미국의 군수업체 록히드(Lockheed)사로부터 자금 5억 엔을 수뢰한 혐의로 체포되었다. 다나카는 무죄를 호소했으나, 1983년 징역 4년, 추징금 5억 엔의 실형을 선고받았다.

뛰어난 '흑막'으로 세력이 쇠퇴하지 않았다. 그는 '세계는 한 집안, 인류는 모두 형제'라는 TV CM으로도 매우 익숙하다. 저자는 이 사사카와의 '박애주의' 슬로건이 과거 대일본 제국의 '팔굉일우八紘一宇' 슬로건을 본딴 것이라는 생각을 떨칠 수 없다. 생각해 보니 도쿄재판의 기요세 이치로清瀬一郎 변호사는 모두진술에서 '팔굉일우'를 "Universal Brotherhood세계박애주의"의 번역어라고 변명, 정당화하였다. 이 영어를 사용하면 두 슬로건은 완전히 일치한다.

그렇다면 '세계는 한 집안, 인류는 모두 형제'라는 슬로건의 연원은 '팔굉일우'에 있다고 말해도 억지라 할 수는 없다. 사사카와 일본선박진흥회 회장이 자랑하는 슬로건의 발상은 역시 도쿄재판을 둘러싼 체험과 관련이 있는 것으로 보인다.

'미담'의 속임수

다음으로 '사사카와 파일'에 있는 그의 '스가모 체험'에서 알려지지 않은 부분을 소개하고자 한다.

사사카와에 대한 GHQ의 전범 체포 명령은 1945년 12월 1일에 발령되었고, 12월 11일에 사사카와 본인이 스가모형무소에 출두하여 구금되었다. 체포 이유는 민간첩보국CIS의 파일에 있는 사사카와에 대한 다음과 같은 정보를 근거로 작성했다.

사사카와는 국수대중당國粹大衆党을 조직하여 총재가 되었는데 이 당은 일본의 세계 지배를 주장하는 '팔굉일우'의 정신 아래 침략을 고취했다. 그는 이 당을 이끌고 워싱턴군축조약의 파기, 반영反英운동을 추진하고 천황제에 반대하는 움직임을 억압했다. 1939년에는 난징에서 괴뢰 정권인 왕징웨이汪兆銘와 거래하였고, 전선 시찰을 위해 비행기로 독일과 이탈리아를 방문했다. 1941년에는 '남진운동'을 강화함과 동시에 대중국 강경론을 제창하고 반反영미 연설회의 스폰서가 되었다.

사사카와는 전쟁 이전의 가장 행동적인 파시스트 조직자의 한 명이며, 국수대중당원은 많은 테러사건에도 관여했다. 그는 패전 후에도 초국가주의단체인 전국근로대중당 결성의 흑막이 되었고, 윤택한 자금을 활용하여 선전과 조직을 위해 돈을 뿌렸다.

CIS는 위와 같은 정보에서 사사카와가 침략과 국가주의를 추진하고 미국에 대한 적의를 선동한 지도자였다는 점과, 패전 후에는 민주주의를 방해하기 위해 활발하게 행동한 점을 지적하며 체포 이유로 삼았다. 즉, 1945년 11월 3일 자 미 통합참모본부가 맥아더에게 보낸 지령 「항복 후 초기의 기본 지령」 제7항 a, 전범 용의자로서 체포해야 할 인물의 항목 가운데 '초국가주의적, 폭력적 결사 및 애국적 비밀결사의 주요 인물'에 사사카와가 해당한다고 판정했던 것이다.

사사카와의 체포 이유에 관해서는 본인과 야마오카 소하치山岡荘八 작가 등 지지자와 공동 제작한 '사사카와 미담집'이라 불리는 각종 『사사카와 료이치전』에서, 그가 공판정에서 일본의 입장을 당당하게 개진하기 위해 굳이 전범 지명을 자원하고 각지에서 화려하게 점령군을 비판했기 때문이라고 서술하고 있다. 그러나 CIS의 체포 이유에는 앞서 기술했듯이 어디에도 '반점령군 연설'의 용의가 없다. 미담에는 체포 명령을 받은 사사카와는 전범에 '합격'한 기쁨을 신문 기자에게 말하고, 〈군함행진곡〉을 연주하는 음악대의 환송을 받으며 의기양양하게 스가모형무소의 문으로 들어갔다고 한다.

스가모에서는 심문 담당관의 폭행을 받으면서도 검찰 측의 질문에 의연하게 반론하고, 동요하는 전범 용의자들에게는 "침략전쟁이라고 인정한다면 어떠한 무리한 배상을 요구받을지도 모른다. 태평양전쟁은 우리나라의 생존권 확보를 위한 어쩔 수 없는 자위전쟁이었다고 어필하자", "다른 사람의 나쁜 점은 절대로 말하지 말 것. 우리A급 전범의 희생으로 사건을 받아들이자"라고 타일렀다고도 한다. 스가모 시절 사사카와에 대한 동공이곡同工異曲의 '미담'이 그의 주변에서 계속 유포되어 온 것이다.

사사카와 료이치

그러나 '사건번호 185'라고 기재된 검찰국의 사사카와 파일 속 심문 조서나 그 자신의 수기를 읽어보면 누구라도 '미담'과 현실 사이의 큰 격차에 기가 찰 것이다.

다른 사람의 전쟁책임만 고발

스가모 입소 직후의 사사카와에 대한 심문은 검찰국이 아니라 대적첩보부CIC에 의해 이루어졌다. 일본에 와서 조직 체제의 확립을 서두르고 있던 검찰국은 아직 우익 사사카와에게 주목할 여유가 없었지만, 항복 후 일본의 사회, 사상 정세의 정보 수집에 여념이 없었던 CIC는 일찍부터 사사카와의 심문에 나섰던 것이다.

심문은 CIC 특별첩보대에 의해 진행되었는데, 일계미국인 2세인 F. T. 사사키가 1945년 12월 17·18·21·22일 4일간 스가모형무소에서 사사카와를 심문하고 심문 내용의 요약을 작성했다. 사사카와는 심문에서 자신의 경력에 대해 대중의 이익을 위해 정부나 군국주의자와 심각하게 대결했다고 말했다. 또 1938년부터 1945년까지 만주를 포함해 중국을

14~15차례 방문했는데 그 목적은 현지 일본 군국주의자의 악행을 조사하기 위해서였다고 강조했다.

그는 또한 1939년에 독일과 이탈리아 등 여러 나라를 방문한 것은, 각국의 법정 절차를 조사하고 경제와 국민 감정을 이해하기 위해서였다고 진술했다. 또 무솔리니와 의견이 일치한 것은 그가 범죄를 마음의 병이라 생각하고 범죄자를 구제하려고 생각했기 때문이라고 했다. 이탈리아에서 상층 계급과 하층 계급은 같은 것을 먹는 것에 대해 상층 계급이 쓸데없이 지불할 뿐이며, 화장실도 같은 것을 사용하고 있다는 점에 공감했다고도 말했다. 매우 기묘한 점에서 무솔리니에 심취했던 것인데 무솔리니의 파쇼사상에 공명한 점은 한마디도 말하지 않았다. 그리고 사사카와가 파시스트와 연결된 인물로 시라토리 도시오白鳥敏夫 주이탈리아 대사, 도조와 대립해서 자결한 나카노 세이고中野正剛, 시바타 도쿠지로柴田德次郎, 고쿠시칸대학(國士館大學) 총장 3명을 들고 있는 것도 엉터리다.

사사카와는 '제2차 세계대전에 책임을 져야 할 인물과 조직'으로 도조 히데키를 들었다. 도조는 강대한 권력을 쥐고 천황이 말하는 것도 듣지 않을 정도였으며, 군국주의자는 황실을 바보취급하고 있었다고 말했다. 해군에서는 시마다 시게타로嶋田繁太郎의 이름을 거론했다. 실업가로는 스미토모住友의 오구라 마사쓰네小倉正恒가 도조의 최대 지원자이고, 간사이關西에서는 가와사키川崎조선 사장을 역임한 히라오 하치사부로平生釟三郎가, 간토에서는 후지야마 아이이치로藤山愛一郎 도쿄상공회의소 회장이 실권을 장악하고 있었다고 지적했다. 그리고 실업가야말로 일본 전체를 좌우했으며, 다른 실업가의 이름은 전쟁 전의 신문을 조사하면 정부의 직책을 맡은 인물도 알 수 있을 것이라고 시사했다.

사사카와는 전쟁책임 혐의로 수사를 받아야 할 인물에는 고노에近衛,

도조東條, 스즈키 간타로鈴木貫太郎 각 내각의 모든 각료, 서기관장, 내각고문, 각 성의 정무차관, 도조 내각의 육해군성 구성원, 정보국 총재와 간부, 나아가 반半관제단체인 산업보국회, 상공경제회, 대정익찬회, 익찬정치회, 국민의용대 각 조직의 책임자와 간부가 해당된다며 직책명까지 지적했다. 또 익찬선거의 책임 때문인지 1942년 4월 이후 각 도부현의 지사, 내정부장, 특고경찰 지휘자도 책임이 있다고 덧붙였다.

물론 사사카와가 여기에서 구체적 인명을 열거했던 것은 아니지만, 그의 지적대로 각 직책을 맡은 사람을 전쟁책임자 명부로 만든다면 200~300명 이상의 방대한 수가 된다. 어쨌든 사사카와가 고발한 전쟁책임자의 수는 누구보다도 많았다. 이는 도저히 소추할 수 없을 정도의 숫자를 거론해서 상대방을 착란시키려는 고등전술이었을까? 아니면 1946년 1월부터 본격적으로 실시되는 공직추방 정책을 선취해서 점령비판이 아니라 점령협력으로 선견지명을 제시하려는 것이었을까?

마음대로 떠들기

물론 사사카와가 다른 사람의 책임을 고발했던 것만은 아니다. 심문에서는 많은 수의 군인, 정치가, 관료, 재계인, 우익이나 좌익까지 이름을 거론해 인물 평가를 하였는데 칭찬을 한 인물도 적지 않다. 최고의 평가를 받은 것은 시게미쓰 마모루重光葵 전 외상이었다. 그는 시게미쓰에 대해서 부정과는 거리가 먼 인물로 천황의 신뢰도 두텁고, 황태자를 교육하기 위해 미국으로 파견할 만큼 수상이 되어야 할 뛰어난 인물이라고 강조했다.

그리고 자신이 석방된다면 먼저 성화당聖和黨, Saint and Peace Party을 조직하여 당수가 되고 시게미쓰를 수상으로 추대하여 미국의 이상을 일본에 도입할 예정이라고 말했다. 미리부터 스가모형무소 출옥 후의 정치 활동을 꿈꾸고 있었던 것인데, '전범을 자원'했다는 동일 인물의 발언이라고는 생각할 수 없을 정도의 '변신'이다.

더욱 걸작인 것은 청조淸朝 숙친왕肅親王의 왕녀 출신인 '동양의 마타하리', '남장의 여인'이라고 불린 가와시마 요시코川島芳子에 관해 말한 부분이다. 사사카와는 요시코가 창피함을 모르는 색광色狂, 몰핀 중독자로 중국에서는 특무기관에서 활동했다고 말했다. 그녀는 중국에서 다다 하야오多田駿 중국주둔군 사령관의 애인이 되었는데 마침내 사사카와 자신에게 빠지게 되었다고 밝혔다. 조서에서 두 사람의 관계에 관한 사사카와의 발언은 "He said that she likes to have sexual relationship with himself at one time"으로 요약하고 있는데 어떻게 번역해야 적절할까? 어쨌든 사사카와 조서는 일상적인 화제도 빠뜨리지 않아 사람을 싫증나게 하는 일은 없다.

심문 후에 수기도 제출

심문 직후 사사카와는 자신의 진술을 보완할 작정이었는지 부지런히 수기를 작성해서 CIC에 제출했다. 파일에는 6종류의 수기가 남아 있다. 1946년 1월 5일 자로 CIC가 영문 번역한 수기를 보면, 사사카와는 이미 구금되어 있는 전범 용의자 등 70여 명의 구체적인 인명을 거론하면서 감정을 하고 있다. 평가는 혹평이 반, 칭찬이 반이다. 예를 들어 도조 내각 각료인 이노 히로야井野碩哉와 유자와 미치오湯澤三千男는 술과 여자를 좋아했는데 더구나 유자와는 구두쇠여서 자신에게 돈을 쓰지 않았고, 시라토리 도시오도 여자를 좋아해 한때는 매독에 걸렸다는 소문이 있었다는 식의 폭로가 여러 곳에 실려 있다. '술과 여자를 좋아했다'는 등의 이야기로는 전범 소추의 용의가 되지 않는 것이 당연한데 독특한 고발임에는 틀림이 없을 것이다.

어쨌든 사사카와의 다른 수기 내용을 여기에서 소개할 여유는 없지만, 공평성을 기하기 위해 점령군의 검열이 도조 내각 시절보다 엄격하다는 등 점령 정책의 개선을 요구하는 수기도 있다는 점을 지적해 둔다.

그리고 검찰국은 CIC의 사사카와 관계 자료를 인계받아 1월 중순부터 사사카와에 대한 심문을 개시했다. 사사카와는 키난이 12월 말에 지시한 검찰국의 작업 그룹에서 오카와 슈메이와 마찬가지로 'C 1939년 8월~1942년'에 할당되어 있었다. 그러나 태평양전쟁 개전 관계 그룹에 할당된 전범 용의자의 수가 가장 많아 그는 바로 주목을 받을 정도의 거물은 아니었다.

이렇게 사사카와가 최초 28명의 피고로 지정될 가능성은 원래 적었지만, 검찰국이나 다른 점령군 관계부국에서 '위험 인물'이라는 평가는 뿌리 깊었다. 도쿄재판 개정 후에도 사사카와는 다음으로 예정되어 있던 A급 전범재판의 피고 후보로 스가모에 계속 구금되어 검찰국의 심문을 받고 있었다.

국가변호인가 개인변호인가

도쿄재판은 1946년 5월 3일에 개정하기로 결정되었다. 개정까지의 원동력이 되었던 것은 국제검찰국의 활동이었다. 그럼 이에 대한 변호단, 판사단의 움직임은 어떠했을까? 먼저 변호단의 동향부터 살펴보겠다.

이하는 법무대신 관방 사법법제조사부의 『전쟁범죄재판 개사요槪史要』에 따른다. 일본 정부의 재판 대책으로는 앞에서도 언급한 시데하라 내각의 「전쟁책임 등에 관한 건」이 있는데 이것은 미일개전에 관한 변명뿐이다. 더구나 주로 쇼와 천황의 면책 조문이고 부수적으로 수상, 육해군 양 막료장, 육해군대신, 외무대신의 개전 대응을 보여주는 조문이 서술되어 있다. 한편 후생성의 『속續 귀환 원호의 기록』1955에 따르면, 히가시구니 내각은 1945년 9월 12일의 종전처리 회의에서 보론에 언급한 일본 측의 '자주재판' 실시와 함께 A급 재판에 대한 최고 변호 방침으로

① 천황에게 책임이 미치지 않도록 할 것.
② 국가를 변호할 것.
③ 위 두 항의 범위 내에서 개인의 변호에 노력할 것.

이상 세 항목을 근본 방침으로 결정했다고 한다.

여기에서 1945년 9월 12일이라는 날짜는 너무 이르다는 의문이 드는데, 일본 정부의 변호 방침을 보여주고 있는 것은 틀림이 없다. 그러나 1946년 2월 16일에 키난 국제검찰국 국장이 외무성 오타 사부로太田三郎 전범실장에게 보낸 시달示達에서, 일본 정부가 변호단에 변호 자료를 제

공하는 것은 지장이 없으나 변호 자체에 관여하는 것은 포츠담선언 위반이라고 하였기 때문에 정부로서는 A급 전범을 변호할 수 없게 되었다.

그러나 1946년 6월 18일의 일본변호단 총회에서 일부 피고의 담당변호인이 제안한 '변호의 근본 방침'은

① 천황 및 황실에 누를 끼치지 않을 것.
② 국가변호를 주로 하고 개인변호는 그 범위 안에서 할 것

으로 되어 있어 일본 정부의 방침과 일치하였다.

그러나 이 제안의 제1항에 관해서는 변호인 전원의 찬동을 얻었지만, 제2항의 국가변호인가 개인변호인가에 대해서는 일부 변호인으로부터 강한 의문이 제기되었다. 이에 변호단은 이 점에서 일치시키려 하지 않고 변호의 실제 장면에서 대처하기로 하였다.

이 때문에 도쿄재판에서는 변호인 만장일치의 변호 방침이라는 것이 없는 상태로 진행되었다. 따라서 기요세 이치로淸瀨一郞 변호인에 의한 변호 측의 모두진술에 4명의 피고가 참석하지 않았다. 또 본래 개인변호에 중점을 두는 미국인 변호인의 영향도 있어서 개인 단계에서 개인변호적 색채가 강하게 나오는 장면도 생겨난 것이다.

또한 육군에서는 시모무라 사다무下村定 육군대신이 1945년 9월 17일에 연합군의 조사 지령에 관해 '응답에 관한 주의사항'을 전달했다. 여기에는 "솔직 당당하게 청풍낭월淸風朗月 담담한 일본 군인의 태도를 견지할 것"이라고 제시했다. 또 해군도 같은 해 12월 1일에 제2복원성 총무국장이 연합국 측의 소환 또는 방문을 받았을 때의 행동 및 응접요령에 관해 육군과 같은 취지의 통첩을 보내고 그 개요를 함께 보고하도록 요청했다. 그리고 정

(좌) 논의를 하는 불루엣 변호인, (우) 기요세 이치로 변호인

부는 전쟁재판 사무에 더욱 대응하기 위해 이전의 외무·종전연락중앙사무국, 육군성, 해군성 3성의 포로 관계의 사무기구를 개편했다.[1]

변호단의 진용

다음으로 변호인의 선임인데, 1945년 9월 11일에 도조 전 수상 이하 A급 전범 용의자로 지목된 사람들이 체포되어 A급 재판의 실시가 확실시됨에 따라 체포된 자는 물론 용의가 농후한 사람들까지 체포, 기소될 경우를 대비했다. 이에 직접 또는 육군성, 해군성, 외무성의 관계청, 변호사회 등을 통해 변호인을 의뢰하여 각 용의자에 대한 주임변호인이 결정되었다. 1946년 3월 1일 종전연락사무국의 자료에 따르면, 당시 도조 등

---

1   상세한 것은 앞의 『戰爭犯罪裁判槪史要』, 60~61쪽.

76명의 A급 용의자에게 46명의 주임변호인이 결정되었다. 그러나 4월 29일의 기소장에 의한 피고 확정과 함께 이들 변호인의 수도 감소했다.

그리고 단체로서의 변호인 활동도 통일된 변호 준비도 진전되지 않은 상태에서 기소가 촉박한 4월 24일에 일단 '변호인회'가 발족되었다. 그리고 재판 개정 다음 날인 5월 4일에 '극동국제군사재판 일본변호단'이 결성되었다. 단장은 우자와 후사아키鵜沢總明, 부단장은 기요세 이치로였다. 더불어 변호단 내의 변호 준비를 위해 각 피고의 주임변호인들이 '도쿄재판변호위원회'를 조직하고 6개의 분과회를 만들었다.[2] 이 변호단의 기구에 대응하는 사무기구는 1946년 10월에 겨우 정비되어 사무국장 아래에 6개 과課를 두었다. 인원수는 총 60여 명이었는데 검찰 측의 방대한 사무기구, 능력에는 훨씬 미치지 못했다.

또한 일본인 변호인 및 변호단의 소요 경비는 당초에는 피고 각자의 부담, 기부금 및 외무성으로부터의 보조금 등에 의해 세세하게 처리되고 있었다. 그러나 미국인 변호인과의 협동 활동이 진행됨에 따라, 거의 무급으로 일하고 있는 일본인 변호인의 곤궁한 상태와 빈약한 사무기구를 우려한 미국인 변호인들이 법정에 개선책을 간청했다. 그 결과 1946년 8월 이후부터 일본인 변호인 및 사무직원의 급여는 주둔군 요원으로 종전 처리비에서 지불하게 되었다. 그러나 이 급여도 액수가 적어 매월 생활비에도 충분하지 않았다.

내재한 대립

변호 측의 정책은 매우 분열되었고 또 개별적이고 복잡한 인적, 집단적

---

2   위의 책, 63쪽.

대립이 내재해 있었다.[3] 변호단과 관련해 뉘른베르크재판이 독일인 변호인뿐이었던 데 비해 도쿄재판의 변호단 가운데에는 미국인 변호인이 있었다는 점이 큰 차이이다.

종래의 통설에서는 재판 절차 자체가 일본인 변호인에게 완전히 생소한 영미법을 기준으로 이루어진 점이 점차 밝혀졌다. 영미법에 능숙한 외국인의 필요성이 분명해지자, 오타 사부로 종전연락사무국 전범실장이 이미 일본에 도착해 있는 판사들로 구성된 재판관 회의에 출두하여 영미 양국 변호사의 협력을 요청한 것이 발단이었다.

이 요청을 받은 당시 대리재판장인 E. H. 노스크로프트Eriona Harvey Northcroft 뉴질랜드 대표 판사는, 오타 실장의 제의가 공정하고 신속한 재판을 위해 불가결하다고 인정하고 전 재판관의 동의를 얻어 1946년 3월 15일자 서면을 통해 맥아더에게 같은 내용을 요청했다.

이에 대해 맥아더는 같은 달 19일 답장에 "오타 씨의 제의에 충심으로 찬성하고 지연을 피하기 위해 충분한 경험과 자격을 갖춘 미국인 변호인 25명을 파견하도록 수배를 마쳤다"는 내용을 보냈다. 이렇게 해서 1946년 5월 중순에 콜먼 해군대령을 단장으로 하는 미국인 변호인 제1진 21명이 도착한 것으로 되어 있다.[4]

이에 대해 히구라시 요시노부日暮吉延는 이미 이전에 미일 교섭이 있었고, 1946년 1월 9일에 종전연락사무국 제1부 전범사무실장인 나카무라 도요이치中村豊一가 키난을 방문했을 때, 키난은 피고 1명마다 미국인 변호인 또는 일본인 변호인 1명을 배정하겠다고 말한 것이 발단이라고 말

---

3   자세한 것은 앞의 日暮吉延, 『東京裁判の国際関係—国際政治における権力と規範』, 제3장 제2절을 참조.
4   『戰爭犯罪裁判槪史要』, 65쪽.

했다.[5] 이 점은 히구라시의 지적이 타당할 것이다. 구체적인 경위에 대해 히구라시의 저서에 보면, 미국인 변호인 가운데 단장 콜먼 대령을 비롯해 가이더, 영, 알렌, 딜, 하인즈 등 가장 유능하다고 알려진 6명이 잇달아 사임하고 1946년 6월 13일에 미국으로 돌아간 이유에 대해 다음과 같이 분석하고 있다.

콜먼은 재판이 개정된 직후인 5월 8일에 재판소를 통해 맥아더에게 재판소 헌장의 개정을 제안했다. 구체적으로는 '국제변호국'의 설치 조항을 헌장 제3조에 추가해 미일 변호인 전체를 장악할 수 있는 '수석변호인' 규정을 제8조에 두도록 요구했다. 그는 스스로 수석변호인이 되어 IPS의 키난에 필적하는 대등성을 요구하고 나아가 변호단을 통제할 수 있는 권력을 바랐다. 그러나 콜먼이 지휘계통이 다른 GHQ의 명령에 근거해서 제안을 했다는 점에 웹 재판장이 격노해 판사단 회의를 열었고, 재판소는 콜먼에게 제안의 철회를 압박했다. 그리고 맥아더도 콜먼의 제안을 인정하지 않아 결국 미국인 변호인은 GHQ의 법무국에 소속되었다. 이에 화가 난 콜먼 등 해군 출신의 6명은 사직서를 내고 귀국했던 것이다.[6]

콜먼 등의 다른 사직 이유도 있지만 여기에서는 생략한다. 어쨌든 미국인 변호인은 5월 말에 대체로 진용을 갖추어 6월 상순에 29명이 되었다. 미국인 변호인에 대해 앞에 언급한 『전쟁범죄재판개사요』는 다음과 같이 높이 평가하였다.

어쨌든 극동국제군사재판에서 불충분하지만 일본국으로서 또 피고로서 취한 행동 입장을 일단 주장하고 입증할 수 있었던 것은, 우자와鵜沢 단장을 비롯한

---

5   위의 책, 328쪽.
6   위의 책, 332~336쪽.

일본인 변호단의 노력에 힘입은 것은 물론, 미국인 변호인의 협력에 힙입은 바
도 절대적이었다.[7]

판사단의 구성

1946년 1월 19일에 공포된 극동국제군사재판소 헌장 제2조는 "본 재
판소는 항복문서의 서명국이 제출한 인명 가운데에서 연합국 최고사령
관이 임명하는 5명 이상 9명 이내의 재판관으로 구성한다"고 되어 있었
다. 맥아더는 2월 15일 일반 명령 제7호를 통해 항복문서에 서명한 9개
국미, 영, 오스트레일리아, 캐나다, 중국, 프랑스, 네덜란드 뉴질랜드, 소련에서 제출한 인명 가운데
9명의 재판관을 임명하고 재판장에 오스트레일리아 대표 판사 W. F. 웹
William Flood Webb을 임명했다.

그러나 인도는 이전부터 재판관의 임명을 강하게 요청하고 있었다. 주
미 인도자치령 대표 샹카르 파지파이는 미국에 대해 "포로이건 일반 주
민이건 일본군이 침입한 동남아시아나 미얀마의 영토에 있었던 인도 국
민은 일본군 만행의 희생이 되었습니다. 또한 인도군은 미얀마에서 일본
이 패배할 때 주요한 역할을 수행했습니다. 그렇기 때문에 인도는 대일전
에 참가한 다른 여러 나라와 동등한 지위에 서서 일본인 전범재판에 참
가 자격을 정당하게 주장할 수 있을 것입니다"라며 압박했다.[8] 영국이 이
를 지원하여 인도는 극동위원회FEC의 일원으로서 판사의 임명을 요구했
고, 미국 본국과 맥아더가 이것을 받아들여 인도와 필리핀은 재판관을 임
명하게 되었다.

---

7   위의 책, 66쪽.
8   日暮吉延,『東京裁判の国際関係―国際政治における権力と規範』, 219~220쪽.

판사단

이 배경에는 아시아의 대표가 중국뿐이어서 아시아를 차별하고 있다
는 비판에 응답하는 의미가 있었다. 그 결과 4월 26일에 재판소 헌장이
전면 개정되어 제2조의 재판관 9명에서 11명이 되었고 인도와 필리핀의
대표 판사가 임명되었다.

임명된 재판관은 미국의 J. P. 히긴즈John Patrick Higgins, 영국의 W. D. 패트
릭William Donald Patrick, 소련의 I. M. 자랴노프Iran Michyevich Zaryanov, 중국의 메이
두아오梅汝璈, 오스트레일리아의 W. F. 웹, 뉴질랜드의 E. H. 노스크로프트,
캐나다의 E. S. 맥더걸Edward Stuart McDougall, 필리핀의 D. 하라니아Delfín Jebución
Jaranilla, 인도의 R. B. 펄Radhabinod Pal, 프랑스의 H. 베르나르Henri Bernard, 네덜
란드의 B. V. A. 뢰링Bernard Victor Aloysius Röling 11명이었다.

분열된 판사들

이 가운데 소련의 자랴노프는 영어를 할 수 없었기 때문에 통역을 붙였다. 또한 미국의 히긴즈가 1946년 6월 12일에 M. C. 크레이머Myron Cady Cramer 육군중장으로 교체되었는데 이것이 판사단 안에서 문제가 되었다. 또한 법정의 정족수가 과반수였기 때문에 결석재판관이 많은 심리도 자주 있어서 변호 측에서 항의가 있었다. 뉘른베르크재판과 달리 도쿄재판에서는 예비재판관이 없었기 때문에 이러한 사태를 초래한 것이다. 또 인도의 펄 판사는 1946년 5월 17일에, 필리핀의 하라니야 판사는 6월 13일에 재판이 시작된 이후 일본에 도착했다.

판사단 가운데에서 펄 판사는 일본에 온 당초부터 다른 판사와 입장을 달리했다. 판사단은 펄이 일본에 오기 전에 설사 반대 의견이 제출되더라도 공표하는 것을 삼가기로 합의했는데, 펄은 이에 찬성하지 않고 판사단의 합의를 무너뜨렸다. 펄은 일본에 도착했을 때부터 피고 전원의 무죄의견을 굳히고, 제국호텔에 틀어박혀 계속 의견서를 쓰고 있었다. 또한 펄은 부인을 간병하기 위해 장기간 귀국하여 109일이나 공판에 결석했다. 앞에 서술한 판사 임명을 강력히 요구한 파지파이의 말을 보더라도 펄이 피고 전원 무죄의 반대 의견을 내리라고는 인도 정부도 예상할 수 없었다. 왜 인도 정부가 펄을 판사에 임명했는지는 현재로서는 불분명하다.

그리고 웹 재판장은 오스트레일리아에 일시 귀국해 53일이나 결석했다. 지금까지 이것은 오스트레일리아 본국에서의 공무 때문이라고 알려져 있었지만, 실제로는 판사단 내부의 대립 때문이었다. 지금까지 판사단 내부의 동향은 그다지 알려지지 않았었는데 재판 개정 직후부터 의견 대립이 발생했고 웹도 리더십을 발휘할 수 없었으며 나중에 다수파와 소수파 판사로 분열되었던 것이다.[9]

이치가야 법정에 도착한 호송버스(마이니치신문사 제공)

어쨌든 불충분하지만 검찰진, 피고, 변호단, 판사단의 진용이 일단 갖추어져 극동국제군사재판은 1946년 5월 3일에 개정하였다.

'승자의 재판' 만으로는 정리되지 않는 도쿄재판

최근 한편에서 도쿄재판이 '승자의 재판'이었다고 하여 '도쿄재판사관'을 타파해야 한다는 소리가 강해지고 있다. 확실히 형식적으로는 '승자의 재판'이었지만, 이 책에서 제시했듯이 미일 협조로 재판을 면한 중대 문제도 있다. 쇼와 천황이나 731부대의 면책 등은 양측의 의도로 물밑에서 교섭이 이루어져 실현되었다.

---

9   이상의 동향에 관해서는 日暮吉延의 위의 책과 앞의 『戰爭犯罪裁判槪史要』를 참조했다.

도쿄재판에서는 일본의 식민지 지배 중 조선인 강제 연행, '일본군위안부' 문제, 독가스전 등 뉘른베르크재판과 비교해 심리를 면한 전쟁 지도자나 중요한 사건이 많은 것이 특징적이다. 이것들은 일방적인 '승자의 재판'으로는 실현되지 않는 것이다. 그리고 이것들은 일본에서 '과거의 극복'을 저해하는 요인이 되어 최근에 이르기까지 면책된 중대 사건의 해명이 늦어지게 되었다.

또한 변호 측은 법리상의 문제로 '평화에 반한 죄', '인도에 반한 죄'가 사후법이며 죄형법정주의에 위배된다는 취지의 주장을 했는데, 판결에서는 이것을 인정하지 않았다. 반대로 판결은 현행 국제법을 명문화한 것이라고 인정했다. '현행 국제법을 명문화했다'라는 단정에는 의문이 남는다. 사후법에 의한 소급죄의 금지는 국내법에서 인권을 지키기 위해서는 필요하다. 그러나 도쿄재판이 개정되었을 당시 국제법에서는 죄형법정주의가 원칙이 아니었기 때문에 특별히 전쟁범죄에서 금지하지 않아도 된다는 생각도 있다.

사실 구 서독에서는 형법의 나치 '살인죄'의 시효를 연장했고, 나아가서는 시효 자체를 철폐하여 현재에도 전범을 쫓아서 잡고 있다. 이것은 바로 죄형법정주의에 반하는 것이다. 그러므로 죄형법정주의 위반을 강조하는 것은 반드시 도쿄재판을 부정하는 것이 아니다.

두 재판의 현대적 의의

다음으로 뉘른베르크재판과 도쿄재판의 현대적 의의를 살펴보겠다. 전후 '인도에 반한 죄', '통례의 전쟁범죄'는 현재 ① '1949년 제네바조약 1·2·3·4조의 중대 위반의 죄', ② '전쟁법규를 위반한 죄', ③ '인도에 반한 죄', ④ '제노사이드의 죄'로 국제관습법으로 확립되었다.[10] 또 현안이었던 상설의 국제형사재판소 설립도 실현되었다. 이들 법과 제도는 뉘른베르크재판과 도쿄재판의 중요한 부분을 이어받은 것으로 국제법의 발전 속에서 두 재판의 역사적 의의는 부정할 수 없다. 이 책에서는 도쿄재판의 부정적인 면을 많이 지적했지만 재판 그 자체의 역사적 의의는 높이 평가하고 있다.

한편 일본은 1951년에 체결한 샌프란시스코평화조약 제11조에서 도쿄재판의 판결을 수락했다. 그런데 야스쿠니신사靖國神社는 1978년에 A급 전범으로 유죄 판결을 받은 25명 가운데 14명을 '제신祭神'으로 합사했다. 이것 때문에 현재 중일 관계가 평탄하지 않다. 고이즈미小泉 전 수상은 중국, 한국의 반대에도 불구하고 야스쿠니신사 참배를 강행했다. 이 때문에 중국이 강하게 반발하여 당시에 정상회담도 불가능해졌다. 저자는 일본이 독립하면서 국제사회와 약속한 샌프란시스코평화조약 제11조의 취지에서라도 수상들이 A급 전범을 합사한 야스쿠니신사에 참배해서는 안됐다고 생각한다.

이것은 국제신의의 문제이기도 하다. 전몰자를 위령하고 '평화를 기념'하기 위해서는 다른 무종교의 시설을 건립해야 할 것이다. 저자는 이것을 이미 『사상의 과학思想の科学』1986.2에 발표했다. 또한 야스쿠니와 일본외교에 관련해서는 아사히朝日신문의 와카미야 히로후미若宮啓文 논설 주간과 요미우리読売신문 와타나베 쓰네오渡邊恒雄 주필의 대담이 읽을 만한 가치가 있다.[11] 양자 모두 수상의 야스쿠니신사 참배에 강하게 반대하고 A급 전범에 한정하지 않고 관계자의 전쟁책임을 분명하게 해야 한다고 주장하고 있다.

---

10   多谷千香子, 『「民族淨化」を裁く』, 岩波新書, 2005.
11   『論者』, 2006.3.

이 책에서는 도쿄재판의 개정 시점까지를 서술했는데, 도쿄재판 그 자체는 검사 측과 변호 측의 응수가 1948년 4월 16일의 결심까지 이어졌다. 같은 해 11월 4일 법정의 재개, 판결문의 낭독을 개시하여 11월 12일에 판결문 낭독 종료, 피고에 대한 형의 선고가 이루어졌다.

당시 도쿄재판이 이 정도까지 장기화되리라 생각한 사람은 적었다. 장기화된 하나의 원인은 영어와 일본어를 공용언어로 삼은 법정용어의 문제로 통역이 적고 오역이 많은 점을 들 수 있다. 두 번째는 검찰 측이 55개의 기소 이유를 제기해서 그 입증에 시간을 소비했기 때문이다. 세 번째로 변호 측의 '지연 전술'도 있었다고 생각한다.

이 책은 도쿄재판의 개정 전사前史로 도쿄재판에 대한 총체적 분석은 다른 책으로 발표할 예정이다. 나아가 이 책에서는 A급 전범, 전범 용의자, 관계자의 방대한 심문 조서 가운데 일부만 소개했을 뿐이므로 다른 기회에 많은 조서를 소개하려고 생각하고 있다.

패전 후 혼란에 대한 염려

일본에서 '종전'의 실현은 지배층의 압도적인 주도권 아래 진행되었다. 일본의 지배층은 포츠담선언을 수락하면서 전후의 전쟁범죄 처벌이 '통례의 전쟁범죄'에 그치지 않고, 지도자에 대한 광의의 전쟁책임을 재판 같은 형태로 추궁할 것이라고 인식하고 있었다. 이것은 유럽의 중립국에 주재하고 있던 외교관으로부터 정보를 받았기 때문이다. 그러나 한편으로 전쟁책임 처벌에 의한 지배층의 피해를 최소한으로 억제하려고 획책하고 있었다.

이를 위해 무엇보다도 국내 체제를 확고하게 다져두는 것이 불가결했다. 내무성 경보국은 포츠담선언의 제1차 수락 통고가 이루어진 1945년 8월 11일에 각 도도부현都道府縣의 경찰부장에게 항복에 대비해 치안 대책을 한층 더 강화하도록 지시했다. 특히 전쟁책임자에 관한 국민의 논의를 억제하고, 일찌감치 "이번 사태를 초래한 책임은 군관민이 함께 짊어져야 할 것"이라는 일억총참회론을 강조하며 철저한 치안 확보를 명령했다.

8월 15일 '종전의 조칙詔勅'이 발표되자 정부와 군은 일방적인 성명을 내놓고, 아울러 '종전'이 천황의 '인자하심御仁慈'에 따른 것이라고 적극적으로 선전했다. 히가시구니노미야 나루히코東久邇宮稔彦 내각은 "조칙을 받들어 근신할 것"을 국민에게 계속 호소했다.

이러한 치안 체제의 강화에 의해 패전 직후의 시점에서 지배층이 가장 두려워했던 '공산혁명'운동의 고양은 나타나지 않았고, 일부 급진적 군인, 우익의 쿠데타도 발생하지 않았다. 지도자의 전쟁책임을 적극적으로 추궁하려는 움직임도 일부를 제외하고 국민 사이에서 일어나지 않았다.

치안당국은 당초에 우려했던 패전 직후의 위기를 당분간 피했다고 보고 어느 정도 '안심'하고 있었다.

피부로 느끼는 패전

8월 15일 정오 라디오 앞에 모인 국민들 가운데는 다시금 본토 결전의 각오를 호소하는 '중대방송'이 있을 것으로 예상한 사람들도 적지 않았다. 그러나 천황의 육성에 의한 최초의 '옥음玉音방송'은 충격적인 항복 결정을 발표했다. '옥음방송'은 많은 국민에게 청천벽력이었다.

전쟁 말기에 사회의 저변에서 일본이 이길 수 없다는 실감이 점차 쌓이고 있었지만, 이런 형태로 전쟁이 종결되리라고 예상한 사람은 적었다. 오히려 본토결전에 돌입할 것이라는 절망적인 예상이 대다수였다. 대부분의 국민은 항복이라는 갑작스러운 사태에 마음의 준비가 되어 있지 않았다. 승리 이외의 형태로 전쟁이 종결될 수 있다는 생각을 품는 것은 전시 일본사회에서 최대의 터부였다.

패전이라는 믿기 어려운 냉엄한 사태를 좋든 싫든 국민이 깨닫게 만든 것은 많은 경우 군의 내부 붕괴 현상이었다. 8월 15일 직후에 내지의 일본군대에서는 상당한 수의 독단 해산과 집단 및 개인의 도망이 있었다. 장교와 하사관을 중심으로 식량을 비롯한 군수물자를 트럭에 싣고 도주했고, 병사의 탈영, 조선인 병사의 대량 도망도 급증했다. 이러한 일은 병사의 패전 감정과 귀향 욕구 외에도 진주하는 연합군에 대한 공포가 더해져 앞을 다투어 눈사태처럼 일어났다.

통제를 잃고 각자 획득한 물자를 휴대하고 고향으로 향하는 복원병復員兵의 모습은 각지에서 "마치 패잔병 같다"는 반발을 일으켰다. 그리고 자기 멋대로 물자를 분배한 군인이나 관리에 대한 분노가 급격히 증대했다.

옥음 방송을 듣는 사람들

국민은 전쟁 중의 슬로건이었던 "이길 때까지는 욕심내지 마라"는 원칙이 명실공히 파탄했음을 알게 되었다. 이러한 복원병의 모습을 목격한 많은 국민은 틀림없는 패전을 피부로 느끼게 되었던 것이다.

이미 전쟁 말기부터 통제경제와 '암시장'을 둘러싸고 사회적 불공정의 증대로 군인이나 관료 등 전쟁 지도 세력에 대한 국민의 신뢰는 저하되었다. 그리고 국민들은 국가가 강요하는 도의道義에 대한 불신과 반발을 내적으로 심화시켰다. 또 국민의 전쟁의지가 전반적으로 낮아지면서 일본사회에는 더욱더 공적 원칙의 뒤편에서 극한까지 자기방위를 위해 사적 이해를 고집하는 현실주의적 에고이즘 풍조가 조금씩 침투해 갔다.

패전은 이 사회적 풍조를 단숨에 폭발시켜 '욕망자연주의'라고도 할 수 있는 전후 민중 의식의 원점을 만들었다. 이러한 상황 속에서 히가시쿠니 내각이 외치는 일억총참회론이 점차 그 영향력을 잃게 되는 것도 당연했

히가시쿠니노미야 나루히코

다. 군인이나 관료 등 전쟁 지도 세력에 대한 비판이 각지에서 일어났기 때문이다.

패전 원인 발표

히가시쿠니 수상은 8월 28일 기자회견에서 "국체호지國體護持라는 것은 이치나 감정을 초월한 우리들의 군건한 신앙이다"라고 말하고, '국체호지'를 위해 포츠담선언을 이행하겠다고 표명했다. 그리고 패전의 원인으로 "① 전력의 급속한 괴멸, ② 전재戰災, 원자폭탄, 소련참전, ③ 지나친 전시통제, ④ 국민도의의 저하"를 지적하고 "군관민, 국민 전체가 철저하게 반성하고 참회해야 한다"는 '일억총참회'를 주장했다. 9월 2일의 항복문서 조인을 앞두고 마침내 정부가 '패전'이라는 사태를 공언했다. 이어서 히가시쿠니는 9월 5일에 열린 제88회 제국의회에서의 수상 시정연설을 통해 상세한 수치를 들며 전력의 괴멸과 국력의 파탄 현상, 그리고 패전 원인을 발표했다.

8월 15일 이후 얼마 지나지 않아 국민은 항복이라는 사태를 나름대로 실감했지만, 왜 패배했는지에 대해서는 납득할 만한 설명을 듣지 못한 채 혼란한 의식 상태였다. 그러나 국민들은 점령군의 상륙, 항복문서 조인 등 엄연한 사태의 전개를 직접 접하고 마침내 패전이라는 현실을 직시하게 되었다.

이러한 상황 속에서 '종전'의 조서와 마찬가지로 완전히 일방적인 형태로 발표된 것이 히가시쿠니의 '패전 원인' 발표였다. 당시 국력의 전체적인 실정을 장악할 수 있었던 것은 정부 외에 없었다. 정보를 배타적으로 독점한 상태에서의 이 발표는 당연히 국민들에게 큰 충격을 주었다. 국민은 드디어 패전이 당연하다는 것을 납득했다.

그러나 이 패전 원인 발표는 오로지 전력과 국력의 괴멸만을 상세히 다루어 미국의 과학과 방대한 물량에 패배했을 뿐이라는 인상을 주었다. 히가시쿠니가 중국을 비롯한 아시아 민중의 불굴의 저항으로 일본이 패배할 수밖에 없었다는 중대한 측면에 대해 입을 다물고 있었기 때문이다. 이러한 일면적인 발표 방식은 국민의 의식에도 그대로 투영된다.

과학과 풍부한 물량에 대한 선망은 나아가 국민의 '귀축미영鬼畜米英'적 반미 의식을 친미 의식으로 급전시키는 최대의 윤활유였다. 국민 의식 속에 뿌리 깊게 존재하고 있던 중국인, 조선인 등 아시아 민족에 대한 멸시 의식은 패전 후 갑자기 공포감으로 발현되었지만, 저류에 있는 민족차별 의식은 거의 바뀌지 않았다.

급속히 증대하는 비판

한편 히가시쿠니의 발표가 모두 의도대로 진전된 것은 아니다. 일억총참회론의 효용이 급속히 감퇴한 것이 그것이다. 전쟁 지도자가 전황이나 국력의 현실을 모두 은폐해 온 기만 정책에 대한 비판이 급속히 늘어났다. 내무성의 조사에 따르면 "최후까지 국민을 속여 온 지도자는 죽어야 한다", "종래의 지도당국은 국민이 총참회하기 전에 스스로 책임을 져야 할 것"이라는 등의 목소리가 그 전형이다.

전쟁 지도자에 대한 비판은 그들로부터 이어져 히가시쿠니 내각에 대한 비판으로 발전했다. "앞으로 정부가 말하는 것도 듣지 않겠다"는 견해가 상징적이다. 이때부터 연합군에 의한 초기 점령 정책이 개시되어 구 지배 체제로부터 민심의 이반이 현저해지고, 전쟁책임론에 관해서도 전쟁 지도자의 책임을 가장 먼저 따지는 '지도자 책임관'이 우세해졌다.[1]

한편 지배층 사이에는 연합국의 전범재판보다 선수를 쳐서 일본 측에서 자주재판自主裁判을 실시하자는 움직임도 강하게 있었다. 포츠담선언 수락 과정에서 군 수뇌 등 '4조건'파의 움직임이 그것이다. 1945년 8월 9일의 최고전쟁지도 회의에서 우메즈 요시지로梅津美治郎 참모총장은 전범 처벌에 관해 일본 측에서 재판하던가, 상대 측만으로는 재판하지 않는다는 부대 조건을 붙이자고 주장했다. 어전 회의에서는 이 의견이 채택되지 않았지만, 이 문제는 패전 후 다시 불타올랐다.

자주재판의 타진

9월 11일에 도조 히데키東條英機 등 제1차 주요 전범에 대한 체포 지령이 나오자 히가시쿠니 내각은 충격을 받고 서둘러 대책을 강구했다. 히가시쿠니 내각은 점령군 관계자로부터 잔학 행위 책임자를 일본이 자주적으로 재판하는 것이 어떠한가라는 의견을 듣고 종전처리 회의에서 자주재판의 실행을 결정했다. 각의에서도 연합국 측의 태도와 상관없이 일본 측에서 전쟁범죄를 서둘러 조사하여 자주적 재판을 하기로 결정했다.[2]

상주를 받은 천황은 자신의 이름으로 벌하는 것은 견디기 어렵다는 이유로 재고를 요청했다. 그러나 같은 날 다시 열린 각의에서도 같은 결론

---

1 자세한 내용은 粟屋憲太郎 編, 『資料日本現代史 2 敗戰直後の政治と社會 ①』, 大月書店, 1980을 참조.

2 이 문제에 관해 신자료로 포괄적인 해명을 한 것은, 永井均, 「戰爭犯罪人に關する政府聲明案 – 東久邇內閣による閣議決定の脈絡」, 『年報 日本現代史』 제10호, 2005이다. 또한 柴田紳一, 「日本側戰犯自主裁判九想の顚末」, 軍事史學會 編, 『第二次世界大戰(3)−終戰』, 錦正社, 1995도 참조.

이 나자 이번에는 천황도 받아들였다. 그러나 이 자주재판구상은 내대신이었던 기도 고이치木戸幸一가 "천황의 이름으로 전쟁을 수행하고 이번에는 천황의 이름으로 재판을 하는 것은 당시의 기구로는 불가능하다"고 회상하듯 자가당착적인 것이었다.

다음 날인 13일에 시게미쓰 마모루重光葵 외상은 GHQ의 서덜랜드 참모장에게 자주재판안을 타진했다. 서덜랜드는 전쟁 지도자나 군사령관 등 전쟁범죄 책임자에 관해서는 불가능하다고 답하고 포로학대 등의 실행자 처벌에 관해서는 가능성을 시사했다.

이 때문에 정부성명을 발표할 예정이었던 히가시쿠니 내각은 대신 9월 18일에 외국인기자단과 회견을 가졌다. 회견에서 히가시쿠니 수상은 "포로학대 그 밖의 전쟁범죄인은 연합군의 지시를 기다리지 않고 일본 측이 처단할 방침"이라고 답했다.

외국인기자단으로부터의 추궁

한편 패전 직후부터 일본 정부로서는 천황에 대한 연합국의 전쟁책임 추궁을 어떻게 회피할지가 최대의 과제였다. 그리고 천황의 전쟁책임 문제에 대한 엄격한 국제 여론을 일본의 지배층이 직접 알게 된 것은 9월 18일 외국인기자단과의 회견이었다.

이 자리에서 히가시쿠니는 먼저 미군의 일본본토 공습 때 포로가 된 미군 비행사의 처형 문제와 관련해서 당시 방위총사령관이었던 자신의 책임으로 인해 궁지에 처했다고 말했다. 그리고 "천황 폐하 등 책임자는 진주만의 기습에 대해 사전에 알고 있었는가"라는 기자단의 질문에 히가시쿠니는 "알지 못했다. 이는 육해군의 일부가 극비에 결행한 것이다. (…중략…) 천황 폐하는 책임자가 아니라고 확신한다. 천황 폐하에게는 사전에 이러한 사실을 알리지 않았다. (…중략…) 측근에 있던 일부 군인이 계획했다"고 답했다.

그러나 기자단의 추궁은 엄했다. 이어서 "그 일부 군인은 누구인가"라고 질문하자 히가시쿠니는 "많으므로 연구해서 발표하겠다"고 회피했지만, "일본의 제도상 천황 폐하가 알지 못한 채 전쟁을 시작하는 것이 가능한가"라는 질문에는 명확한 답변을 하지 못해 더욱 궁지에 몰렸다. 결국 이 기자회견에서 히가시쿠니는 천황의 개전 책임을 부정하지 못하게 되었다.[3] 이 때문에 지배층 사이에서 심각한 우려가 확산되어 히가시쿠니가 '모든 내용complete full을 폭로'했다는 소문이 돌아[4] 퇴진론이 일었다.[5]

또 경시청이 내놓은 '총리 전하 외국기자회견에 대한 반향에 대해'라는 문건은 각계 유식자의 의견을 소개했다. 그 가운데는 "전쟁책임자는 군측君側과 군벌 모두에 있다고 하는데, 그것이 사실이라면 선전 포고의 조칙詔勅에 의해 전국민이 싸워 온 조칙 문제는 어떻게 되는 것인가. 대권간범大權干犯 문제 정도로는 연합국이 납득하지 않는다", "폐하의 전쟁책임에 관해 이번 전쟁은 측근의 군벌에 의해 야기되었고, 전쟁 종결에 관해서는 내각이 종전의 의견을 결정하여 상주해서 재가를 얻었다고 말씀하시는 것도 이론적으로 모순되어 오해를 살 것"이라는 등의 의견도 있어서 일부에서는 히가시쿠니의 퇴진론도 주장했다.[6]

---

3   상세한 것은 內務省 警保局 外事課, 「首相宮外人記者團との御會見に關する件」, 『資料日本現代史』 2, 1945.9.20, 334~336쪽 참조.
4   細川護貞, 『細川日記』, 中央公論社, 1978, 442쪽.
5   위의 책, 444쪽.
6   『資料日本現代史』 2, 336~340쪽.

기자회견 후의 요조치 사항

궁지에 몰린 히가시쿠니 내각은 다음과 같은 「외국인기자회견 뒤의 요조치 사항」을 작성했다.[7]

    1. 외국인 기자회견 뒤의 요조치 사항 1945.9.21

      1) 포로학대 건에 의해 이미 처벌받은 자의 성명과 처벌 일시 및 장소, 처벌의 종별 육·해군

        ① '둘리틀 James H. Doolittle'[8] 일행의 처벌 경위 육군

        ② 방위총사령관으로서 이 처벌 문제에 관해 책임이 있는가 육군

      2) 폐하의 측근에서 폐하의 성명 聖明을 가로막은 군인이란 누구인가

      3) 폐하는 진주만 공격 이전에 진주만 공격 계획을 알고 있었는가

        ① 진주만 공격의 경위 해군

      4) 정부와 대본영이 전쟁을 결의하고 그에 대해 폐하가 반대했을 경우 폐하는 어떻게 하는 것이 가능한가

        ① 정부는 어떻게 할까 법제국

      5) 폐하는 1941년 12월 8일 몇 시 몇 분에 선전에 서명했는가 총무과

    2. 외국인 기자회견 중 주목해야 할 질문사항

      1) '둘리틀'의 도쿄 폭격에 참가한 일행의 처형 문제와 그 후의 조치

      2) 방위총사령관으로서 위의 처형 문제에 관계한 책임이 없는가

---

7   전문은 위의 책, 340~341쪽에 수록.

8   [역주] 1942.4.18 미 항공모함 호네트호에서 출격한 B25폭격기 16대가 일본 주요지역을 폭격한 사건의 지휘관이다. 이때 미 비행사 8명이 일본군의 포로가 되어 그 처우를 둘러싸고 문제가 되었다.

3) 일본군 전쟁범죄인, 잔학 행위를 행한 자, 포로학대자에 대한 조사 및 이에 대한 구체적 조치

4) 흑룡회黑龍會와 같은 조직 파괴의 필요성

5) ○○천황의 전쟁책임자로서의 관심

6) 진주만 공격에 관한 진상과 선전 포고의 관계

7) 일본의 헌법 개정수정

① 소수에 의한 권력의 행사 방지

② 귀족원의 권한 축소

③ 부인참정권 문제

8) 대재벌의 파괴

9) 헌병의 해체

10) 맥아더의 천황 배알 문제

히가시쿠니는 방위사령관으로서의 책임 회피와 함께, 천황에게 전쟁책임이 없다는 구체적인 설명을 각 부서에 9월 28일까지 작성하도록 요구했다.

천황에게 책임 없음

이 가운데 천황 면책론은 10월 3일 자 「전쟁책임 등에 관한 응답요령 (안)」으로 정리되었다.[9] 이것은 히가시쿠니 내각의 오가타 다케토라緒方竹虎 내각서기관장이 외무, 육해군 당국과 협의해 작성한 것이다. 지금까지

---

9   이 자료는 히가시쿠니 내각의 오가타 다케도라(緒方竹虎) 내각서기관장이 1947년 11월경 GHQ의 R. H. 러쉬에게 제공한 것이다. 국제검찰국문서 Entry 329, *Evidentiary Documents* No.3245에 실려 있음.

천황 면책의 방침은 「전쟁책임 등에 관한 건 시데하라幣原 내각 각의 결정」[10]1945.11.5이 주목받아 왔는데, 전자가 그 원형이고 후자는 전자를 일부 수정한 것이다. 히가시쿠니 내각은 10월 5일에 총사직했기 때문에 각의 결정이 이루어지지 않았다고 생각된다.

전자와 후자는 「제1, 일반 통칙」이 완전히 같고, 「제2, 세칙」이 약간 수정되었지만 취지는 바뀌지 않았다. 여기서는 전자의 「제2, 세칙 폐하에 관한 건」만을 소개한다.

① 어디까지나 미일교섭을 원만히 타결하도록 정부에 명령하시고 최후 단계에 이를 때까지 이를 걱정하셨다는 것.

② 개전의 결전, 작전계획의 수행에 관해서는 통수부, 정부가 결정한 것을 헌법운용상의 관례에 따라 이를 각하하지 않았다는 것.

③ 진주만 공격 이전에 육해군 양 막료장으로부터 초기작전의 대강에 관해서는 들었지만 실시세목에 관해서는 보고를 받지 못했다는 것.

④ 위 작전계획을 실행에 옮길 때 무력행사에 들어가기에 앞서 미국 정부에 대해 외교상의 조치를 강구할 것으로 이해하고 있었다는 것. (단, 이 통고가 개전에 관한 헤이그조약에서 규정하는 선전 포고의 통달을 필요로 하는가, 그리고 미일교섭 결렬의 대미 통고로 충분했는가에 관해서는 엄격히 법률적으로는 알고 있지 못했다는 것)

⑤ 선전 포고의 조서는 1941년 12월 8일 오전 11시 30분 서명했다는 것. (단, 위 조서는 국민에게 개전이 어쩔 수 없이 이루어진 것이라는 점을 교시하기 위한 것으로 주로 국내적 의의를 가진 것이라는 점)

---

10 앞의 『資料日本現代史』 2, 341~342쪽에 수록.

이 설명 방침은 진주만 공격, 대미개전에 관해 대일본제국헌법의 해석 중 하나를 강조한 것이다. 즉, 천황의 대권 행위는 그 '보필'기관인 정부와 통수대권을 '보익'하는 통수부의 책임이라고 하는 일종의 '천황기관설'이다. 천황의 전쟁책임을 부정하는 이 결정은 '15년전쟁기'에 천황의 실제 언동을 검토한 다음에 내린 결론이 아니기 때문에, 국내는 어찌 되어도 국제적으로 통용될 수 있을지에 대해서는 처음부터 우려되는 부분이었다.

물론 기도 고이치木戶幸一 내대신도 심문받는 과정에서 이 결정과 동일한 논리를 자주 끌어내서 변명하려 했다. 그러나 기도 자신은 훗날인 1964년에 법무성 사법법제조사부의 도쿄재판에 관한 청취에 응해, "국정을 총람하시는 데 있어 천황이 내각의 상주사항에 대해 의견을 달리하시는 것은 당연히 있을 수 있고, 형식적으로는 천황이 국무대신의 보필에 의해 국정을 행하는 것이지만 때로는 강한 의견을 말씀하신 적도 있다", "폐하로부터 의견이 있을 경우에는 내각이 생각을 바꾸던가, 그렇지 않을 경우에도 무언가 조정을 하는 것이 통례였다", "천황이 납득하지 않을 경우에 대부분 문제는 그대로 보류해서 결정을 늦추던가 내각 측이 생각을 바꾸는 것이 관례였다"고 말했다.

이 1964년의 기도 담화가 진상을 말한 것이라 할 수 있다. 태평양전쟁 개전은 역시 천황과 기도 등 천황 측근의 주체적 결단이라는 요인이 없었다면 역사적으로 설명되지 않는 것이다.

예상이 틀어진 자주재판

한편 자주재판구상은 차기 시데하라 기주로幣原喜重郎 내각 때 다시 부활했다. 시데하라 내각은 '전쟁책임 재판법'을 칙령으로 제정할 준비를 하

시데하라 기주로 내각
앞 열 중앙에서 옆을 보고 있는 사람이 시데하라 수상

고 있었다. 이 법의 구체적인 내용은 불분명하지만 이미 소개한 「민심을
안정시키고 국가질서 유지에 필요한 국민도의를 자주적으로 확립하는
것을 목적으로 한 긴급칙령(안)」『牧野伸顯關係文書』과 유사한 것으로 보인다.[11]
이 칙령안은 "천황의 명령 없이 병사를 움직이거나 함부로 군사 행동을
야기하고 침략적 행위를 지휘하여 만주사변, 지나사변, 대동아전쟁을 불
가피하게 한 자"는 반역죄로서 사형, 무기에 처한다고 규정되어 있다. 이
것은 바로 "천황의 이름으로 전쟁을 벌이고 이번에는 천황의 이름으로
재판한다"라는 황당한 것으로 실현성이 거의 없었다.

11　粟屋憲太郎, 『東京裁判論』, 160~162쪽에 수록. 이 문서를 수록할 때 누락이 있었다.
　　"제8조. 謹慎ノ処分ヲ受ケタル者ハ其ノ期間, 公民権ヲ喪ヒ且公職ニ就任スルコトヲ
　　得ズ. 謹慎ノ処分ヲ受ケタル者ハ位階勲等ヲ剥奪シ恩給ヲ停止シ爵位ヲ返上セシ

사실 쓰기타 다이자부로次田大三郎 내각서기관장은 전쟁책임자에 대한 '자주적 재판을 위한 특설재판소 설치'를 진언했다. 그러나 시데하라는 "국내에서 피로 피를 씻는 것"이라고 반대하고 '승자의 재판'을 시인하는 태도를 보였다.

그 사이 육·해군은 포로학대 관계조사를 위한 기관을 만들고 있었다. 특히 육군은 포로관계조사위원회를 설치하여 먼저 미국이 말하는 '바탄 죽음의 행진'에 대한 조사를 완성했다.

미국 측의 항의에 따르면, 1942년 4월 루손섬에서 일본군에 항복한 미군과 필리핀군 부대는 피로와 질환에도 불구하고 바탄반도에서 오도넬 수용소에 이르는 100킬로미터 이상을 7일간 강제로 걸어야 했다. 그 과정에서 일본군은 포로의 소지품을 약탈하고 낙오한 병자와 부상자를 간호하지 않고 방치하거나 사살, 자살刺殺, 생매장했다. 오도넬수용소에서도 포로는 열악한 대우를 받았다. 확실한 정보에 따르면, '수용 개시 후 몇 개월' 동안에 미군 2,200명, 필리핀군 2만 명 이상이 죽었다고 단정하고 있다.

이 항의에 대해 육군의 포로관계조사위원회가 조사를 진행했다. 그러나 결론은 '곤란한 사정'이 원인이라는 불가항력적 측면을 강조했다. 따라서 육군성 간부는 필리핀 제14군 사령관 혼마 마사하루本間雅晴 중장에 대해 형사 처벌이 아니라 도의적 책임이 있다고 보았다. 그리고 혼마 중장에 대해 형사 처벌이 아니라 '예우 정지'라는 행정 처벌을 하기로 결정했다. 이어서 와카마쓰 다다이치若松只─ 육군차관은 미국 측에 제14군 사령관 혼마 중장에 대해 육군 중장의 예우를 박탈했다는 성명을 발표했다.

ㅅ*(밑줄 부분이 누락되었다). 이것은 앞의 柴田 글에서 지적한 것으로 해당 저자에게 감사한다.

혼마에 대한 이 행정 처분은 혼마를 희생양으로 삼아 천황 면책의 길을 닦으려는 생각도 담겨 있었다.

육군은 혼마를 처분해서 일사부재리의 원칙 아래 가벼운 형으로 매듭지으려는 의도도 갖고 있었다. 그러나 반대로 미군은 마닐라에서 열린 혼마 재판에서 총살형을 결정하고 1946년 4월 3일 그를 처형했다.[12]

육군은 1945년 9월부터 이듬해 3월에 걸쳐 살해사건 등에 관여한 8명을 군법 회의에 붙여 처벌했다. 양형은 살인 등 명백한 범죄에 대한 것치고는 비교적 가벼웠다. 이 처벌의 속셈은 일사부재리의 원칙을 방패로 연합국의 재판보다 선수를 치려는 것이었다. 그러나 처벌을 받은 군인들은 후에 연합국 각국의 B·C급 재판에서 재심리가 이루어졌고, 이미 일본 측이 유죄라고 했기 때문에 반대로 중형을 받게 되었다. 자주재판은 예상이 틀어져 버렸다.[13]

조소를 받은 도조 대장

연합국 특히 미국 정부와 GHQ가 큰 관심을 갖고 있었던 것은 일본인의 도쿄재판에 대한 반응과 전쟁책임관이었다. 일본인에게 최초의 충격은 점령군이 9월 11일에 발령한 제1차 전범체포령이었다. 미군이 체포에 착수하자 도조 히데키는 자살을 시도했으나 실패했다. 과거 "살아서 포로의 치욕을 당하지 말고 죽어서 죄의 오명을 남기지 말라"는 '전진훈戰陣訓'을 호령한 도조의 자살 미수에 대한 반향은 매우 컸다. 내무성의 보고에 따르면 다음과 같이 개괄되어 있다.

---

12 이상의 혼마(本間) 처분 문제는 永井均의 릿쿄대학 대학원 박사논문(2004.3) 『フィリピンと対日戦争犯罪裁判』의 「第三章 『敗者の裁き』再考」에 의한 것이다.

13 豊田隈雄, 『戦争裁判餘録』, 泰生社, 1986, 50~53쪽.

도조 대장의 자살 미수에 관해서는 자결 시기, 방법, 태도 등 모든 점에 관해 동정적인 것은 거의 드물고 대부분이 비난 공격으로 일관하는 상황인데 그 주된 언동은 다음과 같다.

① 국민은 모두 도조 대장이 전쟁의 최고책임자로서 연합군의 법정에 서서 당당하게 황국 정의를 주장하기 위해 오늘까지 자결하지 않았다고 예상했었는데 그 기대가 완전히 배반당했다.

② 이 시기에 자살을 할 정도라면 천황이 종전 선언을 발표한 직후에 자결했어야 했다.

③ 미군이 오자 당황해서 권총으로 자살한 것은 군인답지 못하다. 그대로 죽어버린다면 좋겠지만 소생한다면 정말로 창피하고, 더욱이 떠들지 않아도 좋을 것을 주절주절 늘어놓아 우리나라를 불리하게 하지 않았으면 좋겠다.

④ 괴롭더라도 마지막까지 살아서 재판에서 소신과 신념을 말해주었으면 하고 생각했는데 그런 최후는 무인으로서 버려야 할 태도이다. 가족의 일 등은 유언장에라도 써두고, 그 경우 일신일가一身一家의 일 등은 말해서는 안 된다.

⑤ 죽을 시기를 놓친 지금에는 최고책임자로서 남자답게 연합군 측의 재판에서 전쟁을 개시할 수밖에 없었던 이유를 천명하고 그 모든 책임을 져야 할 것인데, 이번의 자결은 어떤 각도에서 보아도 삶에 연연한 것이다.

경시청의 9월 13일 자 보고에서는 "천황께 누를 끼치는 일이 없을까 걱정된다"는 내용이 있다. 이처럼 도조의 자결 실패가 쇼와 천황에게 전쟁책임 추궁의 손길을 미치게 하는 것이 아닐까 하는 위기감도 느끼고 있다. 또한 오카다 다다히코岡田忠彦 국회의원은, "도조 대장은 죽을 때 죽지 못해 적진에 감금되고 그 뒤에 미국인의 수혈을 받았기 때문에 설령 소생하더라도 혼혈아가 되어 틀렸다"는 걸출한 비판도 했다.[14]

나아가 제1차 전범 지령이 끼친 파문은 이밖에도 있었다. 신문은 전쟁 범죄자가 수천 명이라고도 전해 각계 상층부 사람들은 자신도 체포되지 않을까 불안해했다. 이 신문 보도의 영향은 컸다.[15] 이후에도 전범 체포가 이어지는데 강한 반대에 부딪치기는커녕 국민 사이에서 지지, 묵인의 태도가 많았다. 당시 점령군은 보도기관을 통해 전쟁의 진상을 다양하게 폭로했기 때문에, 군부와 관료 등에 '속고 있었다'는 인식이 급속히 퍼져 그들에 대한 반감이 급증했던 것이다.

'천황 폐하를 범죄인으로 만들지 말아주세요'

단 한 명의 예외는 천황이었다. 재건된 공산당을 중심으로 한 세력들은 천황을 전범으로 추궁하자는 급진적인 움직임을 보였다. 또 이와 입장을 달리 하면서도 천황에게 어느 정도 전쟁책임이 있다는 천황퇴위론이 지식인을 중심으로 주목을 받고 있었다. 그러나 당시의 국내 여론의 대세는 천황옹호론의 틀 안에 있었던 것도 사실이다.

'천황이 군사적 보조자에게 속았다는 우둔한 신화'는 훗날 맥아더나 미

---

14 여기에서의 반향은 粟屋憲太郞, 「戰犯逮捕への反響」, 『資料日本現代史』2, 344~363 쪽 참조.

15 細谷千博은 "도쿄재판이 없었다고 한다면 거기서 소추된 사람들은 더 일찍 정계에 복귀했을 것이고 그 뒤 일본의 진로는 좀 더 이상해지지 않았을까라고도 생각합니다. 그것을 생각하면 재판에는 확실히 부정적인 면이 있었고 방식에서도 부당한 점이 있었습니다. 그리고 승자의 재판이었다는 점은 부정할 수 없다고해도 도쿄재판이 없었을 경우 대체 그 후의 일본은 어떻게 되었을까를 생각하면 역시 대차대조표상에서 플러스라고 생각하는데 어떻습니까?"라고 발언하고 있다. 문제는 도쿄재판의 피고만이 아니라 피고가 되지 않았던 전쟁 지도자와 정계 지도자에게 준 두려움도 당연했다는 것이다. 또한 이 점에서는 도쿄재판과 함께 공직추방의 영향도 클 것이다.

국 정부가 자주 입에 올리던 말이었다. 이 정치신화는 9월 18일에 히가시쿠니 수상이 외국인 기자에게 회답하던 자리에서도 언급하여 국민 사이에 뿌리 깊게 침투하였다. 국민들의 전쟁 지도자 비판과 도쿄재판에서 제시된 '지도자 책임관'의 수용은 천황을 제외한 형태로 점차 강해진 것이다.

물론 이 '지도자 책임관'의 수용 방식은 대부분이 수동적이며 피해자 의식이 앞서 아시아 민중에 끼친 가해자로서의 책임 의식은 거의 보이지 않았다. 휩쓸려서 전쟁을 지지한 자신의 책임이 반성을 포함한 적극적인 전쟁책임에 대한 규명으로 충분히 발전하지 않았던 것이다. 여기에 '과거의 극복'을 스스로의 과제로 삼을 수 없었던 일본 국민의 전쟁책임 의식의 원점이 있다고 말할 수 있다.

『IPS 심문 조서』 제35권에는 '천황 히로히토'라는 파일이 있다. 여기에는 천황에 대한 심문 조서가 담겨 있는 것이 아니라 천황 전범 문제에 관해 맥아더나 GHQ에 보낸 일본인의 투서가 모여 있다. 이밖에도 '나시모토노미야 모리마사梨本宮守正'의 파일이 있다.[16] 여기에는 황족으로서 유일하게 전범 용의자로 체포된 나시모토노미야의 석방을 GHQ에 요구하는 투서가 포함되어 있다. 이 두 개의 자료는 1945년부터 1946년 초에 걸쳐 천황과 황족의 전쟁책임을 둘러싼 국민의식의 한 단면을 보여주는 흥미로운 자료이다.

'천황 히로히토' 파일에는 천황의 전쟁책임을 부정하고 천황을 전범재판에 세우지 말도록 요구하는 편지와 엽서가 많다. 이 가운데에는 혼자서 천황 면책과 구명의 편지를 몇 통씩 쓴 여성도 있다. 또한 오이타大分현 각지에서 보낸 "천황 폐하는 범죄인으로 삼지 말아 주세요", "천황을 재판해

---

16 『IPS尋問調書』 제1권에 실려 있다.

서는 안 됩니다", "천황을 도와주세요"라는 취지의 엽서가 많이 있다.

오이타현에서는 위로부터 조직적으로 움직여서 이러한 투서를 썼을 것이다. 또 "이번의 전쟁책임에 관해서는 천황 폐하의 측근 중신에게 책임이 있습니다"라는 취지의 투서도 있다. 이들 투서의 대부분은 논리적인 것이 아니라 심정적인 호소를 한 것이며, 천황제 이데올로기의 포로가 된 국민의 의식 상황을 보여주고 있다.

논리적으로 호소하는 천황제 폐지론

한편 천황제 폐지, 천황 전범 소추를 외친 투서도 상당수 있다. 이들은 장문이고 논리적인 것이 많다.

가나가와神奈川현의 남성은 "도조는 총리대신, 육군대신, 참모총장으로서 책임을 져야 할 것이고, 천황은 국가의 원수로서 또 육해군의 최고통수자로서 책임을 져야 할 것이며, 천황제도는 군국주의의 온상으로서 책임을 져야 할 것이다", "우리들은 도조를 너무 싫어한 나머지 천황의 책임까지도 도조에게 씌워서는 안 된다", "천황이 현재 평화주의자라는 성명을 발표했다고 해도, 일본의 원수로서 미국과 영국 그 밖의 나라에 대해 전쟁을 승낙하고 공전의 잔혹한 사건을 야기한 책임은 반드시 져야 한다", "일본을 정말 민주주의화하기 위해서는 이 원시적이고 미신적인 황실제도를 폐지하는 것을 고려할 필요가 있다"고 맥아더에게 호소했다.

구마모토熊本현의 남성은 "전쟁범죄인의 검거를 바란다"며 "오늘날 정계, 관료의 상층부에서 천황 폐하에게 전쟁책임이 없다고 말하는 것은 어째서인가? 나는 또 선전 포고의 조서를 논의하지 않는 것을 도저히 납득할 수 없다. 헌법에는 통치의 대권이 엄하여 천황 폐하가 장악하시고 있다. 선전 포고도 강화 체결도 폐하가 하신 것으로 되어 있다. 더구나 폐하는 대원수이시다. 그런데 왜 천황 폐하에게 전쟁책임이 없다고 하는지 매우 불합리하다고 생각한다. 이렇게 되면 천황의 대권을 부정하는 것이고 또 헌법 위반이며 천황의 숭고함도 없어지고 헌법도 한 조각의 휴지가 된다. 저 선전 포고의 조서는 이번 전쟁의 원동력이 되었다. 학교, 관공서, 국회 등에서 아침저녁으로 이를 배청拜聽하고 국민은 크게 분발했다. 명사 백 명의 연설보다도 저 숭엄한 조서에 감격했다. 그런데 오늘 이 조서에 대해 아무 논의가 되지 않는 것은 도저히 이해할 수 없다", "나는 천황폐하의 통치 대권을 확인한 사람이다. 또 그 때문에 최고 전쟁책임자는 천황 폐하라고 생각한다"고 말했다.

가나가와현의 다른 남성은 "메이지유신明治維新 이래 일본의 지배자인 군벌과 관료는 그들의 인민에 대한 지배를 강고하게 할 목적으로, 비과학적인 신화와 전설을 이용해 천황을 신비화하고 신성화하여 국민에게 현신인現神人으로 교육하고 믿게 했다. 그 결과 무지한 일반 인민은 지금도 천황을 신처럼 숭배하고 있다. 이 상태로는 인민의 머리를 민주주의적으로 전환시키는 것은 절대로 불가능하다. 그러기 위해서는 천황의 봉건성, 비민주주의성, 군국주의성을 철저하게 폭로하여 그 지위에서 추방하고 일본을 공화국으로 만드는 것이 절대로 필요하다", "일본 천황은 미일전쟁을 유발하고 수행한 전쟁범죄인이다. 미일전쟁은 개전 전에 천황이 출석한 이른바 어전 회의에서 천황의 재가 아래 결정된 일이다", "천황은 최대의 전쟁범죄인이다. 신속히 그를 체포하여 재판에 회부하라"고 '천황제 폐지론'을 주장했다.

도쿄도東京都의 한 남성은 "나는 천황제 폐지를 희망하고 있습니다. 그렇다고 해서 제가 공산주의자는 아닙니다. 나는 공산주의는 혐오합니다", "신문이나 세간에서는 공산주의자 이외에는 천황제 타도 등을 말하는 자가 없다고 하지만, 일반 국민 모두가 천황제를 열망하고 천황제가 없으면 안 된다고 말하는 것은 아니라고 생각합니다. 일본인은 시세에 맡기려는 생각일 것입니다. 저는 아무리 해도 천황제 폐지 이외에는 신일본 건설은 없다고 생각합니다"라고 말했다.

'천황과 그 일족을 처벌해 주세요'

이바라기茨城현의 익명의 남성은 맥아더에게 보낸 편지에서 "각하는 일본을 민주국가로 하겠다고 말했습니다. 정말 고맙습니다만 각하는 아직 그 근본에 손을 대지 않았습니다. 그것은 천황입니다", "각하는 지금 작은 범죄자만 붙잡고 있습니다. 저는 천황을 그대로 두고 각하가 일본국을 떠나는 것이 두렵습니다", "부디 각하의 손으로 3천 년 동안 일본 토민을 속여 온 천황과 그 일족을 처벌해 주십시오. 그리고 영원히 이 일본에 돌아오지 못하게 해 주십시오", "인간으로서 그들을 볼 때 아무리 나쁜 사람이라 해도 그들이 일본을 떠나는 날을 생각하면 일말의 연민을 금할 수 없습니다. 부디 그날에는 일본 전국 방방곡곡에 조기를 거는 것과 마지막 기미가요를 부르는 것을 허락해 주십시오. 저는 이름도 주소도 말하지 않겠습니다. 저도 형법의 불경죄를 받고 싶지 않습니다"라고 말했다.

이밖에도 불경죄가 존속하던 당시 투서라는 형식으로 GHQ에 천황제 폐지, 천황 소추를 호소한 것이 있는데, 각각 논리는 다르지만 나름대로 문제의 핵심을 포착하고 있어 귀중한 자료이다. 한편 정치고문부장인 G. 애치슨Dean Gooderham Acheson은 1945년 11월 6일과 12월 17일, 일본 국민의 다수가 전범 체포를 지지하고 있기 때문에, 이번 겨울에 예상되는 심각한 식량 부족의 위기에 일본 국민의 불만이 점령군으로 향하는 것을 막기 위해서라도 전범재판을 서둘러 개시해야 한다는 의견을 내놓았다.[17]

점령군 측의 여론 분석

한편 미국 측의 일본 여론 분석에 관해 몇 가지의 비밀 자료가 남아 있다. 미 국무부 정보조사국 극동조사과의 「A급 전범재판에 대한 일본인의 반응」1948년 8월 OSS문서 마이크로필름을 보면 대다수 일본인의 재판에 대한 태도는 패전에 의한 숙명적인 것으로 묵인하고 있다. 또 피고에 대해서는 그들의 전쟁범죄에 의한 전쟁책임보다도 국가를 패전으로 이끌어 심한 치욕과 불행을 초래한 책임의 비판에 집중되어 있다. 즉 개전 책임보다도 패전 책임을 문제시하고 있다. 또한 재판에 대한 일본인의 냉정함은, 그것이 본심이라면 천황의 죄를 묻지 않았던 것과도 관계가 있다고 지적하고 있다. 천황 퇴위에 대한 강력한 반대가 있더라도 일본인은 적어도 천황이 도의적인 전쟁책임자라고 생각할 것이라고 말하고 있다. 일본인의 다수가 개전 책임론 = 가해자 의식을 갖지 않고, 패전 책임론 = 피해자 의식을 갖고 있었다는 것을 지적하고 있어 중요하다.

이 보고서는 신문논조 등을 분석한 것인데 당시의 출판물에는 GHQ의 검열이 있었다는 것을 잊어서는 안 된다. 어찌 되었든 GHQ가 도쿄재판 비판을 기본적으로 인정하지 않았고 검열을 통해 여론이 형성되었던 점을 확인해야 할 것이다.

미국의 메릴랜드대학에는 프랑게컬렉션[18]이라는 검열문서가 있는데, 그것을 살펴보면 도쿄재판에 관한 우익의 비판은 많이 삭제되어 있다. 한편 후세 다쓰지布施辰治 등은 『자유간화회自由懇話會』1947.5의 좌담회에서 일본

---

17   粟屋憲太郎, 『東京裁判論』, 78쪽.

18   **[역주]** GHQ의 참모 제2부 (G2)에서 전사실장을 맡은 프랑게(Gordon W. Prange)가 민간검열지대(CCD)가 검열 목적으로 모은 출판물을 미국 메릴랜드대학으로 옮긴 컬렉션이다. 1945년 패전부터 1949년까지 출판된 인쇄물로 규정되어 있다.

인 검사의 임용을 주장하거나 천황의 전쟁책임을 지적하고 있다. 나아가 조 후미쓰라長文連는 도쿄재판에서 타이완, 조선에 대한 일본의 식민지 지배가 재판을 받지 않은 것은 이상하다고 말해 천황의 전쟁책임만이 아니라 국민 자신의 전쟁책임에 관해서도 언급하고 있다. 정론正論이기는 하지만 이 좌담회의 기사는 검열에서 전면 삭제되었다. 점령군은 이러한 형태의 언론은 인정하지 않았던 것이다.

부록 1_ 피고 개요

아라키 사다오荒木貞夫, 1877~1966

군인, 육군대장. 마사키 간자부로真崎甚三郎와 함께 황도파의 거두로 지목되어, 10월사건 1931년 3월사건 실패 후, 육군막료층의 일부가 일으킨 국가개조 쿠데타 계획에서는 쿠데타 성공할 경우 수상후보자로 추대되었다. 1931~1934년 육군대신을 역임하였고, 1938~1939년 문부대신으로 '황도교육'을 추진하고, 도쿄제국대학의 '히라가숙학平賀肅学'에 관여했다.

도이하라 겐지土肥原賢二, 1883~1948

군인, 육군대장. '중국통' 군인으로 이름이 알려져, 1931년 펑톈奉天특무기관장 재임 시에는 청조의 마지막 황제 '푸이溥儀'를 만주로 빼오는 계략을 실행했다. 1935년 화북분리공작의 일환인 '도이하라·진덕순협정土肥原·秦德純 協定'을 체결했다. 이후 항공총감, 동부군사령관, 남방군 제17방면군사령군을 역임하였으며 패전 시에는 교육총감이었다.

하시모토 긴고로橋本欣五郎, 1890~1957

군인, 육군대좌. 막료들의 파쇼단체인 '사쿠라회桜会'의 중심 인물로 3월사건, 4월사건을 기획하는 등 군파쇼운동을 추진했다. 2·26사건 후 예비역으로 편입하여 민간파쇼단체인 '대일본청년당大日本青年党'의 수령이 되었다. 중일전쟁이 발발하자 연대장으로 출정해 영국 해군의 포함 레이디버드Ladybird호를 포격하는 레이디버드호사건을 일으켰다.

하타 슌로쿠畑俊六, 1879~1962

군인, 육군대장1944년, 원수(元帥). 타이완 군사령관, 교육총감을 역임하고, 1939~1940년에 육군대신을 역임하였다. 1940년 요나이 미쓰마사米内光政 내각에서 육군대신을 단독 사직하여 내각 총사직을 이끌었다. 1941~1944년에 지나파견군 총사령관을 역임했다.

히라누마 기이치로平沼騏一郎, 1867~1952

사법관료, 정치가. 1912~1921년 검사총장, 1921~1923년 심사원장大審院長을 역임하였다. 전전 일본사법계의 대가로 군림했다. 다이쇼大正 말기에 설립한 국가주의단체 '국본사国本社의 초대 회장이 되어 일본주의자, 정당배격론자로 이름을 떨쳤다. 1936~1939년과 1945년에 추밀원 원장을 역임하였다. 1939년에는 수상이 되어 왕자오밍汪兆銘 공작, 일독이방공협정日独伊防共協定 강화 문제에 주력하였지만, 독소불가침조약의 체결로 내각총사직하였다.

히로타 고키広田弘毅, 1878~1948

외교관, 정치가. 구미국장, 주소대신 등 외무성 요직을 역임하고, 1933년에 외무대신이되었다. 1936년 2·26사건 후에 총리대신이 되어 군부대신역무관제軍部大臣役武官制를 부활시켰으며, 일독방공협정을 체결하였다. 1937~1938년, 제1차 고노에 내각의 외무대신이 되어 군부가 주장하는 강경 노선을 추종했으며, '국민 정부를 상대하지 않는다'는 전쟁 확대 방침의 결정에도 관여하여 전쟁을 수렁에 빠지게 하였다.

호시노 나오키星野直樹, 1892~1978

경제관료, 정치가. 대장성에서 '만주국' 재정부로 이동하여 1936년 만주국 국무원 총장관이 되었다. 이후 기시 노부스케岸信介 등과 함께 전시 경제 통제를 추진했다. 만주국 운영에 지대한 영향력을 가진 인물로 알려져, 일본 귀국 후에는 제2차 고노에 내각의 기획원 총재가 되었다. 도조 내각에서는 내각서기관장에 기용되어 1941~1944년 동안 오랜기간 동안 도조 내각을 지탱했다.

이타가키 세이시로板垣征四郎, 1885~1948

군인, 육군대장. 1931년에 관동군 고급참모가 되어 만주사변이 발발할 당시 이시와라간지石原莞爾와 함께 주도적인 역할을 하였다. 1938~1939년에는 육군대신으로서 '일독이삼국동맹日独伊三国同盟'의 체결을 강하게 주장했다. 이후에는 지나파견군 총참모자의 조선군 사령관, 제17방면군 사령관조선군관을 관할하는 방면군, 조선군 폐지후에 창설 등을 역임했다.

가야 오키노리賀屋興宣, 1889~1977

경제관료, 정치가. 1937~1938년의 제1차 고노에 내각의 대장대신으로 이른바 '요시노·가야 삼원칙吉野·賀屋三原則'을 제창하여 일본이 통제 경제로 나아가는 계기를 만들었다. 1941~1944년 도조 내각의 대장대신으로 군사비에 편중된 예산을 편성한 일, 1939~1941년 북지나개발회사총재로 중국에 대한 경제 침략에 관여한 일 등이 피고로 선정된 원인이라 할 수 있다.

기도 고이치木戸幸一, 1889~1977

정치가, 궁중 그룹의 한 명. 상공관료를 거쳐 1931년 내대신부 비서관장, 1937~1938년 문부대신, 후생대신, 1939년에는 내무대신을 역임했다. 1940~1945년에는 내대신의 지위에 있으면서 쇼와천황에 가장 가까운 측근으로 막대한 정치적 영향력을 휘둘렀다. 도조 히데키東条英機를 수상으로 주청했다. 도쿄재판에서는 자신의 일기「기도 일기(木戸日記)」를 증거서류로 제출했다.

기무라 헤이타로木村兵太郎, 1888~1948

군인, 육군대장. 관동군 참모장을 거쳐, 1941~1943년 제3차 고노에 내각에서는 육군차관으로 재직했다. 1944년 미얀마면군 사령관을 역임했다.

고이소 구니아키小磯国昭, 1880~1950

군인, 육군대장. 육군성 군무국장으로 3월사건육군중견막료층이 계획한 쿠데타 미수사건에 깊이 관여했다. 관동군 참모장, 조선군 사령관을 거쳐 예비역으로 편입한 후, 1939~1940년에 탁무대신拓務大臣, 1942년에는 조선총독을 역임했으며, 도조내각 붕괴 후 후임 수상이 되었다.

마쓰이 이와네松井石根, 1878~1948

군인, 육군대장. 제네바 일반군축협의 전권위원, 군사참의관, 타이완군 사령관을 역임했다. 예비역 편입 후, 1937년에 현역으로 복귀하여 상하이파견군 사령관후에 중지나방면군

^{사령관 겸임}이 되었다. 난징사건_{南京事件}의 책임자에 해당한다. 일관되게 '대아시아주의'를 신봉하여 이 운동에 깊이 관여한 군인으로 알려져 있다.

마쓰오카 요스케松岡洋右, 1880~1946

외교관, 정치가. 외무성 퇴임 후 남만주철도주식회사의 이사와 부총재를 거쳐 1933년 에 일본이 국제연맹에서 탈퇴할 때 일본의 수석전권으로 임했다. 1935~1939년 만철 총재, 1940~1941년에는 고노에 내각의 외무대신으로 일·독·이 삼국동맹, 일소중립 조약을 체결하여 미국에 압력을 가하고자 획책했다. 독소 개전 후에 대소전을 주장했 다. 세상의 이목을 끄는 스탠드 플레이Stand Play가 많은 야심가라는 평가를 받는다.

미나미 지로南次郎, 1874~1955

군인, 육군대장. 만주사변이 발발할 당시 육군대신이었다. 1929년 조선군 사령관, 1934~1936년 관동군 사령관을 역임했다. 1936~1942년에 조선총독이 되어 '내선일 체内鮮一体'의 정책을 주창·추진한 인물로 알려져 있다. 1925년에 대일본정치회 총재가 되었다.

무토 아키라武藤章, 1892~1948

군인, 육군중장. 1937년 노구교사건盧溝橋事件 당시 참모본부 작전과장으로 대중강경론 을 주장했다. 1938년에 중지방면군 참모부장이 되어 현지에서 항저우杭州만상륙작전 등의 작전 지도를 했으며, 중일전쟁의 확대에 관여했다. 1939~1942년 육군성 군무국 장으로 북부 영국령 인도에 진주하였고, 태평양전쟁 개전에 참가했다. 1944년에는 제 14방면군 참모장을 역임했다.

나가노 오사미永野修身, 1880~1947

군인, 해군대장. 1935년 런던해군군축회의일본은 탈퇴의 전권을 맡았다. 1936~1937년 해 군대신, 1941~1944년에는 군사령부 총장으로 태평양전쟁을 지도했다. 도쿄재판 중에 병사하였다.

오카와 슈메이大川周明, 1886~1957

민간인, 사상가. 이른바 '대아시아주의'를 제창하고, '일본 개조'를 기획한 민간 우익사상가의 한 사람이다. 3월사건, 5·15사건에 관여했다.

오카 다카즈미岡敬純, 1890~1973

군인, 해군중장. 해군에서 친독파, 미일개전파로 알려져 있으며, 1940~1944년 해군성 군무국장1994년 해군차관을 일시 겸임으로 태평양전쟁의 개전, 수행에 관여했다. 시마다島田 해군대신과 함께 해군 내 전쟁책임이 있는 자로 선정되어 도쿄재판의 피고가 되었다.

오시마 히로시大島浩, 1886~1975

군인, 육군중장. 1936년 주독대사관에 파견한 무관으로 일독방공협정 성립을 위해 열심히 움직였다. 예비역 편입 후, 1938~1939년에 주독대사로 베를린에 부임하여, 일독이 삼국동맹 체결을 강력하게 주장했다. 1941~1945년에 다시 주독대사가 되어 나치와 히틀러에 심취한 인물로 알려져 있으며, 언제나 친독적인 언동과 행동이 과하여 '주일 독일대사'라는 야유를 받는 일도 많았다.

사토 겐료佐藤賢了, 1895~1975

군인, 육군중장. 1938년에 중의원의 국가총동원법 심의 중, 육군의 설명자로 출석하여, 의원을 향해 '입닥쳐!'라고 소리지른 일화가 유명하다. 1941~1942년 육군성 군무국 군사과장, 1942~1944년 육군성 군무국장으로 태평양전쟁의 전쟁지도에 깊게 관여했다. 1945년 태국에서 제37사단장으로 패전을 맞이했다.

시게미쓰 마모루重光葵, 1887~1957

외교관, 정치가. 1936~1938년 주소대사로 장고봉사건 처리에 임했으며, 제2차 세계대전 당시 주영대사로 대영 관계를 조정했다. 1943~1945년 도조東条·고이소小磯 내각에서 외무대신을 역임했다. 항복 후 히가시쿠니노미야東久邇宮 내각의 외무대신으로 재임하였으며, 1945년 9월 2일 연합국과의 항복문서 조인식에 일본전권으로 서명했다.

시마다 시게타로嶋田繁太郎, 1883~1976

해군대장. 도조 히데키의 신임이 두터워 1941~1944년에 해군대신1944년 해군대신 겸 군령부총장으로 태평양전쟁의 개전·수행에 관여했다. 도쿄재판에서 판사 11명 중 5명만이 사형 판결을 지지하여 한 표 차로 사형을 면했다.

시라토리 도시오白鳥敏夫, 1887~1949

외교관. 외무성에서 혁신관려의 대표적인 인물 중 한 사람이다. 만주사변에서는 군부를 옹호하는 자세를 가장 먼저 주장하였으며, 1938년에는 이탈리아 주재 대사로, 오시마 히로시大島浩 주독대사와 함께 일독이 삼국동맹 체결에 깊이 관여했다. 1942년에 중의원 의원이 되어 유능한 관리라고 평가를 받는 한편, 소위 '트러블 메이커'적인 성격을 가진 사람으로도 유명하다. 만년에는 '음모론'이나 신들린 언동이나 행동으로 주목을 받았다.

스즈키 데이이치鈴木貞一, 1888~1989

군인, 육군중장. '육군혁신파'의 한 사람이다. 현역 군인으로 내각조사관, 흥아원興亜院 정무부장을 역임하였다. 예비역 편입 후인 1941~1943년에는 기획원 총재로 물자동원계획을 책정·추진했다. 1944~1945년에 대일본산업보국회 회장을 역임했다.

도고 시게노리東郷茂徳, 1882~1950

외교관, 정치가. 구미국장, 주독대사, 주소대사를 역임하였다. 1941~1942년과 1945년에 두번에 걸쳐 외무대신을 역임했다. 태평양전쟁의 개·패전 시에 외무대신으로 일미교섭이나 종전공작에 임했다.

도조 히데키東条英機, 1884~1948

군인, 육군대장. '육군통제파陸軍統制派'의 일원으로 관동군 헌병사령관, 관동참모장을 역임하였다. 1938년 육군차관, 1940~1941년 육군대신을 거쳐, 1941년 10월 18일에 내각총리대신육군대신 겸임으로 태평양전쟁을 지도했다. 1943~1944년에는 군수대신, 1944

년에는 참모총장도 겸임하면서 스스로 권력을 집중시켜 '도조독재'라고 일컬어지는 한 시대를 구축했다.

우메즈 요시지로梅津美治郎, 1882~1949

군인, 육군대장. 1934~1935년 지나주둔군 사령관으로 '우메즈·허잉친협정梅津·何応欽協定'을 체결하여 화북분리공작을 추진했다. 1936~1938년에 육군차관을 거쳐, 1939~1944년에 관동군 사령관으로 관동군특종연습관특연에 관여했다. 1944~1945년 참모장으로 태평양전쟁 말기 전쟁 지도에 임했다. 1945년 9월 2일, 연합군과의 항복문서 조인식에서 일본전권으로 서명했다.

출전 : 아와야2006를 기초로 필자가 가필·수정

1942	7.28	육군이 「공습의 적항공기탑승원 단속에 관한 건」 의명 통첩. 각 군 사령군은 이 통첩에 따라 '공습군율'을 제정

1943	2.7	일본군 과달카날에서 철퇴 완료
	10.20	연합군은 런던에서 '연합국전쟁범죄위원회UNWCC'를 설립
	11.1	모스크바선언루즈벨트 대통령, 처칠 수상, 스탈린
	11.27	카이로선언미·영·중 삼국수뇌가 일본의 침략을 제지하고, 이를 처벌하기 위해 연합국이 협조하며, 일본에 무조건항복을 실행하기 위해 장기간에 걸쳐 중요한 행동을 계속할 것을 선언한 것

1944	1.11	연합국전쟁범죄위원회 제1회 공식 회의
	5.10	연합국전쟁범죄위원회는 극동·태평양소위원회 설치의 결의안을 채택. 같은 해 11월 29일 충칭에서 제1회 회의 개최
	7.18	도조 내각 총사직
	7.22	고이소·요나이 내각 성립외무대신 시게미쓰 마모루

1945	2.3	미군, 마닐라 돌입
	2.4~11	얄타회담미·영·소 수뇌, 소련의 대이참전과 치시마의 소련 할양 등 결정
	3.9	도쿄대공습
	4.1	미군, 오키나와 본토에 상륙 개시
	4.5	소련, 일소중립조약 불연장 통고
	6.3	히로타·마리크Y.A.Malik, 주일 소련대사회담 개시소련 화평중개 타진
	7.26	포츠담선언 발표미·영·중 삼국수뇌가 공동 결정 발표
	8.6	미군기, 히로시마에 원자폭탄 투하
	8.8	런던협정 체결. 미·영·불·소의 법률가 회의 결과, 구미 추축국의 주요 전쟁범죄인 소추 및 처벌에 관한 협정 체결, '국제군사재판소헌장'을 제정
	8.9	소련, 대일전쟁 포고 미군기, 나가사키에 원자폭탄 투하 최고전쟁지도회의는 포츠담선언의 수락에 관련한 조건국체호지, 전쟁범죄인의 자주적 처벌, 군대 무장해제의 방법, 진주병력 범위에 대해 의견이 모아지지 않음

8.10	오전 2시 30분, 최고전쟁지도회의는 '성단聖斷'에 의한 국체호지천황 보존를 조건으로 포츠담선언 수락 결정
8.12	4개 연합국을 대표하여 '항복부터 천황 및 일본국 정부의 국가통치 권한은 항복 조항 실시를 위해 필요하다고 인정하는 조치를 취할 연합국최고사령관의 종속하에 두는 것으로 한다'는 미국의 회답 도착
8.14	정부통수부연합의 어전 회의에서 8월 12일의 연합국 회답과 관련해 논의. 국체호지의 가능성에 대한 의견이 모아지지 않자, 다시 '성단'으로 연합국의 회답을 수락하기로 결정각의 또는 동일한 형태의 결정
8.15	아나미 고레치카阿南惟幾 육군대신 자결
8.26	종전연락중앙사무국 관제공포칙령 제496호, 이 사무국을 외무성에 설치하고 전범사무를 제1부에서 소장
8.29	연합국전쟁범죄위원회, 극동국제군사재판소 설치 권고
8.30	연합국군최고사령관 더글라스 · 맥아더 원수, 아쓰기厚木에 진주
9.2	시게미쓰 마모루 외무대신, 우메즈 요시지로 참모총장이 도쿄만에 있는 미즈리호에서 항복문서에 조인. 항복문서 조인에 관한 조서 발포. 이 항복문서에 따라 일본은 포츠담선언을 정식으로 수락함과 동시에 천황 및 일본국 정부의 국가통치 권한은 항복 조항의 실시를 위해 적당하다고 인정한 조치를 취할 연합국군최고사령관의 종속하에 놓이게 되었다
9.4	미국전략폭격조사단선발대 도착
9.11	도조 히데키 전 수상 이하 39명외국인 포함에 대한 체포령. 도조 전 수상은 미군의 직접 체포 당일 자살 미수로 요코하마 미군병원에 수용되었다
9.12	오전의 종전처리 회의에서 특별히 법무대신을 참가시켜 심의한 결과, 연합국의 태도에 관계없이 일본 측에서도 전쟁범죄에 대해 시급하게 조사처분을 해야 한다는 사항을 결정하고, 기도 고이치 내대신을 통해 결정 사항을 천황에게 상주上奏. 이에 대해 '여전히 충성스러운 신민을 짐의 이름으로 벌하는 것에 대해 참을 수 없다'는 천황의 명이 있었음. 같은 건에 대해 저녁에 다시 심의한 결과 오전과 동일한 결론을 내리고 수상, 외무대신, 법무대신이 함께 천황에게 이 내용을 상주. 그 결과, 천황의 허락을 얻어 각의도 같은 내용을 결정, 각 성은 소관에 따라 바로 준비 개시. 시마다 시게타로嶋田繁太郎 전 해군대신 체포요코하마 그랜드 호텔에서 1박한 후 요코하마형무소에 수용 스기야마 겐杉山元 전 참모총장 자결
9.14	전범용의자 하시다 구니히코橋田邦彦 전 문부대신 자결

9.17	시모무라 사다무下村定 육군대신의 예하일반에 대한 통첩. 연합군의 조사 지령에 대해서는 솔직당당하게 청풍랑월의 태도로 대응해야 한다는 내용
9.22	미국의 초기 대일 방침 발표(이하 발췌) 제3부 정치 a. 일본대본영 및 참모본부軍令部의 최고직원 이외 국가주의적 및 군국주의적 조직의 지도자 이외 군국주의 및 침략의 중요한 대표 인물은 구금되어 장래의 처분을 위해 유치해야 한다. (…중략…) b. 전쟁범죄인 최고사령관 및 합당한 연합국 기관에 의해 전쟁범죄인으로 고발된 자연합국 포로 또는 그 국민을 학대한 혐의로 고발된 자를 포함의 체포재판처벌 및 연합국중 다른 나라로부터 그 국민에 대한 범죄를 이유로 고발된 자는 최고사령관이 재판을 위해 또는 증인으로 필요로 하지 않는 한 해당 국가에 인도하여 구금된다.
9.24	미 대통령, 일본관리에서 연합국군최고사령관의 권한에 관한 훈령 발표. 연합국과 일본과의 관계는 계약적 기초에 기반한 것이 아니라 무조건항복에 기반한 것이라는 내용
9.27	천황, 맥아더 원수 방문. 정보국, 사진 게재지를 불경하다고 발매금지. GHQ는 이를 묵인하지 않음
10.5	히가시쿠니 내각 총사직 전범용의자를 요코하마형무소에 오모리수용소로 이감
10.6	미대통령, 맥아더 원수에게 대통령의 승인을 거쳐 일본의 중대전쟁범죄인을 특정, 체포, 재판 및 처벌하도록 지령 연합국전쟁범죄위원회, 일본의 전쟁범죄인 처벌의 기준 시기를 만주사변으로 소급해야 한다는 내용 통고런던 특별정보
10.7	도조 전 수상 쾌차하여 오모리수용소에 구금
10.8	야마시타 도모유키山下奉文 전 육군대장에 대한 미군의 마닐라 재판 개시
10.9	시데하라 내각 성립
10.18	뉘른베르크재판의 기소장 공표
10.30	극동자문위원회 발족미국, 영국, 중국, 호주, 캐나다, 프랑스, 네덜란드, 뉴질랜드, 필리핀, 인도
11.1	스가모형무소 발족
11.5	일본 정부, '전쟁책임 등에 관한 건' 결정. 천황, 수상, 육군대신, 해군대신, 참모총장, 군령부총장, 외무대신의 전쟁책임에 대한 응답요령 통일
11.6	전 포로수용소 직원 약 300명 체포령

11.12	종전연락중앙사무국, '스가모 분실' 개설	
11.20	전범용의자 전 관동군사령관 혼조 시게루本庄繁 자결	
중순	종전연락중앙사무국 제1부대에 전범사무 담당 '나카무라 도요이치 공사실中村豊一公使室' 설치	
11.24	GHQ, 각서로 전범자의 은급, 부조료 등 모든 급여 정지 지령	
12.1	육해군성, 각각 제1·2 복원성이 됨. 제2 복원성 총무국장, '연합국 측의 소환 및 방문을 받을 경우의 행동응접요령' 통첩. 나시모토노미야 모리마사梨本宮守正 왕 외 58명에 대한 체포령. 중의원, 진보당이 제출한 '전쟁책임의 추급결의안' 가결	
12.5	GHQ, '전쟁범죄인 재판 규정' 발포	
12.6	도쿄재판 수석검사 조셉.B.키난 등 미국검찰단 일행 도쿄도착. 고노에 후미마로 전 수상 등 7명의 체포장16일까지 자유 출두	
12.7	미군, 마닐라 법정은 야마시타 전 대장에 사형 판결다음해 2월 23일 집행	
12.8	오모리수용소의 전범용의자를 스가모형무소로 이감	
12.11	일본공산당, 인민대회에서 결정한 일본전범명부약 1,600명를 GHQ 및 쓰기타 다이자부로次田大三郎 내각서기관장에게 교부. 쇼와 천황 포함	
12.16	전 수상 고노에 후미마로 자결	
중순	외무성 내에 '법무심의실' 설치	
12.27	모스크바 외상회의, 일본의 항복 조항 이행에 대해 기준이 될 정책, 원칙 및 기준의 입안을 위해 '극동위원회FEC' 설치 함의. 그리고 이 원칙에 근거한 지령의 실시에 관한 '대일이사회ACJ' 설치에 합의. 이에 따라 종래의 '극동자문위원회'를 대신하여 소련을 포함한 11개국으로 구성된 '극동위원회'가 설치되었다

1946	1.1	신일본 건설에 관한 조서 발표이른바 천황의 '인간선언'
	1.19	맥아더 원수 특별선언극동국제군사재판소 설치 명령
		극동국제군사재판소헌장 공포일반명령 제1호
	1.20	키난 검사, 도쿄법정은 이치가야 구 육군성 건물로 지정되었음을 발표
	2.4	미 대법원, 야마시타 겐 대장 소원 각하
	2.5	맥아더 원수, 극동국제군사재판소의 재판관 및 재판장 임명일반명령 제7호
	2.11	미군 마닐라 법정, 혼마 마사하루本間雅晴 전 육군중장에게 총살형 판결
	2.14	일본 정부, 차관회의 결정에 따라 전쟁재판사무처리에 관한 기구

를 통합·강화하고, 종전연락중앙사무국 제1부3월 15일 이후 정치부로 개조 내에 '전쟁재판연락위원회관계있는 각 성국부장급', '전범사무실'과 '전범조사실'을 설치. 다음해 3월 이후 '검찰단연락실'로 개칭, 오타 사부로太田三郎 참사관이 두 실의 실장 겸임

2.23	미군, 마닐라에서 야마시타 겐 대장의 교수형 집행연합국전범사형의 최초 집행
2.26	극동위원회 정식성립위원장 맥코이 소장
3.9	GHQ법무국장 카펜터 대좌, 오우타 다키오黄田多喜夫 종전연락중앙사무국 1부장 대리에게 일본 측에서 전쟁범죄의 조서, 심판을 행하는 것을 전면적으로 금지한다 내용을 구두로 지령
4.3	극동위원회, 일본인 전범에 대한 정책 가결미국 종래의 정책 추인
4.13	구금 중인 나시모토노미야 불기소 석방
4.23	GHQ, 전범자의 재산관리, 압수 및 봉쇄 조치 지령
4.24	극동국제군사재판통칭, 도쿄재판 일본변호단 결성. 사무소는 닛산관 5층, 개정후에는 이치가야 법정 내. 단장 : 우자와 후사아키鵜沢総明, 부단장은 기요세 이치로清瀬一郎
4.26	극동국제군사재판소헌장의 개정공포일반명령 제20호
4.28	전 외무대신 시게미쓰 마모루, 전 참모총장 우메즈 요시지로에 체포령
4.29	극동국제군사재판소에 기소장 제출연합국 11개국, 아라키 사다오 이하 28명 난바라 시게루南原繁 도쿄대학 총장, 강연에서 '천황에게 도덕적인 책임 있다'고 연설
5.3	극동국제군사재판소 재판 개시재판장 : 호주 대표 윌리암.B.웹, 수석검사 : 미국 대표 조셉. B. 키난
5.5	모스크바 방송, 일본의 자본가 전범을 지적하고, 동시에 천황을 심판하라고 주장, 또 호주·뉴질랜드 양국은 이미 맥아더 원수 앞으로 '천황은 최고의 전범이라고 통고했다'고 보도함『아사히신문』, 5.5

출전 : 法務大臣官房司法法制調査部, 『戦争犯罪裁判概史要』, 1973 일부 가필

역자 후기

이 책의 저자 아와야 겐타로粟屋憲太郎, 1944~2019 교수는 일본의 진보적인 역사학자로 일본현대사가 전공이며 아시아·태평양전쟁의 주요 책임자를 처벌하기 위한 극동국제군사재판, 즉 도쿄재판 연구의 권위자로 널리 알려져 있다. 도쿄대학 문학부 사학과와 동 대학원 인문과학연구과를 수료한 뒤 1973년 고베대학 교원을 거쳐 1976년 릿쿄대학 사학과에 부임해 2010년까지 재직하면서 일본현대사 연구의 기틀을 만드는 데 기여하였다.

도쿄재판과 직접 관련된 연구로는『東京裁判論』大月書店, 1989,『東京裁判への道NHKスペシャル』공저, 日本放送出版協会, 1994,『未決の戦争責任』柏書房, 1994,『東京裁判への道』상·하講談社選書メチエ, 2006. 2013년에 講談社 学術文庫로 재출간 등이 있다. 아울러 일본뿐 아니라 해외 문서관에 소장된 도쿄재판 관련 1차 사료를 정력적으로 발굴해『国際検察局(IPS)尋問調書』전52권, 日本図書センター, 1993 등 수많은 자료집을 출간해 도쿄재판의 토대를 제공했다. 학술문헌 외에도 신문과 TV 등 언론 기사와 프로그램을 통해서도 연구성과를 반영하였다. 특히 저자는 1984년부터 1985년에 걸쳐『아사히저널』에「도쿄재판으로의 길」을 연재하여 큰 반향을 불러일으켰는데, 그 내용에 반발한 우익으로부터 괴롭힘을 받아 우울증이 생겼고 그 여파로 노년까지 병원 입원과 휴직을 반복하며 고생을 겪었다.

역자는 1990년대 중반부터 2000년대 초반까지 10년 가까이 일본에 유학하며 릿쿄대학에서 아와야 교수의 지도를 받았다. 당시 아와야 수업에는 릿쿄대학 대학원생 외에도 아와야 교수의 명성을 듣고 찾아 온 타대학 대학원생과 동서양의 외국인 학생들도 다수 청강해 성황을 이루었다. 수업은 격식을 가리지 않는 자유로운 분위기였다. 후지와라 아키라藤原彰, 요시다 유타카吉田裕, 허버트 빅스Herbert Bix 교수 등 학계의 원로, 중진 연구자들도 참석해 대등하게 토론한 것은 좀처럼 경험하기 힘든 신선한 자극이었다. 필자는 지도교수인 아와야 교수와 전공 시기에 거리가 있었지만 아와야 교수의 수업에 고정적으로 출석하며 일본현대사 연구의 최전선을 경험하였고 많은 연구자와 교류할 수 있었다.

이 책은 일본의 주요 전쟁범죄자를 처벌하기 위한 극동국제군사재판이 개정하기까지의 과정을 면밀히 추적하고 있다. 국제검찰국의 설립부터, 기소 대상의 선정, 기소장 제출에 이르는 도쿄재판의 개정에 이르는 구체적 과정을 GHQ 및 검찰 측과 일본 측의 교섭 · 대항 관계 속에서 입체적으로 해명하고 있으며, 미국 주도로 전범재판이 추진되는 과정에서 발생한 문제점과 한계에도 주목하고 있다. 특히 쇼와 천황의 불기소와 전쟁책임, 세균전과 독가스전의 면책, 731부대의 면책, 소추 대상의 축소, 재판 대상에서 식민지 지배 제외 등 도쿄재판에 기소되어야 할 대상이 면책되고 재판의 범위가 축소된 도쿄재판의 한계, 문제점을 명확히 지적하고 있다. 그리고 저자는 도쿄재판을 단지 미국과 싸운 태평양전쟁의 전후 처리로서가 아니라 동아시아에 큰 상처를 남긴 일본 군국주의, 근대 천황제의 구조 속에서 실증적으로 파악하고 있어 한국사, 중국사를 포함한 동아시아 근현대사를 심도 있게 이해할 수 있는 시각을 제공한다.

이 책의 번역은 오래전부터 추진되었으나 그사이 저자가 불의에 서거하고 코로나 사태로 인해 일정이 차질이 빚어지면서 출간에 상당한 시일이 경과되고 말았다. 무엇보다 번역이 늦어져 시의성을 떨어지게 한 점에 대해서는 고인께 송구한 마음이며 독자들의 야량을 구할 뿐이

다. 부디 이 책의 출간이 한국에서의 도쿄재판 연구 활성화에 촉매가
되기를 바란다.

2024년 7월

방광석

찾아보기